巍巍湖南

主　　编◎杜卫红

副主编◎刘绍权

湖南大学出版社·长沙

图书在版编目（CIP）数据

巍巍湖南 / 杜卫红主编. -- 长沙：湖南大学出版社，2021.12
ISBN 978-7-5667-2119-8

Ⅰ. ①巍… Ⅱ. ①杜… Ⅲ. ①湖南—概况 Ⅳ. ①K926.4

中国版本图书馆CIP数据核字(2020)第263902号

巍 巍 湖 南
WEIWEI HUNAN

主编：杜卫红

副主编：刘绍权

撰稿：黄菲 蒋芳仪 李玲 常立军 宾丝丝 易欢 等

责任编辑：邹彬 全健

责任印制：陈燕

装帧设计：山与水设计工作室

印装：湖南天闻新华印务有限公司

开本：787 mm × 1092 mm　16开　印张：17.5　字数：286千字

版次：2021年12月第1版　印次：2021年12月第1次印刷

书号：ISBN 978-7-5667-2119-8

定价：68.00元

出版人：李文邦

出版发行：湖南大学出版社

社址：湖南·长沙·岳麓山

邮编：410082

电话：0731-88822559（营销部），88820008（编辑部），88821006（出版部）

传真：0731-88649312（营销部），88822264（总编室）

网址：http://www.hnupress.com

望高山而仰止

——为《巍巍湖南》序

"西南云气来衡岳，日夜江声下洞庭。"这是一方诗意的土地！

在这片充满诗情画意的天地里，造物主以山脉为琴、河流为弦，千百年来奏出了一曲曲惊天动地、摄人心魄的壮美乐章。

湖南多山。"山，快马加鞭未下鞍……"毛主席的词虽是广昌路上而作，实则是湖南山脉峰峦的写照。群山，塑造了湖南的地理骨架。东、南、西面纵横起伏的山脉，围合成湖南特有的"马蹄形"架构，使得湖南成为一个半开放半封闭的文化地理空间，熔多元文化于一炉，独成湖湘气象。

山是天然的界线，分隔出地理和人文空间。

中国地理上东西向最重要的海拔分界线，在湖南境内是雪峰山脉。雪峰山将湖南分成两个海拔阶梯，东西两侧，风景各异。湖南与周边省份也多以山为界。湘渝鄂之间，是武陵山脉；湘粤桂之间，南岭横亘；湘赣之间，则是幕阜－罗霄山脉纵贯南北。

山是气候的分界线。以南岭为屏障，湖南与广东、广西形成了南北亚热带的区隔。岭南岭北，隔山不同音，植物与风土人情迥异。

群山环绕，形成盆地。湖南大多数城市都分布在这些盆地中。山是水的源头，河流从群山中流出，贯穿盆地，滋养着盆地中的人，流域文明由此诞生。

地理上的山，是大地的隆起。而人文精神上，山造就了一种可仰望也可俯视的情境。能高山仰止，亦能俯瞰苍生。

湖南的山海拔上并不突出，何以能称为"巍巍湖南"？中国传统文化素来认同"山不在高"。不在"高",在什么呢？在气势和人文。

湖南的山到底是神仙牵来还是造山运动所致，于常人不过是茶余饭后的谈资，但几千年生于斯长于斯的先民赋予山的文化意义，却让人望之俨然，即之也温。其山虽不及北方山脉险峻，却如湖湘儿女一般，有凛凛风骨、浩浩情怀。

湘东湘南的山，是一部部壮烈史诗，近代中国革命星火燎原于斯。岳麓不过一个山脚，然青山有幸埋忠骨，让人生出无限的景仰与自卑。山腰镌刻长沙保卫战先烈名录的石碣，让后人们于幻化的名字中读出无穷的意义，生出慷慨赴死、壮怀激烈的豪情。豫湘桂会战，中国军队三战熊峰山，与日本侵略者殊死搏斗，血染潇湘。

湘中的山，仙气氤氲，佛道浸染。"山不在高，有仙则名。"海拔不足 800 米的浮邱山，是湖南道教的发源地。小小一座会龙山，见证了佛教入湘史。海拔 1300.2 米的衡山，历来为祈福、求寿之圣地。于道，有四处"洞天福地"；于佛，是集禅宗南宗精髓于一山的"天下法院"。

湘西的山，极天地大观，尽自然之美。先民们千里迁徙刀耕火种，以顽强和劳苦在旷野筑造家园。古朴的社火、粗犷的面具、神秘灿烂的傩文化里，有湖湘人质朴的祈愿和浪漫的心性。胡焕庸线划分时，尚未发现武陵山的美，不然老先生的笔应在这里拐了弯。武陵山脉慷慨呈现出原始的野性与大自然的鬼斧神工，张家界群山则美出了经典的"中国山水意象"。宋代画家米友仁的《潇湘奇观图》中，湖南的山，是烟雨云山的气质。

山是文化的载体，文化的"海拔"才是真正意义上的山的高度。

沅陵二酉山在文化遭遇毁灭性打击的时候藏书于世，保留了文化的火种，成为天下读书人文化乡愁的寄托处。长沙岳麓书院因山得名，而真正让岳麓山名扬海内的却是这座书院。"朱张会讲"的盛况，让多少学人心神俱往！南宋名将张浚与其子大儒张栻，埋骨宁乡罗带山，湖湘文化的光华自此闪耀青史。一座小到几乎找不到海拔数据的玉笥山，也因诗人屈原的形迹，有了庄严的气象。

上善若水，不动如山。湖南人兼具山水性格。山，造就了湖南人吃苦耐劳的坚韧，却没有阻挡湖南人开拓前进的脚步。

风云变幻的近代，来自大山里的湖南人，创立了湘军。这支由知识分子和山民组成的强悍队伍，改变了一个王朝的命运。湖南人由此开始大规模走上历史舞台，历经百年激荡，沧海横流，英杰辈出。

湖南人爱山。谭嗣同就义后，浏阳同乡宋渐元写下"亘古不磨，片石苍茫立天地，一峦挺秀，群山奔赴若波涛"的挽联。毛泽东求学长沙时，写下"云开衡岳积阴止，天马凤凰春树里"，一句诗中，就有三座山。长征过娄山关，艰难险阻，前途未卜，他面对群山，写下"苍山如海，残阳如血"，革命豪情，在群山间激荡。

《芳菲湖南》，是"草木颂歌"；《泱泱湖南》，是"水的赞歌"。如今，这部《巍巍湖南》以"人文仰望"的姿态，全面梳理湖南群山，是地理写作上的创新之举。巍巍湖南，岂止在山？真正巍然的，是湖南人山一般苍茫傲岸的精神气概。

刘绍权

2021 年 11 月 26 日

目录

湘东山脉

湘北山脉

湘西山脉

湘中山脉

湘南山脉

湘东山脉

岳麓山：一座城市的精神仰望

◎子野

【岳麓山档案】位于湖南省长沙市岳麓区，湘江西岸，是南岳七十二峰的尾峰，海拔300.8米，面积5.28平方公里，属城市山岳型风景名胜区。

长沙河西海拔300.8米的岳麓山，是一座被许多人仰望的文化名山。

岳麓山位于湘江以西，与历史上的长沙中心城区仅一江之隔。能够以最佳角度俯瞰长沙城的山，仅此一座。南岳最后一峰的说法，更增添了它的神秘气息。

岳麓山极易到达。走在牌楼路隐约能看到自卑亭的时候，离山就不远了。自卑亭亭名源出《礼记·中庸》："君子之道，辟如行远必自迩；辟如登高必自卑。"也就是说，登高，要自低处起。从自卑亭过东方红广场，不必登山，便可见山脚下白墙灰瓦的岳麓书院。它是中国古代四大书院之一，也是中国现存建筑规模最大、保存最完好的书院。历史上的湖南，与中原相比，文化上长期处于相对荒蛮的状态。这种局面的初步改观，始于北宋。岳麓书院始建于那个时期。最初是僧人办学，后由政府捐资兴建，并由此奏响了湖南崛起的先声。如今论及湖湘文化与精神，总也绕不开岳麓书院。

风起于青蘋之末，历史的改变往往来自一个看似偶然实则必然的因素。北宋王朝在金人的侵掠下崩溃了，中国的文化中心也因此从北向南转移。时代的文化精英们汇集在湖南这个远离了战火的地方，讲经传道。湖南的文化发展由此跨入一个新的阶段。岳麓书院此时成为了一个"文化大咖"们云集之地。自

由的学术气氛造就了"朱张会讲"这样具有文化标志意义的大事件，并由此形成一种"卫道精神"。在历次的战火摧残中，秉持着强烈儒家文化信念的学子们，与入侵之敌以性命相搏，书院因此屡屡被毁，几经兴废。

宋之后的中国，整体文化基调低沉。明末清初的思想家王夫之，年轻时曾就读于岳麓书院，他力倡学以致用。这是一次传统文化的重生。在湖南，传统文化被注入了"经世致用"的精神，以儒家为基础却又充满生命力的湖湘文化渐露雏形。这种文化乃至精神的形成，与岳麓山有着莫大的关系。山下的岳麓书院，成为湖湘精神的铸就之地。这种精神一旦形成，便在这片土地上形成燎原之势。近代出自岳麓书院的人才极多，王夫之、陶澍、贺长龄、魏源、曾国藩、胡林翼、左宗棠、刘坤一、郭嵩焘、唐才常、熊希龄……诸多湖南人才由此登上中国政治舞台。书院因山而得名，山因书院而令世人敬仰。如果恰逢秋日，书院的银杏树叶洒落，遍地金黄，带着文化朝拜的心境穿行在书院曲径通幽的建筑群中，是一种极其美好的人生体验。

穿过书院，即见爱晚亭。爱晚亭始建于清代，由岳麓书院院长罗典创建。亭名取自唐代诗人杜牧的"停车坐爱枫林晚，霜叶红于二月花"。爱晚亭位于岳麓山溪谷景色最佳的清风峡中，因此成为历代文人墨客的寄情之地。

沿清风峡中的小路拾级而上，路边可见隋舍利塔。自此而上，一直到半山腰的麓山寺，佛教遗迹遍布。当年纪念北伐阵亡将士的纪念塔也是以佛教五轮塔的形式呈现。魏晋时期，佛教传入湖南，岳麓山是佛教入湘的第一站，麓

禅宗寺院古麓山寺　　　　　　　　　　　　　　　　　　　　禹王碑

山寺是湖南第一座寺院。寺院内两棵 1700 多年的罗汉松证实着它久远的历史。麓山寺饱经历史变幻的沧桑，唐武宗灭佛之时，寺院建筑尽毁。公元 847 年，师从南泉普愿的景岑禅师重建麓山寺。其时正是禅宗南宗初兴之时，禅风流布在长江中下游区域，麓山寺也因此成为一座禅宗寺院。

　　从麓山寺沿主路上山，过穿石坡，上行到达山顶附近，有云麓宫。云麓宫的建立，与就藩于长沙的明吉简王朱见浚有关。朱见浚好道，取武当山道观的宫殿建筑形制在岳麓山修建了洞真观，后来又被改为云麓宫。这里山高而林密，外地游客登山时甚至很容易忽略它的存在，一旦进入之后，却又发现这里是山中一处可以远眺尘寰的空阔之地，可以体会到"直登云麓三千丈，来看长沙百万家"的境界。

　　岳麓山最神秘的文化符号莫过于禹王碑。这块据说"复刻"自南岳衡山岣嵝峰的石碑，其中的文字一直无人破解。远古湖南的文化面貌，也许远超我们想象。儒家的岳麓书院在山脚下，最接近世俗人间；佛教的麓山寺在山间，以慈悲心俯瞰世间苍生；道教的云麓宫，深隐在山顶幽静的云麓峰中，展示着一种自然无为的生命态度。一山之中，儒释道三家，各得其所。

岳麓山：一座岳麓山，半部近代史

◎子野

见山不是山，是历史。

岳麓山多墓。历史就镌刻在其间。这些墓绝大多数并非古墓，它们错落散布，几乎遍及岳麓山的每一个区域。外地来的游客对此常感到莫名惊诧，不明白为什么一个著名景区里，最多的景点竟然是墓葬。其实，能够归葬岳麓山，对于湖南人而言，是一种人生的荣幸。而青山同样有幸埋忠骨，岳麓山也以他们为荣。近一百年，中国历史风云激荡。外敌入侵、文化碰撞，原有的体系被打乱，新的体系在不断被重试。激荡的大时代给予了诸多仁人志士以人生的大机遇。湖湘文化的精神就在这样的时空中迸发了出来。在近代历史舞台上叱咤风云的湖南人，多长眠于此。来岳麓山旅行，瞻仰他们的墓葬，是一场关于中国近代史的盛大阅读。

岳麓山，是一座纪念之山。几乎每一座名人墓都对应着一个历史大事件。岳麓山记录了中国风起云涌、波澜壮阔的近代史。辛亥革命爆发前，革命党人屡次举事都以失败告终，但斗争从未因此止息。新化人陈天华是近代著名的民主革命家，著有《警示钟》《猛回头》等诸多革命书籍，也是华兴会、中国同盟会创始人之一。1905年冬，陈天华在东京参加抗议日本文部省颁发《取缔清韩留日学生规则》的斗争，于12月8日愤而在东京大森海湾投海，留《绝命书》万余言。益阳人姚宏业，1905年加入中国同盟会，并于日本神田之青年会组织路矿学校，首倡保护路矿主权。他曾参加抗议日本文部省颁发《取缔清韩留日学生规则》的斗争，后回国创办中国公学，因遭官绅阻扼，于1906年3月悲愤投黄浦江而死。1906年5月23日，由禹之谟等人发

中华民国缔造者黄兴，长眠岳麓

动长沙民众公葬二烈士于岳麓山。今天我们能够看到的是麓山寺左后方山腰处的陈天华、姚宏业合葬墓。两人同为辛亥前期烈士，墓葬形制仍然采用了传统的墓碑，却又具有西式的地面石棺。

另一处著名的烈士墓葬是刘道一墓，位于岳麓山风景最好的清风峡中轴线上。刘道一是同盟会的重要人物，1906年12月31日被惨杀于长沙浏阳门外，年仅22岁。刘道一的牺牲极为壮烈。孙中山与黄兴两位革命领袖都为他写下了沉重悲痛的悼亡诗。孙中山诗云："半壁东南三楚雄，刘郎死去霸图空。尚余遗业艰难甚，谁与斯人慷慨同？塞上秋风悲战马，神州落日泣哀鸿。几时痛饮黄龙酒，横揽江流一奠公。"黄兴诗云："英雄无命哭刘郎，惨澹中原侠骨香。我未吞胡恢汉业，君先悬首看吴荒。啾啾赤子天何意，猎猎黄旗日有光。眼底人才思国士，万方多难立苍茫。"

另一处与辛亥革命有关的重要墓葬是"辛亥援鄂民五护国阵亡将士公墓"。这座公墓位于五轮塔东向坡下，为一处民国时期简约式的烈士公墓。据考证，在1911年辛亥武昌起义和1916年护国战争期间，湖南派出民军援鄂参战，牺牲者甚多。1916年，在两次援鄂战争中牺牲的部分湘军烈士遗骸回归故土，公葬于岳麓山。他们大多并不是很有名，却用生命成就了一段极为壮烈的历史。

武昌起义五年后，黄兴病故于上海。1917年移柩长沙，同年4月15日，以民国元老尊国葬于湖南长沙岳麓山。他的墓采用了西式的方尖碑形式，矗立于接近山顶的位置。

民国没成立多久，袁世凯便开始复辟。护法运动拉开了历史序幕。反袁护国运动由此遍及全国。其中最有代表性的便是蔡锷领导的云南护国军。蔡锷是湖南邵阳人，民国初年著名的政治家及军事领袖。1915年袁世凯称帝，他由

北京潜回云南，与唐继尧
等人于 12 月 25 日宣布云
南独立，组织护国军，发
动护国战争。蔡锷的声望
在此时达到巅峰。然而天
不怜才，就在这时，他的
身体状况急速恶化，不得
不奔赴日本治病。1916
年 11 月 8 日上午，因医
治无效，蔡锷病逝于日本

护国将军蔡锷，民国国葬第一人

福冈，年仅 34 岁。蔡锷去世后，举国悲恸。1917 年 4 月 12 日，蔡锷魂归故
里，北洋政府在岳麓山为他举行国葬，蔡锷也成为民国历史上的"国葬第一
人"。孙中山极为欣赏蔡锷，在挽联中称其为"平生慷慨班都护，万里间关马
伏波"。

　　北伐结束了北洋军阀的时代，湖南因为参加北伐而牺牲的英烈得以在岳麓
山被集体祭祀。岳麓山大门入口不远处的五轮塔，就是因此而建。五轮，指的
是地、水、火、风、空，其形即地方、水圆、火三角、风半月、空圆点。意为
世界由地水火风空构成，表现了世界是由物质构成的朴素唯物主义思想。塔即
微观世界。五轮塔正面，原镌有"五轮塔"三字，后改为"先烈光明"四字。

　　岳麓山的纪念性名人墓葬建设，在辛亥革命之后达到一个高峰。其后的
另一个高峰，则是在抗日战争之后。作为中国抗日主战场之一的湖南，经历了
"长沙会战""常德会战""衡阳保卫战""湘西会战"等重大战役。岳麓山
也曾见证过血与火，当年长沙会战的炮台就设置于此。铁血精神造就了无数的
英烈，那些牺牲的将士们，享受了最大的敬意——安葬于岳麓山。从 20 世纪
30 年代始，岳麓山相继建成了岳王亭、忠烈祠、陆军第七十三军第七十七师
抗战阵亡将士公墓、陆军第十军三次长沙会战抗战阵亡将士纪念碑、长沙会战
碑、阵亡将士名录石栏等纪念性建筑。

　　山不在高，史不在长。一座岳麓山，半部近代史。

北山：儒与隐，是你的独特气质

◎常立军

【北山档案】位于湖南省长沙县北山镇，镇以山名。北山距市区伍家岭约 20 公里，主体是明月大山，南与望城区桥驿镇黑麋峰相连，其主峰"陡壁石"海拔 658.6 米，为长沙方圆 60 公里内第一高山。

北山，一个意象略感苍凉的名字。

顾名思义，它在长沙以北。从城区出发，沿中青路一路北行，不过几公里的路程，地貌就开始变得起伏起来。相比于城市的南部，这里开发程度一直较低，因此保留了相对原始的地理风貌。山势最高处，是明月大山，其余多为丘陵。丘陵起伏间，是北山的田野。田野之上，古意幽然。北山大道的尽头，是一座峰岭，名叫丰梅岭，盛产青梅，青梅在古代曾为贡品。

这里是北山的一部分，属于并没有什么山势的丘陵。山下还有几分梯田，晚稻正飘香。山坡很缓，很轻松便到了山崖的转角处。抬眼一看，一块巨大的摩崖石刻就在眼前。在不知名的乡野山间发现摩崖石刻令人惊喜。石刻分为两组，一组是"大觉"，另一组是"回头是岸"，字体为草书，遒劲有力，带着浓厚的佛教意味。前面为时间：同治元年壬戌孟冬廿四；后面为落款："屈象南书"及模糊不清的"星沙屈泽"，均为繁体。屈象南是谁？为什么他要在这里刻字？

关于屈象南的文献记载很少，大概只能确定他是清朝同治时期长沙县的文化名人、当地有名的书法家。"大觉"与"回头是岸"都是佛教用语。由此推断，屈象南本人可能笃信佛教。

离开摩崖石刻继续前行。山间小路并不难走，当年青石铺成的路依然发挥着作用，山间极为幽静，树木也少人管理，肆意生长。路边下方坡上有一块巨石，巨石上刻有"石仙庵山界"五个楷书大字。这里竟然有庵堂？行至路尽头，右转，可见一片阶地。虽然杂草丛生，却依然看得出这里被刻意地修整过。杂草中竖着一块崭新的说明牌，文字为：石仙庵山界石刻。旁边的草丛中，却并无什么庵堂，遍地的断壁残垣，隐没在草丛里，这里已成废墟。

据北山镇文史专家余小平老师介绍，这里曾经香火极盛。当年的石仙庵，不光是附近的居民前来朝拜，就连长沙城都有人走几十公里的路来这里上香。庵堂不知毁于何年，余小平说，他们通过大量走访询问，最后从当地94岁高龄的吴锦章老人口中获知这摩崖石刻的传说。据吴老介绍，在这摩崖石刻

摩崖石刻：回头是岸（上），石仙庵（下）

前面不远处有一个庙宇，叫"石仙庵"。石仙庵约建于清初，经历了数百年的沧桑，现在仅存残垣断壁。传说从前此庵内有三个和尚修行，他们当中周公最有佛根，也最潜心。周公修炼到一定程度后，捡来很多干柴，自己便坐在柴火中间打坐，焚化成仙。周公成仙升天了，后人为纪念周公便将此庵命名为石仙庵。同治六年（1867），县衙得知石仙庵周公成仙的故事后，就命人在庵口大石壁上刻下"回头是岸"四个大字。

庵前的水塘里浮满了青萍，年久失修的麻石塘基，已经有部分垮塌。然而这并不是这座山的全部，我们尝试着进入乱山深处，直行向上，几乎无路可

走。巨大的圆形石头不知为何散落于山坡之上。行走中，却忽然在巨石下发现台阶，有近两米宽，通向巨石后却没了影踪。石阶边有古建的构件被遗弃在路边，貌似是庙宇中的下水道盖板。

离开丰梅岭，去往北山书屋。书屋原是国民党著名将领李默庵的故居，建成年代正处于一个中西建筑文化碰撞的大时代，因此它同时具备了中西建筑不同的美学风格。西式的多层建筑主体与中式的门楼相结合，庄严朴素又不失灵气，既摆脱了中式木结构建筑的不耐久性，又保留了中式古建的灵气。学生们正在读书，校园里安静平和，西式的罗马柱与纹饰显示出独特的建筑风貌。巨大的樟树树冠伸出围墙之外，学校笼罩在绿意之中。在乡民眼里，李默庵是一个很有作为的人，其一生可谓传奇。李默庵是黄埔一期毕业生，授国民革命军中将军衔，参与和谋划过湖南和平起义，后来又担任黄埔军校同学会会长。他是正宗的北山镇北山村人，在黄埔一期中有种说法："文有贺衷寒，武有胡宗南，又文又武李默庵"，可见其在当时的影响力。

作家王跃文曾说：儒与隐，恰是北山气质。可以说这是对北山最为精准的概括了。

石霜山：见证一个禅宗的黄金时代

◎子野

【**石霜山档案**】位于湖南省浏阳市西南 46 公里处。又称霜华山。南接醴陵，北为洞阳山。山上有崇胜寺，唐代普会禅师庆诸于此栖止二十年。北宋楚圆禅师亦葬于此山。

湘赣边境，有石霜山，因"山峻水急，触石喷霜"，故名石霜。

石霜山得名的原因已难以考据。我们来到这座小山时，也未见到喷涌的溪流。在湘东巨大的幕阜 – 罗霄山脉中，它算不上什么名山。它得以成名，在于它独占优势的地理位置——正处于湖南与江西的交界点上。萍浏醴之间的古道，就在这里经过。它是两省三市交会的一个中心点，而禅宗当年的传播，正是在湘赣边境的莽莽群山之中，石霜山因此拥有了地利之便。"安史之乱"后，大批北方僧侣与士人南下，文化中心由此南移；禅宗的发展也正逢五祖抛弃衣钵观念，奔向自由发展的开放状态。天时地利人和，造就了禅宗历史上的一个黄金时代。

我们开车一路从省会长沙出发，几乎跑完了整条长浏高速，才到达一个叫作金刚镇的地方。经金刚镇绕了几个弯，便到了传说中的石霜山。与它在禅宗体系中的巨大影响相比，这山实在是小得让人诧异。

山中有石霜寺，又名崇胜禅林。历史上，石霜、道吾、宝盖、大光四寺并称浏阳四大祖庭。石霜寺的管辖范围远不止一座寺庙。据碑文和《石霜寺略》载：寺始由唐僖宗李儇（873—888）下旨，宰相裴休监建。石霜寺最为兴盛

鼓楼——寺院的标准配置

时，曾管辖寺院 48 处、房屋 5048 间，是整个湘东地区的禅宗中心。

今天的石霜寺已不复当年盛况，据说当年鼎盛时期曾占地 10000 多平方米，今仅存 3600 多平方米。自唐至清，屡经修葺，今存大雄宝殿、关圣殿、云水堂、洪音阁、祖堂、方丈室、客膳厅、花蓼阁等。寺庙虽然小了很多，但气势仍在。

石霜寺的发展得益于两位重量级的禅宗大家：石霜庆诸与石霜楚圆。石霜庆诸是石霜寺的创立者。他是江西人，原本是在宁乡学禅，在沩山灵佑门下担任一个米头（负责舂米），后来又去往浏阳的道吾山拜访宗智禅师。其间，他与宗智禅师有过一段精彩的对话。这段对话也成为一宗经典禅门公案。有一天，宗智说："我心中有一物，久而为患，谁能为我除之？"庆诸答："是物俱非，除之益患。"宗智赞之，封石诸为普慧禅师。庆诸回答的核心主旨是心中本就不该有"物"，不该有的东西，又何必刻意去除呢？这个回答与当年禅宗六祖惠能的偈子"本来无一物，何处惹尘埃"有着同样的境界，所以宗智禅师对他非常赞赏。离开道吾山后，庆诸继续向东，直到在萍浏醴交界的地方才停留了下来，决定在此发展。这个地方就是石霜山。石霜山虽然不高，但风景还算是颇有些特色。石霜之景，影响到了山、寺与人的命名。庆诸因此自名为"石霜庆诸"——以地名命名法名是禅宗的一大特色。

石霜庆诸主持石霜寺的时候，当时的宰相裴休被贬为湖南观察使。正是这个历史机遇促成了佛教在湖南的又一次大发展。裴休笃信佛教，有一天执笏来访。庆诸指其笏说："此物在天子手中为珪，在官人手中为笏，在老僧手中且道唤作什么？"裴休无言以对，遗笏而去，后建遗笏堂。此笏虽曾遗失多次，终完璧归赵，至今仍在，为寺存八宝之一。庆诸居石霜寺 30 年，僧众追随者上千人，其中十之七八参禅长坐不卧，屹若株杌，谓之"枯木禅"，声名远扬。唐僖宗派人赐紫衣，不受，后为之大造寺院，由裴休监造。石霜寺遂成为湖湘名寺。

石霜庆诸这支法脉后期并没有更大的发展。真正将石霜寺光大的是石霜楚圆禅师。他22岁依湘山隐静寺出家，谒临济宗禅师汾阳善昭，从善昭学道七年，其间悟道。后楚圆禅师因为母亲年老无依，遂南归至瑞州，于洞山晓聪禅师座下领众。在此之前，汾阳善昭禅师曾经告诉过楚圆禅

石霜楚圆的墓塔湮没于荒草中

师："我遍参云门尊宿儿孙，特以未见聪（晓聪禅师）为恨。"

楚圆禅师在南源住了三年之后离去，参礼神鼎洪谭禅师。后长居潭州（治所在今湖南长沙）石霜寺，人称石霜楚圆。楚圆禅师有两个重要的弟子。一个是杨岐方会，开杨岐派；另一弟子是黄龙慧南，开黄龙派。杨、黄二派皆以楚圆为祖。这是临济宗最为重要的一次"开枝散叶"。石霜楚圆禅师属于禅宗南宗法脉中的南岳怀让系，这是南宗的主脉之一。他上承临济宗汾阳善昭，下分黄龙慧南与杨岐方会，成为临济宗发展史上具有重要承接意义的一代宗师。在他以前，临济宗仅流传于北方，由于他的努力，才逐渐流传南方。在他之上，临济宗已然成形，在他之下，临济宗又分为了黄龙、杨岐两派。两派后来都发扬光大。

两宗在南宋时传入日本。日本国明庵荣西和俊芿来此学法，回国创立了日本佛教中的临济宗、中严宗两派系。因为石霜寺对日本禅宗的巨大影响，至今仍经常有日本国的僧人前来这里参拜。石霜山的名声因此远播海外。

罗带山：张氏父子的千秋家国梦

◎常立军

【罗带山档案】位于湖南省长沙宁乡市，罗带山是它的本名，明朝时被改名为官山。官山三峰环抱，雾气氤氲，青山苍翠，正前方为沩水河。

长沙西部的宁乡山区，历来是一片神秘之地。

地理上，它是衡山延绵的余脉。沩水河发源于此，流入湘江。远古时期，这里曾诞生过辉煌的文明。宁乡出土的商周时期的青铜器，具有独特的南方文化特征。在此之后，宁乡这片地区似乎陷入沉寂，直到北宋沦亡，宋室南迁，地处偏远的长沙一跃成为南方的重要城市，这里也进入了一个全新的时代。那个文化的黄金时代留下了许多印记，其中最有代表性的就是位于罗带山下的张浚、张栻父子墓。

罗带山是沩水河边的一座山。沩水流域历来是宁乡的文明中心带，宁乡青铜器大多发现于河流沿线。罗带山不高但颇有气势，山下有一片相对平坦的河流冲积谷地，张氏父子墓就在这里。张浚是南宋时期的抗金名将，张栻则是著名理学家，一代大儒。一对父子，文武兼备，都是南宋历史上举足轻重的人物。张浚并不是湖南人。他的故乡在四川绵竹。他为什么要葬在湖南宁乡的山下？带着疑问，我们来到了这片当年被称作龙塘，如今已改名为官山的山野。一路在丘岗山峦中穿行，地势在悄然升高。路边，一座巨大的牌楼上刻着"南轩文化园"五个大字。沿牌楼入内，气象与周边大不相同。这里是沩水河

儒学大师张栻墓，位于宁乡，远离桑梓

的上游，宽阔的河道横亘于罗带山之前。正值晚秋，山上红叶斑斓，点缀在苍翠之间。登临罗带山，俯瞰沩水河从南轩文化园前蜿蜒流过，不能不感叹，这真是一片上好的风水宝地。

　　然而，再好的风水也无法与故土相比。父子二人为何要埋骨于此？张浚的一生充满了遗憾。张浚虽为南宋军政重臣，却常年被贬谪在外。湖南永州以及长沙，都是他们父子多年漂泊之地。张浚一生中最大的遗憾就是未能收复中原，对于一个理想破灭的人而言，他是不愿意死后葬于故乡的。所以，他选择了自己热爱的湖南。"葬我衡山下足矣"，是他的临终遗言。而位于巷子口镇的罗带山（明朝改为官山），正是这样一个地理位置。他的儿子张栻，从小就生活在湖南这片土地上。出于地域和亲情的考虑，也选择了在此陪伴父亲。他的墓就在张浚墓的一侧。如今，附近依然有数量众多的张姓后代，在这衡山余脉之间繁衍生息。父子二人，从战争到文化，可谓是完整地见证并参与了湖南的历史大变局。主战与主和，似乎是南宋绕不开的话题。屈从于现实的苟安，可获得暂时的安全感，可享受人生的种种美好欲求；恢复中原，是一种美好的理想，但要因此付出巨大的代价。利弊权衡之间，南宋的国策摇摆不定，主战派与主和派在政治上不断沉浮。最终，巨大的内耗也让这个曾光耀于世的王朝轰然崩塌。作为抗金主战派的领袖人物，张浚曾被人指责为"好高骛远、志大才疏"。然而，张氏终其一生，都在为理想而奋斗，从未懈怠。也许他并不完美，却更加真实可敬。

他的儿子张栻，并没有随父从军，却扛起了另一面大旗，那就是湖湘学派的文化旗帜。张栻思想博大精深，主张"心也者，贯万事、统万理而为万物之主宰者也"。心者，性也。以性为宇宙本体的湖湘学派，既与程朱理学流派有别，也与陆九渊心学派相异，并与张载的气本论不同，在理学中独树一帜。湖湘学派的声誉鹊起，引起理学大师朱熹的关注，他不远千里来论道。长沙会讲之日，学徒千余，"舆马之众至饮池水立竭"，一时有"潇湘洙泗"之目焉。张朱会讲开创了中国学术交流的崭新形式，影响深远。那个学术交流的黄金时代令人向往。岳麓书院的振兴，也得益于张栻之功。张栻主教岳麓书院八年中，明确提出了办教育的理念和主张。他认为办教育是为了培养"传道而济民"的人才，不是为了科举和仕进。他认为课程的设置、教学计划的制订必须以修、齐、治、平为宗旨。可以说，张栻为经世致用的湖湘精神下了个具有概括意义的定义。自此之后，湖湘文化不再依靠朝廷贬谪人才的输血，本土人才得以爆炸式增长。湖南的思想文化进步，一发不可收。

当时，仅在张氏父子埋骨的宁乡，就有灵峰、南轩、玉潭、云山诸多书院相继建立。张氏父子对宁乡的文化影响极为深远。南宋淳熙二年（1175）二月初二，张栻经桂林自湘潭来巷子口凭吊张浚墓。此时 20 岁的易袚正在家中研习功课，准备参加当年秋天在省城举行的乡试。听闻先生到来，他立即从家里赶往张浚墓地，并在墓前石桥上与恩师张栻会面，与先生煮茶论道，恭听教诲。得到名师指点，易袚学业突飞猛进，十年之后高中状元，后官至礼部尚书，成为宋明理学时代湖南首屈一指的经学大家。

罗带山虽小，但对宁乡乃至湖南的文化发展格局影响深远。这座曾经无名的小山，也因此成为一座文化的丰碑。

九郎山：一座有故事的山

◎宾丝丝

【九郎山档案】位于湖南省株洲市北郊，主峰海拔328米，林区面积达6.8平方千米，是湘东山水胜地。

怀着对九郎山的一种莫名的情愫，一路向北。从清石广场往北100米，右侧有一条大冲路到荷花村，穿过荷花村，便可到九郎山的脚下。上山前，遇到几位住在山脚下的村民，打听到有关九郎山的传说，更勾起一种好奇，想一探其神秘面纱背后的故事。

九郎山主峰枫树寨海拔328米，是一座有故事的山。徐步向山顶行进，心平气和，慢慢地爬，沿途景色虽少但不乏可圈可点之处。"山不在高，有仙则名。水不在深，有龙则灵"，倒是对九郎山很好的写照。九郎山不高，却有九位仙人，水不深，却是神水。

九郎山深处可观清秀的山水美景，满眼绿色，是株洲市区负离子含量最高的区域，有"天然氧吧"的美誉。山中有暮鼓晨钟，还有清泉、百鸟、古木，诗意盎然。

九郎山山顶有座九郎庙，九郎山因"九郎庙"而得名，其富有神话色彩和历史韵味的传说故事自然也要从这九郎庙说起。

九郎庙位于九郎山吴家大岭山脊。不过，现在我们看到的九郎庙并不是老庙，而是一座新庙。老庙已在数十年前彻底被毁。

据传，隋朝末年，战乱纷起。李渊建唐初期，南方并不太平。秦王李世

民带兵赴南方平定动乱，不料右眼中箭。后有幸在九郎山遇到石希迁、怀让等九位医术高明的郎中，九人治好了李世民的眼伤，李世民才得以平定南方。李世民登上皇位后，多次派人寻找这九位妙手回春的恩人，但一直未能找到。为表感恩之情，李世民下令在当时治眼伤的地方建造一座庙宇，赐名"九郎庙"，以纪念和颂扬九位恩人。在庙宇建成之际，李世民亲拟楹联一副："远水联天，众山俯首"，横批为"九郎大圣"。从此，庙宇所在的山得名"九郎山"，九位郎中得名"九郎仙"。

靠近九郎山的顶部，有上林寺。株洲有名的寺庙不少，不过能和颇具神秘色彩的上林寺比肩的就屈指可数了。据上林寺方丈释智如介绍，上林寺原名上林道院，始建年代久远难考，据传最初是为纪念屈原到该地所建，为道教场所，后更名为"上林庵"，成为佛教场所，香火不断，清末才更名为"上林寺"。

1943年秋，日寇入侵株洲，在九郎山后山脚的大冲村驻扎了一段时间。在今龙塘坡和胡塘一带，抗日志士桂伍道士与周和等人打死了三个日本兵，后日寇报复，把上林寺烧为平地，加之"文革"破坏，这里变为废墟。

2003 年开始，释智如主持重修上林寺。现在的上林寺已具有一定的规模，各殿堂依山而建，错落有致，对称有序，红墙黄瓦，飞檐翘角，古色古香，掩映在幽深的丛林之中。徒步寻访，不易直见，若寻到，定惊奇不已。

上林寺现在是综合性寺庙，比其他寺庙多了几分现代化气息，既接纳居士长期修行参禅，也供游客观光休闲。居士曾冬英与曾淑云两姐妹都已

"鉴湖女侠"秋瑾故居——槐庭

年近八旬，出生在衡阳祁东县新安塘的一座古庙里。过去由于家里穷，她们的父母一直是守庙人，她俩从小就与佛结缘。前几年，一直修持和信仰佛教的姐妹俩相约来到上林寺当了住修的居士。

九郎山还和革命先烈秋瑾有很深的关联，她的故居就在九郎山内—— 一座人称"大冲别墅"的深宅大院，也称"槐庭"。这座深宅大院建于 1895 年，是她的公公为她和丈夫王子芳置办的婚房，此后她在这里生活了七年，生下儿子王沅德和女儿王灿芝。

秋瑾喜欢阅读革命党人写的书，后来，她结识革命党人，投身革命活动，最后献出了自己年轻的生命。其灵柩历经波折，终于安放在槐庭后山。斯人已逝，槐庭还在，每年都有不少人前往九郎山，瞻仰英雄。

如今，九郎山是株洲市发展版图中重要的一块，同时，也是长株潭城际铁路的站点。近年，株洲市正式启动了九郎山全域旅游开发建设，倾力打造长株潭地区的文化传承高地和长株潭地区的低碳旅游典范景区。

酃峰：株洲的背脊

◎宾丝丝

【酃峰档案】位于湖南省株洲市炎陵县策源乡梨树洲村和酃峰村，海拔约2115米。又名斗笠峰，后改名为神农峰。是井冈山的重要组成部分，为湖南省第一高峰。

每次抵达一个地方，我总喜欢去看山。株洲炎陵是炎帝神农氏的安寝福地，位于湘东边陲，其境内酃峰为湖南省海拔最高的山峰，立于罗霄山脉中段，与中国革命的摇篮井冈山紧密相连。

关于这座山峰，从“酃”字繁复的写法便可知它存世已十分久远，远到我们需要通过查字典才能认识它的名字。酃峰的传说很多，“酃”字三口列于雨水之下，如伙房炊用之皿，一人立于器皿前，侧耳倾听。字典中对“酃”的解释是西周炊具，追溯起来，“酃峰”这座山少说也有几千年。至于为何要给它冠以一个炊具之名，已无从考究。从读音上来看，它与“炎陵”的渊源更为密切。据史书记载，炎陵县曾用县名酃县，这样就不难理解这座山峰为何叫“酃峰”了。

酃峰位于南岭山地向湘中丘陵过渡的边缘地带，山崖嵯峨，林木茂密，溪路幽幽，竹林深深。山中有经过了第四纪冰川遗留下来的古老孑遗树种。

相传炎帝神农氏曾在此山采药、试药，从《酃县县志》中关于“炎陵十景”之一“味草凝芳” 的记载，我们便可窥知一二，故此，酃峰又叫神农峰。神农氏在教会人们播种五谷之后，为了解决大家生病的问题，才铤而走险

林木幽深的神农谷，曾是神农采药尝药之地　卢七星 摄

上山辨药。他尝遍了山上各种草药，并记录下各种草药的功效，最终因尝了断肠草而离开人世。炎陵县汉代属长沙郡茶陵县，炎陵县得"长沙茶乡之尾"的美誉，神农功不可没。茶，始于神农，繁于当今。神农在尝百草的过程中，发现了茶树，进而教当地人栽种大叶茶。从这个意义上说，是酃峰孕育了神农文化。

　　站在远处俯瞰，碧绿的酃峰如一只祖母绿的玉镯，埋于广袤的土地中，四面生出绿光，形成一个锥形穹顶。这样看过去，它形如斗笠，因此，人们又称其为斗笠峰。它气势并不逼人，平和中有狂野，狂野中有宁静，如武侠小说中那些戴斗笠的江湖人，深藏不露，气定神闲。

这样的山，不只是用来看的。它云遮雾缭，仙气飘飘，那么空灵，更适合拿来当作冥想之地。在那破落不堪的药棚前闭上眼睛，凝思一刻，想象那于峰顶乱云间穿梭的神农氏，想象他尝药时微微皱起眉头、又轻轻嘴角上扬的模样。如今，百草仍清晰可辨，葳蕤于人间。神农倒下后，这顶"斗笠"一直傲然挺立在巍巍大地，神秘而又高冷。月下江边，悬崖之畔，它如一只敏感的精灵，钻进历史的风风雨雨之中。20世纪的革命战争时期，红军在这里安营扎寨，打磨枪戟。硝烟早已散去，工农红军的兵工厂遗址仍留在大山深处。工农红军曾经由此峰到井冈山会师，梨树洲村一庙庵至今还留着"扩大红军"四个大字。冥冥之中，酃峰见证了会师胜利、秋收起义，乃至后来的革命燎原之势。这顶"斗笠"被历史风云笼罩，不畏艰险，与远古时期神农尝百草的精神遥相呼应。

酃峰的风土天色，总是沾染着一点仙气和神力，就连峰下那座小道观也有着非凡的来历。此观始建于唐朝，有一个半人半仙的名字，叫"陈凤仙"，1200多岁，位于梨树洲村。我尝试着把自己想象成略懂道教的人，在道观内三间小房子里搜寻唐朝道教的遗迹。终于，在道观后面的山岩下，发现一个巨大的溶洞，内有清泉涌出，想来是修行之人打坐的地方。这里安静、空旷，与尘世隔绝，在小洞天里，集天地灵气于一身。

坐车去天寨，在马槽滩、冰臼群、铁杉群落，我看见点缀在岩壁与树林之间的秋阳，带着纯净的金色光芒。我循着250万年前的冰臼，继续追寻那已被尘封许久的事物。

仙庾岭：是山非山还是山

◎宾丝丝

【仙庾岭档案】位于湖南省株洲市荷塘区仙庾镇，主峰海拔 233 米。又名仙女岭，被称为远古散落株洲荷塘的奇异珍珠。

作为土生土长的株洲人，我早就听过株洲有个名叫仙庾岭的好地方。它位于荷塘区东北方仙庾镇境内，东与浏阳毗邻，南距大京风景区十多公里，景区两侧有株浏公路、茶马公路经过，交通十分便利。

我和家人第一次去仙庾岭，是被一个位于古庙边、名叫"耕食书院"的地方吸引。一个环境清幽的地方藏着这样一个书院，实在令人惊喜。书院很大，白墙尖顶，园林式的建筑别具特色，隔着一段距离，就能看到墙上的几个大字——"耕食书院"。这里传承东方耕食文明，大门上方悬挂着一块匾，上面也写着"耕食书院"，左侧写着"正食合道"，右侧为"自耕心田"。"自

耕食书院

耕心田"这个短句很有深意。进入院内,可观赏耕食文化博物馆,直观地看懂粮食是如何生长出来的。里面还有各类本地生态食品陈列展示区,所有食品的产地和历史都配有图文介绍,令人大长见识。据说耕食书院的生活用水都是天然的山泉水,清甜纯净,与书院的气质十分匹配。

仙庾岭风景区为株洲市四大省级风景名胜区之一,主峰海拔233米,主峰之上有文昌塔,又名仙庾塔,为八角形石塔,历史悠久。塔共七层,每层四面开窗,塔身每层之间有飞檐翘角,翘角为石雕吉祥兽,塔内中空,设有阶梯向上。塔顶部因遭雷击被毁。仙庾岭是群山之中的最高峰,登上仙庾塔便可俯瞰群山,视野极好,满目翠绿扑面而来。远眺,湘江呈一线水际,跃入眼底。近观,四下村舍错落,炊烟袅袅,一片恬静。"数点青峰,幻出人间结果;一支玉笛,吹开岭上梅花。"清代刘顺昌的这副对联,道出了人间沧桑,也寄托了美好的希望,令人回味无穷。在塔基上,有何辉宇先生的《文昌塔记》,整篇碑刻字字珠玑,尤其是"今国昌民安,忧不可须臾忘""勤为立身之本,学乃显达之源"这样的古训,对后人仍有着深远的教育意义。

在仙庾古庙,听青峰击鼓、婆岭钟声

　　沿主峰石阶向下 300 米便到了位于半山腰的地市级文保单位仙庾古庙。古庙又名仙女庙，据说是唐玄宗之孙李豫之妻为避"安史之乱"来到此地修建。因其心地善良，好做善事，每每听到青峰击鼓、婆岭钟声，便为朝廷和百姓祈祷，赢得了人们的敬重，人们尊称她为"仙姑""仙女娘娘"。古庙是朱门红墙，庙前有一个很大的戏台子，四周有精美壁画，掩映在绿树丛中，古朴清幽。寺宇雕檐画栋，龙凤翩飞其上，艺术结构之精细令人叹服。庙内有一棵高大的樟树，洒下大片浓荫，还有仙女娘娘的塑像。古庙香火旺盛，至今人们仍会举办庙会活动，平日里也有游客或当地民众前往古庙许愿祈福。相传乾隆皇帝游历至此，还为此庙题了门联："仙人赞化，庾岭回春。"如今这里是株洲道教协会所在地。

　　穿越仙庾古庙，沿石梯小径攀爬而行，置身林中，绿荫遮地。几缕阳光落下，在眼前晃动，听鸟雀啁啾、山间水流，看蜻蜓如翩跹舞者，享受一份难得的宁静。

　　仙庾岭上，还有一座距今已有 700 多年的宋代古墓。据考证，墓的主人是南宋教育家凌登龙，他曾担任岳麓书院山长，一干就是 22 年。在成为山长之前，他就是鼎鼎有名的教育家。凌登龙以词赋冠乡选，主讲理学正宗，大力传播湖湘文化，为岳麓书院的发展做出了卓越贡献。

　　仙庾岭既有历史底蕴，也有天然美景，株洲市为改善当地的旅游环境，特聘请国内知名专家对仙庾岭景区进行再设计，打造出了"仙湖映月""庾岭仙踪""渔樵耕读"三大特色风景区，同时完善硬件、软件设施，不仅为株洲当地民众创造了亲近自然的好去处，也为异地游客开辟了更多好玩好看的度假场所。

云阳山：道佛两教的"神仙福地"

◎宾丝丝

【云阳山档案】位于湖南省株洲市茶陵县城西 2.5 公里处，平均海拔约 900 米，有"小南岳"之称。其人文景观主要为寺院庙观。

云阳山位于茶陵县城郊，共七十二峰，方圆七十余里，最高峰天堂山海拔 1130 米，最低处仙人湾海拔 110 米，相对高差 1000 余米。云阳山雄伟壮丽，自古以来，它就是湘东名山。

云阳山为佛道圣地，从南北朝时期开始就有了宗教活动。梁天监二年（503），佛教的传教者在云阳山东麓兴建了崇福寺；梁大同年间（535—545），一位叫饶道亨的人拜紫微真人为师，在云阳山兴建云阳仙道观修行。云阳仙道观即为南岳宫，至今在南岳宫举办的庙会还是云阳山文化活动必不可少的一部分。

云阳山寺庙众多，佛教、道教并存。1500 多年间，这里一直被道教和佛教视为"可以隐居，可以修行，可以避世"的"神仙福地"，故称为"神农福地，古岳圣山"。道徒、僧侣云集于此，交流，修道，悟禅，建宫观寺庵，为云阳山带来了旺盛香火。民间历来就有"六月、七月朝云阳，八月朝衡山"的习俗。

云阳山与中国神话传说中的上古仙人雨师赤松子有紧密关联。东门入口处保存着全国唯一一座以"赤松子"命名的道观。汉高祖刘邦的谋臣、汉朝开国元勋之一张良就和赤松子交往甚密。据《史记·留侯世家》记载，张良曾说，"愿弃人间事，欲从赤松子游耳"。道观左后侧有一块裂开的巨石，高3米，长4米，上面刻有"张良试剑"四个正楷大字。据说张良曾跟随赤松子隐居于此，读书铸剑。

明代知名的地理学家、旅行家和文学家徐霞客，也曾到云阳山游览。其著作《楚游日记》记载："殿颇古，中为赤松，左黄石，而右子房（即张良）……"他还用十分凝练的文字"石崖高穹，峰笋离立"描写过紫微峰。紫微峰海拔860多米，是云阳山第二高峰。清代诗人谭兆鸿在《紫微峰》中写道："俯视但一气，诸峰尽觉低。阴阳割昏晓，残雨隔虹霓。石磴平黄陆，层浪枕碧溪。更起天路近，客到与云齐。"近天路，与云齐，观日出，看云海，多么美妙的体验。

云阳山北门入口处建有佛教寺院紫云寺。紫云寺是以大雄宝殿、天王殿为主的仿古建筑群，在山峰的掩映下，气势恢宏，十分壮观。此外，紫云峰东侧还有古南岳宫和白云寺。古南岳宫曾用名"云阳寺"，宋代文人赵云曾作了一首诗，诗名就为《云阳寺》。白云寺也是一座历史悠久的古寺。这两座寺庙做

漫天红霞映照下，紫微峰更显深沉静穆

过佛寺，也做过道观，有时佛道共存，堪称一大奇观。

云阳山除了有佛道文化，还有儒家文化。古代儒家士子在这里的寺院中读书修行，创办了紫微书院、西崖学院、龙湖书院、范乐书院等问道解惑之地，其中的紫微书院还出过两名状元和一名榜眼。书院对于人才培养、文化传承一直起着非常重要的作用，为茶陵培养了很多人才，其中包括刘三吾、李东阳、张治、彭维新四位名士，为湖湘文化的传承做出了积极贡献。

云阳山也曾吸引历朝历代文人墨客前往游历，他们留下的诗文辞赋，加深了云阳山的文化底蕴。宋代著名诗人、书法家黄庭坚在《游云阳山寺》中写道："空余叔子两青碑，无复山翁白接篱。卧对江流思往事，行穿云岭扣柴扉。松风半入烹茶鼎，夜鸟常啼挂月枝。见说北归应有日，道人先作鹿门期。"诗人借景抒情，既写出了云阳山的景致，也表达了不舍之情。元朝进士、茶陵诗人李祁在《奉题朱泽民先生画山水图》中写道："云阳峰高七十一，欲与衡岳争为雄。"他眼中的云阳山可以与南岳媲美，可见他对云阳山的喜爱。

清朝状元萧锦忠仕途受挫，遂隐居云阳山，闭门读书，过上了自得其乐的生活。今人大概难有这般气魄，但暂且放下烦心事，前往云阳山一览自然风光和人文风情，于幽静中寻觅凡世生活的平衡倒也是一种不错的选择。

大围山：浏阳河的第一滴水从这里流出

◎易欢

【大围山档案】位于湘赣交界处，罗霄山脉的支脉，浏阳河的发源地；又为湘东第一高峰，主峰七星峰海拔 1600 余米。

阳历八月正是长沙这个火炉城市阳光最炽热的时候，就是在这样的季节，我和朋友一行四人趁着周末得闲，开车前往浏阳大围山景区避暑。大围山地处湖南省浏阳市东北部，距离长沙 148 公里，我们一行驱车前往景区用时两小时左右。

虽说大围山离长沙并不远，但此次却是我第一次去。之前只是听说这里森林茂密，风光旖旎，空气清新，清凉舒适，夏季平均温度只有 18℃。听起来有点夸张，上山后却是冷得需要披一条毯子才行，这是我没有预料到的。想必在炎炎夏日里去过大围山的朋友们对此都有切身的体会吧。

大围山以杜鹃花闻名，每年春夏之交延绵十几公里的山头都变成杜鹃花海，无边无际，清新艳丽。到了冬季，在这里更是能看到巍巍雪山。说是大围山"春赏花、夏漂流、秋品果、冬滑雪"，总有一个理由让人们流连。然而我们这次也不打算漂流，对于这座神秘的大山，我的脑海中充斥着的完全是它蕴藏着的无数被遗忘的山间小径。

进入景区后，也可以明显感觉气温宜人，车里也不需要再开空调。车在山里开始穿越，一开始便没有了回头路，山高水远，绿草丛生，但求林间驰骋。延绵的山顶草甸，一个又一个山头，只有当你把山踩在脚下，它才不会把

大围山顶，杜鹃含笑，云雾缭绕　卢七星 摄

你吞没。车里放的是动力火车的《当》，应时应景："让我们红尘作伴，活得潇潇洒洒。策马奔腾，共享人世繁华。对酒当歌，唱出心中喜悦。轰轰烈烈，把握青春年华……"穿越在这山间，听着这样激昂的音乐，便觉任何人事的烦恼都显得微不足道。天地辽阔，心胸宽广，人亦微小。也不知在歌声里绕过多少山头，我们抵达景区半山腰的金溪谷酒店时已是下午 3 点。放下行李，我们便继续开车向山顶进发，赶不上日出，也希望能感受一下山顶夕阳西下的风景。

车往山上，沿公路而行，两侧山势逶迤，翠峰林海，一路上风景尽收眼底。满眼的天青色与巍巍大山构成一幅瑰丽的自然画卷。只有身边的气温能让你真实感受到海拔的升高。快到山顶，车外温度已下降至 21℃，真正抵达大围山山顶七星峰已是 5 点左右。上山路上人迹稀少，到了山顶却热闹起来。

七星峰是大围山的最高峰，海拔有 1607.9 米，是湘东的最高峰了。山顶设有观景平台，登临极顶，一览众山小。在山顶平台感受着天苍苍野茫茫，风吹草响，阳光轻闪。七星峰南北两侧为浏阳河的源头，镶嵌着玉泉、天星等十几个沼泽湖泊，浏阳河第一滴水便是从这里流出。

　　我佩服那些在山顶搭着帐篷打算追明天日出的一大群旅友们，他们内心一定对生活充满着激情吧。此刻山顶温度已是18℃，天再暗些，风应该会更大吧。各种帐篷一字排开，也是另一番风景。这个季节，还有人贩卖刚刚摘下的板栗和大围山梨，价格倒是不贵，10元一斤，都是非常新鲜的样子。

　　下山回酒店途中，只见一汪汪清泉喷涌而出，一条条溪流潺潺而下，流水哗哗：这便是浏阳河的源泉吧，经过曲曲折折的山涧，任意地跳着舞蹈向山下流去。夜晚，我们在酒店外散步，溯溪而行，无论到哪儿，都会与漫山遍野扑面而来的清新空气撞个满怀。山里飞溅的泉水却全然不顾白天与黑夜，日夜追逐。

　　八月底的大围山夜晚有点凉意，我们一路上哼着歌，天空中恰好有一弯明月徐徐升起。

道吾山：其实离我们一点都不远

◎易欢

【道吾山档案】位于湖南省长沙市浏阳市城北6.5公里处。古称白鹤山，又名赵王山。西起蕉溪，东达宝盖，列峰七十一，占地面积13平方公里，是国家3A级旅游景区。

道吾山在浏阳境内，位于浏阳市北郊6.5公里处，是长沙地区名山之一。主峰五老峰，海拔786.4米，是古浏阳八景之一"吾山雪霁"的观赏处。近代以来，在这块红色的土地上，走出了中国第一个为"戊戌变法"而流血牺牲的志士谭嗣同；走出了民国先驱唐才常、焦达峰；走出了王首道、彭佩云等一大批党和国家的卓越领导人；走出了王震、宋任穷等30位挽民族之危亡、救生灵于水火的开国将军……

怀着一种敬畏而又神圣的情感，夏末初秋的一天，我们一行四人驱车一个半小时到达道吾山。道吾山峰岭起伏、林木茂密，它在湖南众多的自然景观中并不被人所熟知，然而其景色的秀美，是每一个来到此处的游客都会感觉到震惊的。我喜欢这里的宁静，游客不多，一到景区仿佛进入了世外桃源。

道吾山，光听这名字就觉得禅意非凡。它的得名颇有一番来历。据传，唐代大和年间（827—835），僧人宗智上山修炼，未到山顶就被一块巨石挡住了去路。这时，一名自称沙伽龙的白衣老人飘然而至，上前行礼："师为开山祖，待师久矣。"宗智答道："吾志唯此，道成吾矣。"语毕，风驰电掣，石裂道开，宗智从此割茅斩棘，辟地开山，并以"道吾"名此山。

道吾山的很多景致都和佛教有着很深的关系。作为佛教圣地，此处自然有千年古刹。山上的兴华禅寺庄严神圣，已有 1000 多年历史，屡废屡兴，是驰名中外的佛教圣地，也吸引了无数像我们一样带着心愿的游客来到此处祭拜。

从道吾山麓沿曲折的登山小径，直至兴华寺处约 2.5 公里，两旁尽植松柏，皆苍劲挺拔，人称引路松。它们均为过百年的古树，最高树龄达到了 1100 年。如此古老的树木，相传为明代兴华寺住持所植，原有 365 株，1930 年以前尚存 200 余株。是时

透着幽然古意的兴华禅寺

国民党军队陈光中部驻此，为阻止红军进攻，伐去古松 100 余株构筑工事。其后古松又陆续遭滥伐，今剩余 100 株，依然生气勃勃。

道吾山沟谷纵横、泉瀑遍布、灵岫绝峤、季相缤纷，素有一湖、三洞、六泉、十潭、十三溪、二十八岩、七十一峰之美景，其中"三绝（引路古松群、千年古刹兴华禅寺、高山天湖）四奇（烟雨、雾霏、云瀑、雪霁）"更是久负盛名。中国近代著名政治家、思想家谭嗣同孩提时代即有赞道吾山诗："夕阳悬高树，薄暮入青峰。古寺云依鹤，空潭月照龙。尘消百尺瀑，心断一声钟。禅意渺何著，啾啾阶下蛩。"

在道吾山欣赏自然景观，也是非常不错的选择，只可惜我们没有看到日出美景。听说每当日出的时候，厚厚的云海在日光的映衬之下无比瑰丽，仿佛梦想中的天堂一般。凡是看到如此盛景的人，内心便会生发无尽的满足感，有如

青青道吾山，天湖环绕，禅意非凡

接受了洗礼一般。

　　在道吾山游玩，充满了自然气息的天湖，是一定不能错过的景色。天湖自然景观非常秀美，被蓝天白云和大山簇拥着，充满了神秘的气息。天湖，即道吾山水库，位于老龙潭上。道吾山水库修建后，因为地处高山，加之山水相连，水天一色，所以被人称为天湖。库内水面广阔，水深数丈，水质清洌，它的规模绝不逊于新疆天池。天湖是道吾山景区的中心，四面被莲花峰、五老峰、象王峰、狮子岭环抱。湖中有岛，岛上有亭。

　　一行人走小径，我拎着鞋子拾级而上，山风习习，芳香四溢。蜿蜒的山路忽陡忽缓，忽弯忽直，宛如一条玉带，盘绕在道吾山上。

　　道吾山，我一定会再来的！

东鹜山: 本色的美, 毫不张扬

◎易欢

【东鹜山档案】位于湖南省宁乡市西南的灰汤镇境内, 宁乡、湘乡和韶山三地天然交界处。山上多庙, 有四十八庵之说, 至今遗迹可寻。山麓之灰汤为著名温泉疗养胜地。

初秋是泡温泉最舒服的时候之一, 趁着去灰汤泡温泉, 我们去爬了一次东鹜山。东鹜山在灰汤镇境内, 地处湘乡之北、韶山之西、灰汤之东; 高四百米有余, 山势巍峨, 因山形似鹜, 东向, 所以取名东鹜山。

我们从山的北麓沿着修建的简易公路慢慢走过来, 风景大有不同, 但沿途见到最多的是形状不一的大石头。这些石头, 散在路边, 却错落有致, 让人感觉每一处都是美景。

东鹜山山清水秀, 景色宜人, 尤其是阳春三月, 桃花盛开, 游走其间, 如入画卷。

而东鹜山周边一带地区, 更可谓是钟灵毓秀、人文鼎盛。尤其明清以

东鹜山的桃花, 灿烂娇艳

来，所出名人甚多。如葬在狮形山的刘端，曾任明代西安知府；明户部尚书周堪赓葬桃源冲，冲西有周堪赓故宅；明翰林院检讨陶汝鼎归葬小官坊；官至清陕西巡抚的刘典，谥号果敏；家在石谷潭的黄少春，任清长江水师五省提督军门、太子少保；清代廖俨曾任岳麓书院山长，归葬故里廖家冲；清翰林院侍讲学士王坦修，归葬故里杨家冲；等等。

爬山途中发现路边竟有一座"大宋古井"，听附近的村民说，这座古井宋朝就有了。民国三十年（1941），国民党高级将领叶开鑫的弟弟、当地富绅叶一秋对古井进行了重建。但因年代久远，近年来古井成了一个小小的水池，经常有鸭鹅戏水其中。

接着走，不知不觉就到了鹰嘴石。鹰嘴石上没有围栏，我忽然感到腿有些发软，连忙退了下来，走到石头下看另外一番风景。那些依附石头而生的青藤上结了许多果子，像是木瓜，又像是青柽。传说八大神仙在巨石上下过

东鹫山鹰嘴石

棋。鹰嘴石的逼真形象是要从侧面才能看得真切的，我想换个地方再好好欣赏一番，却被同行朋友阻止，只好作罢。

继续行进，由于近午餐时间，东鹜山上游人稀少，只偶尔遇到几个下山的游客。路边林深树茂，野果子成熟了，也无人采摘。我走在最前边，听到几声稀稀落落鸟鸣，体会着"鸟鸣山更幽"的意境，难得如此清静。

中餐就在山路边的原味菜馆解决。老板娘像家里人一样慢腾腾地做着家常菜，我们到餐馆周边又溜达了一圈。东鹜山所在地是八石村，村里到处都是石头。据说曾有八块最有名的巨石散落在村里头，这八块石头一个个大小差不多，呈两行排列着，每块有半人多高，要一两个人才能合抱过来。石头的顶部略呈圆形，头部略小，下部略大，活像从泥土里长出来的。可惜在"大跃进"年代搞水利建设时被毁了。清代文人曾题《过八石头》诗一首："名扬八石头，经过肯停驻。阵似排人马，星如绘斗牛。天工真觉巧，人力岂能谋。想是八仙坐，终宵乐唱酬。"

归途中，路边的野菊次第开放，竹叶上有彩色的蠕虫，油桐树叶上有人脸形状的甲虫……这些好看的小虫子，我还是第一次看到。走走停停，流连之间，不觉已午后。不可久留，于是欣然踏上回长沙的归途。

谷山：一路往上，风光无限

◎易欢

【谷山档案】位于湖南省长沙市岳麓区，海拔362米。山上有灵谷，深邃莫测，名梓木洞；山下有龙潭，盛产青纹花石，可制砚，叩之无声，发墨有光。

站在长沙湘江东岸眺望河西，两座秀丽的山峦映入眼中，左边是广为人知的岳麓山，右边就是"尚处深闺"的谷山。谷山处在金星大道以西、雷锋大道以东、黄金东路以南、杜鹃路以北的广大区域。谷山山体磅礴，最高峰海拔362米，比岳麓山高出60多米。

谷山原称云母山。清朝唐秉臣先生墓志铭载："余家云母山下历十余世，殆五百年于兹矣。"今谷山水库南约1公里处的小河涧上，有一石碑，刻着"云母为屏"四个隶书大字，清晰醒目，是最好的实物佐证。清朝胡之太为《谷山志》作序，其中有句云："尤有足异者，谷王以帝子披缁入山，其峰若池，至今冠以王名。山缘王见称，王赖山不朽。人与地，不更相倚重乎？"

作为长沙土著，我去多了岳麓山，这次决定去一趟谷山。谷山脚下是一片良田，此行正值仲秋季节，田间晚稻长势旺盛，山风吹过，碧波万顷；乡村公路宽阔平坦，直通谷山水库，再行约200米即到谷山宝宁寺，也就是谷王峰脚下。一缕缕如烟似雾的云岚徐徐展开，就如美人的朦胧面纱被慢慢撩起，那袅袅婷婷的倩影便自然大方地呈现在游人的眼前……

谷山宝宁寺，始建于唐代，系千年名刹，江湖禅宗道场，高僧大德辈

出。明谷王朱橞披缁入山后，更名谷山寺。民国知名学者、李淑一之父李肖聃曾为谷山寺撰联："谷口应书声，看牧童坐诵，樵子行吟，任他角挂肩挑，英雄偶尔皆千古；山林成物色，记玉版参时，懒残煨处，当此笋香芋熟，宰相依然领十年。"

1927 年长沙郊区农民协会会址曾设此，滕代远、孔福生等常在寺内召集民众举行会议。民国时期，谷山寺为"长沙八大丛林"之一，1933 年寺内有住僧 37 人，并设有初级小学。抗日战争时期，湖南慈儿院一度迁驻该寺。20 世纪 60 年代，谷山寺在"文革"中被拆毁。后建为林场，尚存古桂数株，虬枝盘曲，参天耸立，为古寺仅存之物。2015 年重建，复名宝宁寺。

继续前行，不知不觉进入了豹子岩景区。豹子岩水库中，有一山体直插入水中，状似豹子头，豹尾连接罗汉肚山顶，从头到尾，摇摆之态顿生。这个水库是谷山景区最好的泉水宝库，有"蟒蛇吐蕊，玉带缠腰"之称。

幽静的宝宁寺

　　在库区的农家里，我们受到了主人的热情接待。纯净的山泉水烧开泡的本地新茶，飘着幽幽的清香。细细品味，一身疲劳便跑得无影无踪。主人后园的橘林里挂满了橘子，小主人摘了一大盆来，身后还跟着一只欢快的大黄狗。

　　都说一方水土养一方人。在淳朴的谷山人心目中，谷山是王者之山、神圣之山。它保佑着这方水土风调雨顺、五谷丰登，太平清净、兴旺发达。如今的谷山，在大河西先导区建设的大背景下，周边的开发也将加速。

沩山：人在沩山不见山

◎ 易欢

【沩山档案】位于湖南省宁乡市西部，北邻桃江县，西接安化县大福镇一带。湘江支流沩水的发源地，属雪峰山东部地带的南翼板块。

都说沩山是长沙的后花园。此去沩山是与父母同去：一是周末希望带父母去长沙周边户外走走，二是想去沾沾沩山大佛的灵气。

秋高气爽，正适合秋游。从宁乡到沩山一路绿树青山环绕，小车游走在层峦叠嶂、山路回环之中，让我真切地感受到了"千山万水朝沩山，人在沩山不见山"的意境，内心有种不枉此行的小兴奋。

沩山是盆地地貌，平均海拔较高，年平均气温相对周边其他地方稍低。近年来，沩山成了长沙周边人群夏季的避暑胜地。沩山，是宁乡的母亲河——湘江支流沩水的发源地，自古有"大沩凌云"之壮观。"衡岳之下，山之大者数十，而沩最著。"公元 807 年，唐灵祐禅师建"密印禅寺"于山中毗庐峰下，创宗立派。我们此行正是要去沩山大佛景区。

早上出发，抵达沩山大佛脚下的沩山乡已是 10 点多了。远远望去，沩山山腰的千手观音圣像在蓝天下显得更加庄重，光彩熠熠，普照着沩山的子子孙孙，庇佑着每一个慕名而来的游客。

密印寺坐落于沩山的千手观音像下，是登高的必经之地。周边山水环绕，景致不凡，聚集了回心桥、来木井、龙王井等"沩山三十六景"。只可惜，此次行程时间有限，我们没办法一一领略。据当地人说，密印寺不仅在

密印寺楼台水榭

中国佛教界有较大影响，在日本、东南亚地区更是享有盛誉。

走过前坪开阔的广场，继续向千手观音像行进。密印寺就在眼前，珠黄色的外墙尽显佛门圣地的庄严肃穆。"春有百花秋有月，夏有凉风冬有雪。若无闲事挂心头，便是人间好时节。"漫步在沩山脚下，不禁想起这首禅门的偈语。

从密印寺佛殿往山顶攀登会经过一面石墙，上书有毛泽东的手迹："沩山是个好地方，有个密印寺，应该好好保护起来。"

这里为什么会有毛泽东题字呢？原来早在 1917 年暑假，青年时代的毛泽东偕同萧子升从长沙出发，先行前往沙田何叔衡家中，后拜访沩山密印寺。就在这么一个小小的屋子里，寺中主持和他两人深谈了两天三夜。毛泽东也由密印寺之行感悟：救国救民在于找到大本大源，而大本大源在于工农大众。

1936 年，毛泽东在同斯诺谈话时还曾颇有感触地谈及此事。1956 年，毛泽东叮嘱宁乡县委书记张鹤亭并手书："沩山是个好地方，有个密印寺，应该好好保护起来。"于是，沩山密印寺便有了毛泽东的这段题字。

石墙背后就是沩山露天千手观音像，它庄严地耸立于密印寺的后山。据说这座千手观音像是目前世界上最高的千手观音像。圣像高 99.19 米，用 600 多吨铜铸成，耸立于沩山半山腰。

密印寺千手观音像

　　拾级而上，一口气攀爬到圣像脚下，站立在沩山半山广场，俯瞰整个沩山乡镇，顿觉天地开阔。早晨的雾气早已散去，这个宁静的小镇在阳光下井然有序地运转。我和丈夫两人双手合十，围着圣像顺时针走了十圈。

　　下山途中，我们找了一户人家喝上了沩山特产——擂茶。这大概是沩山家家户户最爱的了。我们家五人围坐在一个小木桌子边，喝着茶，吃着小吃，一边和主人闲聊，一边听她和我们继续说着沩山的故事。

妙高峰: 像一条挡不住的河, 穿城而过

◎易欢

【妙高峰档案】位于湖南省长沙市天心区书院路东侧, 湖南第一师范校舍后, 海拔 70 米。旧为长沙城南第一名胜。

长沙最高的地方是哪儿? 您肯定想到的是岳麓山。但是呢, 换作一百年前, 这个问题的答案却是长沙城南的妙高峰。妙高峰? 我儿时多少次搭 1 路公交车去爷爷家玩, 都要从这路过。爷爷 94 岁去世了, 去世前一直住在城南第一师范旁的裕南街上。他一直不愿和子女同住, 也许生活在老街里守望这里的旧景, 更让他有归属感。他弥留之际, 也希望去老房子里看一看, 却没有去成, 我想着, 那是因为他想对这块住了一生的土地作最后的告别吧。

关于这个地方, 1937 年《力报》上曾刊发《长沙风景古迹小志》一文, 文中有一小段这样描述妙高峰: "妙高峰为全市最高峰。顶上有一块平地, 建有亭于南峰, 以供人休息。每当盛夏, 这里可就热闹了, 游人如织, 茶座如鳞, 一阵阵的微风送来, 全把暑气吹散了。躺在柔软的藤椅上, 喝着香味之清茶, 望着对面麓山, 在夕阳的返照下, 金紫相间, 彩色万变, 真有说不出的奇伟美丽!" 这段文字应该是高度呈现了当时的妙高峰的样子。而我儿时记忆里的这条老街, 与民国时期大为不同, 沿途能听到 "收长头发、旧手机" 和 "磨剪子, 抢菜刀" 的喇叭声, 有着充满年代感的修鞋铺和裁缝铺, 还有三三五五的老人扎堆聊着天。我还记得那时候在爷爷家的夏夜真是令人神往。晚上洗完澡出来, 也不需要空调, 把那种老式竹床往外面的坪里一摆, 大人们聊天, 小

妙高峰城南旧事街

孩们玩，坐到竹床上还能感受到白天余热未散，只是睡到半夜里就会觉得有点冷。

历史在前进，城市在变化，老长沙有了新味道。曾听爷爷说过，妙高峰过去比现在高，它是被日本侵略军投下的炸弹炸矮的。1938 年至 1944 年，日军四次疯狂进攻长沙，有三次被挡在长沙城外。妙高峰是当年长沙城南的主战场，有很多誓死捍卫长沙的官兵就战死在妙高峰。妙高峰如今成了一条有着历史故事的名巷，经过翻修后与第一师范的建筑风格相仿。很远就能见到妙高峰巷的牌坊，牌坊横额为"妙高峰城南旧事街"，下有对联"长与流芳，一片当年干净土；宛然浮玉，千秋此处妙高峰"。

如今的妙高峰老街两侧，红墙沿着石板路延伸。巷子深处大概百米远，一位老娭毑正在一个凉亭里歇凉。凉亭中有口井，旁边墙壁上有介绍，原来这叫老龙潭。老娭毑说这口井在她很小的时候就在这了："那时候没有什么自来水，我们洗漱都是用这口井的水。"这口井在当时也并不叫老龙潭，那时候也没有名字，而是翻修街道时取的名字。"真正的老龙潭那是在白沙路那里咧！"老娭毑很热心地聊了起来。

古井滋养着世代居住在妙高峰一带的人，还有来这的文人骚客。1161 年，南宋张浚、张栻父子创办城南书院。1167 年，理学大师朱熹来访，他与张栻来往于岳麓书院与城南书院之间，共同讲学，盛况空前，史称"朱张会讲"。后来这座书院又经历几度兴废，直到清道光二年（1822），湖南巡抚左杏庄将城南书院从天心阁下迁至妙高峰，这里才又是一片弦诵之声。光绪二十九年（1903），书院改办城南师范学堂，1912 年改为湖南第一师范。如今走在妙高峰巷里，空气里感觉还弥漫着书香的味道，还有琅琅读书声传来。

"这读书声有点吵哦！"我笑着和老娭毑说。老娭毑看着我挤着眉头，用柔软地道的长沙话说："这是世上最好听的声音咧！只有住在妙高峰才听得到哩！"话语里充满了怜爱，似乎隔墙的第一师范校园里的那些轻舞飞扬的孩子都是她家里的一样。

毛泽东就曾在此学习和任教。1914年著名教育家方克刚又在这里创办了妙高峰

千年时光里的福王墓

中学，1926年建南轩图书馆，藏书达1.7万册，并收藏了许多珍贵报刊，是在全国很有影响的民办图书馆之一。

老街的历史故事却远远不止这些。沿着小路折转，走上33级台阶就到了妙高峰北侧的半山腰。那里有座墓，墓的主人是南宋福王赵汝愚。赵汝愚曾任丞相，以忧国爱民著称。他力主抗金，迎风冒雪千里出征，可惜被权臣构陷，受贬为宁远军节度副使，并在赴永州途中于衡阳被害。遗体运至长沙，南宋庆元二年（1196）落葬于妙高峰，后被理宗追封福王，谥号"忠定"。

随后的八百多年时光里，福王墓多次重修，才具如今的规模。住在这里的老嗲嗲老娭毑说这里之前是"稀烂的"，"他的后人应该是在美国，这是他家自己出的钱修缮的，这些年，还曾见过赵汝愚的后人来这里祭拜过"。

随着这里老嗲嗲老娭毑的指引，我走到了巷子深处的一个入口。巷子里两栋青砖楼房组成的连体建筑就是妙高峰的南村名人公寓。1926年，由教育学家方克刚和历史学家罗元鲲合建。罗元鲲是毛泽东在湖南第一师范读书时的历史老师。老嗲嗲指着巷子那一头说："就是那一栋，那个空调上方的二楼，就是罗老师的房间。"老嗲嗲说他小的时候还曾经见过罗元鲲老师的夫人，"一个很富态的女人，个子不高，给人感觉很慈祥。"

寻访至此，我仿佛回到了那个烽烟四起的年代……这条街斑驳而有质感，就像一条挡不住的河，穿城而过，既有历史老故事，也有老城新故事。

伏龙山：在历史的风雨中，闪现智慧光芒

◎常立军

【伏龙山档案】位于湘江西岸，现属于湖南省长沙市大王山片区。山虽不高，却气势凛然。山下有千年古寺桐溪寺和晚清名臣曾国藩墓。

湘江西岸，自谷山而起，一条山脉由北向南一路延绵。

这条山脉行进到洋湖而止，洋湖以西的湘江边，则又有山脉隆起。这是长沙的另一处"山水洲城"地貌。山是大王山和伏龙山，水是湘江，洲是巴溪洲，城是大王山新城。伏龙山是这片风景中不可缺少的一部分。千年古寺桐溪寺与一代名臣曾国藩墓都在此。

从坪塘大道与巡抚路的交叉口进入，眼前即可见伏龙山。这远离了城市的山野，天空分外清朗。桐溪寺比曾国藩墓要早，它始建于公元791年（唐贞元七年），其前身为兴国寺。民国期间，桐溪寺与麓山寺、开福寺、杲山寺、上林寺、宝宁寺、华林寺、灵云寺并称为"长沙八大丛林"。

桐溪寺不仅经历了名称的变迁，更经历了历史的风雨。唐代时，兴国寺因唐武宗会昌法难被毁，一直到宋代，才得以复建，重现当年瑞光，更名为伏龙庵。至明末，寺又毁。清代，经天岩应适禅师募缘重建，改名桐溪寺——因山后桐林茂密，寺前流水潺潺而得名。桐溪寺其实规模并不大，进门后，拾级而上，有大雄宝殿等殿堂，寺宇布局与一般禅宗寺院相同，但仅有两进，客堂设在西边厢房之中，方丈室在寺后东边角落。如今的寺院已看不到太多旧物，只

有庭院中那些数百年的罗汉松、白果树，它们见证了这座著名丛林的历史。

桐溪寺后，即为曾国藩墓。作为湖南历史上最有影响力的人物之一，曾国藩既挽救了当时清廷的命运，又为后来洋务运动的发展奠定了基础，是中国由传统走向现代的枢纽人物。曾国藩去世于两江总督任上，他的墓地选址成为一个重大的问题。曾国藩生前曾委嘱其弟曾国荃在老家湘乡曾家祖坟周围为其卜择墓地，但没有找到合适的地方。1872 年 3 月 12 日，曾国藩去世，其弟曾国荃、儿曾纪泽决定将曾国藩暂行浅葬于长沙南门外之金盆岭，即现在长沙南郊公园一带。后来经过多方咨询并勘查，终于选定了伏龙山这个位置。

曾国藩墓规模宏大。墓冢系三合泥拌碎石糯米混浇而成，墓围直径约 5米，花岗石围。其墓有三道墓碑。墓前有拜台、墓坪。拜台约 50 平方米；经26 级台阶下接一大墓坪约 200 平方米，墓坪东西两侧各立石阙一个，分别刻"曾太傅墓东阙""曾太傅墓西阙"。左侧石梯通道沿桐溪寺围墙而下，接墓庐槽门与御碑亭，通道两旁有石马、石狮、石虎及石翁仲各一对。距墓冢约 60 米

清代重臣曾国藩之墓，与桐溪寺同处一山　常立军摄

处立有"太傅大学士毅勇侯曾文正公神道碑"，碑文叙述了曾国藩生平功绩。

曾国藩墓曾经在 20 世纪 50、70、80 年代遭盗墓者三次破坏。墓地原有的各一对石马、石狮、石虎及石翁仲已经四处散落，有的已被破坏。墓地周围的麻石不是被附近村民用作他途就是被随意丢弃。就连墓庐四周护栏上的铁链也被人偷走。2019 年 9 月 11 日，在社会各方的呼吁下，才开始对曾国藩墓进行全面维护。

"倚天照海花无数，高山流水心自知"：这是曾国藩曾经写下的心迹。他的一生都在实践自己的人生信念。

昭山：山市晴岚，还看今昭

◎李玲

【昭山档案】位于湖南省湘潭市东北 20 公里的湘江东岸，为长沙、湘潭、株洲三市交界处，海拔 185 米。

　　"乱峰空翠晴还湿，山市岚昏近觉遥。正值微寒堪索醉，酒旗从此不须招。"这是北宋大书画家米芾在画作《山市晴岚》中的题诗，对景致之美妙极尽赞誉。"山市晴岚"也是著名的"潇湘八景"之一，其所在地便是湘潭昭山。

　　第一次去湘潭是毕业时陪好友参加面试。湘潭是座老城，面积不大，建筑大多比较破旧，和许多新城相比，实在不起眼。此次慕名游览昭山，几乎推翻了之前的印象，它犹如一颗质地纯粹的宝石，散发着在岁月中沉淀的光彩。刘禹锡在《陋室铭》中说，"山不在高，有仙则名"，形容昭山再恰切不过。昭山的海拔只有 185 米，比岳麓山还要低上一些，但这丝毫不影响人们对它的敬仰。

　　昭山之美，《史记》中早有记载。屏风夕照、拓岭丹霞、桃林花雨、双井清泉、老虎听经、狮子啸月、古寺飞钟、石港远帆，"昭山八景"名声在外，吸引着四方游客登山览胜。北魏郦道元《水经注》有载："湘水又北径昭山西，山下有旋泉，深不可测。"明代周九烟赋诗《山市晴岚》："蜃楼曾诧海门东，此处奇峰便不同。天宇诈收朝霞后，人家都在旭光中。金银气眩千岩丽，龙虎云凝七国雄。谁信湖南培塿地，举头缈缈似瑶宫。"明末清初王夫之写下《昭山孤翠》："日落天低湘岸杳。迎目茏葱，独立苍峰小。道是昭王南狩道。空潭

晚霞映照下的湘潭昭山古寺　卢七星 摄

流怨波光袅。"在历代文人墨客笔下，昭山始终美得独特，熠熠生辉。

　　山水之景为美，人文故事为胜。昭山的"仙气"也由来已久。《孔子家语》中有典故记载：战国时期，吴国攻破楚国，楚昭王落难四处流浪。在昭山的湘江之中，他拾到一个"萍实"，孔子认为是吉祥之兆，后楚昭王果然复国。由此，昭山成为人们心中的吉祥宝地，上山祭拜之风日渐兴盛。唐朝建寺，宋朝改殿，明清为观，昭山古寺历经千年，几废几建，记录着历史变迁。

　　现今的寺庙坐落于昭山之顶，原是 20 世纪 80 年代初，由湘潭市佛教前辈绍宗法师率众逐渐恢复。后因墙体破损，空间不足，于 2014 年重新扩建。改建后的古寺建筑群主次分明，高低错落，宏伟庄重而富于变化。来到古寺，必看的是碑刻和古树。2017 年，湖南科技大学教授、著名书法家周平先生研究发现，寺内最早的捐修碑可追溯到康熙四十八年（1709），碑刻明确记载了昭山古寺及佛像的修缮情况，主要为湘潭富绅捐修。寺内那棵千年银杏，据说曾遭受雷击火烧，树干上的痕迹依稀可见，如今繁盛依旧，满树的红绸带格外醒目，人们的美好祈愿也在这里代代相传。

昭山还有一个省级文物保护单位——昭山古蹬道。古道全长 1314.2 米，始建于乾隆四十二年（1777），至嘉庆六年（1801）完成，历时 25 年之久。在当时，昭山香火鼎盛，游客和香客众多，但上山却极为不便。湘潭宋氏便组织潭、善二邑（今株洲市、湘潭市、长沙市等地）绅士，捐资修建古道。1947级的古道耗用花岗岩 5000 多块，每一块都由人力运送上山，修建难度可想而知。古道建成后，方便了人们上山祈福，也贯通了前后山的风景，四季不同，季季惊艳。

康熙年间捐修佛寺，乾隆年间捐修古道，这并非巧合，而是缘于当时社会经济发展的富足。众所周知，康乾盛世是我国封建王朝时期难得一见的太平盛世。统治者轻徭薄赋，藏富于民，才使得昭山商贾云集，富绅众多，人们的生活环境得到改善和提升。随着清王朝走向没落，近代中国进入百年动荡，所幸历经沉浮之后，昭山终于焕发出崭新面貌。

红色革命基因为昭山平添了新气象。昭山半山腰有座伟人亭，是为纪念毛泽东而建。1917 年，就读于湖南第一师范的毛泽东与张昆弟、彭则厚从长沙出发，畅游湘江，畅谈理想，一路步行至昭山进行社会调查。彼时的中国仍处在一片黑暗混沌之中，但这些有志青年早已在心中勾画出朗朗乾坤，向着他们的终极理想坚定前行。

绿色发展规划为昭山带来了新机遇。2009 年，湘潭昭山示范区成立。随着近年来长株潭城市群的不断发展，位于三市交界处的昭山也成为绿色核心区，成为践行"创新、协调、绿色、开放、共享"发展理念，建设美丽富饶幸福新湖南的前沿阵地，成为刷新"伟人故里、大美湘潭"名片，创造人们幸福生活的示范样板。

煌煌昭山，未来可期。

石柱峰：神迹之山

◎梅兰

【石柱峰档案】位于湖南省浏阳市，海拔 1359.7 米，为长沙市第二高峰，仅次于浏阳市大围山。

《长沙府志》用"尖削如柱，壁立万仞"来描绘石柱峰，这也正是它名字的由来。

石柱峰以前被称为金顺山，据相关资料记载，其鼎盛时期有 48 座庵寺，还有孙思邈所用的晒药台，葬有"后周诰封兵部袁侍郎"的铁坟坪，以及拴船桩（一葫芦状花岗岩巨石，传为大禹治水所用）、云雾殿、祷雨灵台、龙王庙等古迹。

龙王庙还有其他两个名字，分别叫作玉皇殿和樱桃观，位于石柱峰西侧的樱桃坡，据说已经有1700 年的历史。龙王庙在唐朝贞观、宋朝宣和、明朝万历、清朝光绪年间都有过增建补修，明朝时这里已有麻石堆砌成的房屋 48 间，在此修行的

浏阳石柱峰玉皇殿

僧侣和道士各占一半，龙王庙也因此成为浏阳的六大道观之一。

清朝嘉庆《浏阳县志》有"樱桃观今已奉毁"之载。直到当地百姓另取"玉皇殿"的新名，才得以在光绪年间重建。今存前后两殿，高8米，进深27米，宽25米，花岗石奠基，据传部分石料系唐代遗物。殿前有亭廊，亭廊有左、中、右大门通前殿，内奉2米多高的关公像，墙边置两口大鼓，木架上挂有清朝嘉庆十六年（1811）铸造的铁钟。后殿有玉皇、龙王、观音等塑像，近年来前往玉皇殿朝拜游览者日益增多。

而说起樱桃观的来历，也是有段有趣的故事。清朝乾隆年间，一名苏州学士来到此地，对附近的老桃树进行了嫁接。第二年，老桃树新长出的枝干上就结出了桃子，并且桃子品种会随着时令变化，从四月胭脂桃、五月禾花桃、六月水蜜桃、七月烧包桃、八月桂香桃，一直到九月寿星桃，应有尽有。到了第三年，道观四周已经蔚然成林，所以道观又被人称为"樱桃观"，苏州学士也有了"种桃道士"的称号。虽然这个传闻的真实性还有待考证，但也从侧面证明了这里的水土优良。现在最为常用的名称还是玉皇殿。

玉皇殿里有个百汇泉，来此取用饮水的人络绎不绝。殿顶时时飘荡着香客们前来供奉香烛时点起的烛烟，虔诚的香客额首低眉，求现世安稳祥和。

据考证，道教的一大流派——起源于汉代的婴母教就发祥于石柱峰。这个教派的教义以孝道为核心内容，如今玉皇殿周围的山坡上，还遗存了很多有名号的道士的坟墓。

石柱峰是连云山脉西向的一个分支，每当春末夏初就如同一道高大屏障，把暖湿气流阻挡并聚集在山峰南麓，从而形成了大量的降雨，所以石柱峰历来多雨。雨水从山上流下来之后，北麓之水经周洛峡谷，南麓之水经枫林峡谷，汇合后形成了捞刀河。捞刀河如同一条碧绿的绸带蜿蜒流转，在长沙的北部流入湘江。

传说伏羲也是看见此地经常大雨滂沱，以为这边的天空破了个大窟窿，所以要女娲在山上炼造五色石补天。如今顶峰上面那块平台就被人们称为补天台。站在上面，眼前豁然开朗，心情也随之顺畅。天气晴朗的时候，山顶很适合极目远眺，甚至有人说向北望去可以看到洞庭湖，向南望去可以看到长沙城。

春天的石柱峰一片碧绿

山顶还有一座三清殿，用麻石条砌成，内里空间很小，仅几平方米。山顶草木葱郁，因雨水充沛，时常云雾缭绕，置身其中如临仙境。

从大门进入石柱峰景区后，一条清澈透亮的小溪会伴随着你的脚步在山间流淌。虽然溪流不是很大，但因山势陡峭，部分地段水流湍急，瀑布一级接着一级，总计有21级之多。其中最大的瀑布落差达80米，气势雄浑。在爬山感到疲倦的时候，来到瀑布边感受迎面而来的水汽，顿觉心旷神怡。

石柱峰的土壤中富含多种微量元素，所以在这里种植出来的蔬果药材都是上佳品质。石柱峰的山泉也含有多种矿物质，甘甜清冽，据说有防癌抗衰老的功效，因此有"长寿泉"的美称。

韶山：万山归心

◎梅兰

【韶山档案】位于湖南省湘潭市。属于湘中低山丘陵区，山脉由南往北，曲折延伸，于韶山冲内虎踞龙盘，构成众多的冲、洞、谷、壑。韶峰为韶山最高峰，海拔 518.9 米，是南岳衡山第七十一峰。

古人说："五岳归来不看山，黄山归来不看岳。"三山五岳各显独特的魅力。而我谓：韶山独圣。韶山诞生了中国人民的伟大领袖和导师毛泽东，被誉为红太阳升起的地方，是一个充满神奇魅力的地方。

韶山因"韶乐"而得名。传说舜帝南巡到达这山冲之时，为眼前幽静平和的景象着迷：红日高照，峰顶五彩祥云缭绕，风光绮丽，溪水潺潺流淌；白鹤在碧绿的稻田里飞舞觅食，采茶姑娘们在茶树丛中引吭高歌，牛羊在山坡上静悄悄地啃食着青草，牧童们只顾尽情嬉戏……那溪水旁边耸立的一座小圆丘，竟然长满虬松异竹，梧桐树木参天，上有百鸟和鸣，神魅诱人。舜帝想察看一番，于是命大伙儿上去歇息。大伙儿席地而坐，不料四面八方猛然敲响竹梆，树丛中呼喊骤起，杀声惊天动地。山民们手中高举棍棒、抓着石头蜂拥而至，将舜帝一行人歇息的山头团团围住。原来，酋长早已听报有一群外人侵入山中，认为来者不善，便率领山民设伏，围攻入侵者。舜帝大声喊话想阻止，但不懂当地方言，情急之下，舜帝命随从乐师吹奏《箫韶》。

《箫韶》奏响，如天籁之声，悦耳动听，沁人心脾。山民顿时肃然起敬，丢弃手中的棍棒、石头，垂手而立，聆听仙曲。正所谓"箫韶九成，凤凰

毛泽东同志故居，人们瞻仰伟人的圣地

来仪"，一曲天籁之音化干戈为玉帛，一场即将流血的冲突顷刻平息了。

　　狭义韶山特指传说演奏韶乐之小山头，即现在的毛泽东故居斜对面溪水边的那座蘑菇形小山丘。广义韶山指以韶峰为中心的方圆数十里的环山区域。韶峰屹立在韶山冲的南面，山形如柱，直耸云霄，亦称仙顶峰、扑头峰、仙女山。为纪念舜帝在此山冲演奏《箫韶》的盛事，当地便将演奏《箫韶》的小山头美其名曰"韶山"。这就是"韶山"美名的来历。

　　公元1893年12月26日（清光绪十九年农历十一月十九），毛泽东诞生在韶山冲的上屋场。毛氏夫妇喜得贵子，分外高兴，特地办了几桌丰盛的酒席，请亲友们来吃"三朝饭"。在众人的恭喜祝贺声中，毛顺生先生请来宾中一位有学问的同族塾师给儿子取名。这位私塾老师结合毛氏族谱，给他取了一个含义深长而又非常响亮的名字：毛泽东，字润之。"泽东"意为润泽东方。

　　毛泽东善于把马克思主义的普遍真理与中国革命具体实践相结合，领导全国人民建立了新中国。韶山人无不自豪地说：我是毛主席的家乡人。

毛氏宗祠——农民运动的策源地

韶山有八景：韶峰耸翠、仙女茅庵、胭脂古井、塔岭晴霞、石屋清风、顿石成门、凤仪亭址、石壁流泉；还有四绝：六朝松、四方竹、白石泉、飞来船。当然还有龙头山、滴水洞和狮子山景区。

滴水洞在韶山方言中叫"吊水洞"。20世纪60年代，毛泽东曾经在此秘密住了11天。滴水洞现已辟为旅游景区。

狮子山景区，山形酷似雄狮，又为韶山添了几分神圣感。狮子山静静地独卧在韶山的东边，好像一个忠诚的卫士，默默地守护着神圣的韶山。

庄严的毛主席铜像矗立广场中央，侧边是毛氏宗祠、毛鉴公祠、毛震公祠。这里曾是毛泽东创办的唤起农民觉醒、播下革命火种的农民夜校和农民协会的遗址。1927年1月16日，毛泽东考察完韶山的农民运动情况，离开韶山前往湘乡继续考察。韶山的乡亲们、农民协会会员们纷纷前来送行。一位农民协会的负责人问道："毛委员，什么时候再回乡？"毛泽东正色道："不推翻封建势力，不打倒腐败的北洋军阀的统治，如果三十年革命还不成功，石三伢子（毛泽东的小名）就不回来见乡亲们。"新中国成立后的1959年6月25日，毛泽东回到了阔别32年的故乡，兑现了他当年的诺言。

韶山的红太阳格外温暖，神奇的韶山美景令人陶醉，神秘的韶山滴水洞令人遐想，庄严的毛主席铜像更是令人景仰。

影珠山：等待千年的温柔

◎梅兰

【**影珠山档案**】位于湖南省长沙县北 35 公里处，自古便是兵家必争之地。分东、西影珠两山，海拔 509.4 米，南北长 7 公里。有大小峰峦 70 余座，是长沙与汨罗的界山。

我在清晨被鸟鸣唤醒。前一晚我在板仓国际露营基地露营，帐篷外舒展着一片湖水，曾经垂落着星子与月影的湖水一派平静。人们还在梦乡，我在这片被鸟鸣无限放大的寂静中，倾听着远处影珠山的动静。我拉开帘布，将头探出帐篷，远处的山影依然隐没在天际，像一块厚实的云牢牢地占据着天空的一角，不特意盯着分辨，不足以分清哪里是天，哪里是山。庞大的鸟鸣渐渐撕开了一丝天光，万事万物就在这世界刚开始的瞬间，展现它们的美。

我前一晚预约了看日出项目，基地餐厅在曚曨天光中已经亮起了灯光，进去时，已有零星几个人在等早餐了。早餐很简单，但是在这样微凉的夏日清晨，一碗热乎乎的肉丝面足以抚慰早起的肠胃。

吃完早餐，老板的商务车已经在门外等候了。昨天我还在纠结，是应该向上去爬影珠山，还是就近在开慧小镇闲逛。就近有杨开慧故居，浓郁的红色氛围足以充实这个周末的闲散时光；而向上有山，一直是山，能看见远方更加无穷无尽的山，能始终走在山间，始终走在林中，最后到达山顶。运气足够好的话，还会迎来一场盛大的日出。

影珠山是长沙县名山，原名隐居山，向恺然著《江湖奇侠传》载，有江湖

影珠山山门牌坊

奇侠曾隐居此山故得名；后人又传说原山顶神庙内，曾锁有蛟龙，偶见龙珠现影，故又名影珠山。长沙有民谣唱曰："影珠山，离天三尺三，人要低头过，马要卸却鞍。"《长沙县志》亦记载："山极高大，雄镇一方。"其实影珠山主峰高不过500米，但森林覆盖率竟在85%以上。

从露营基地开车过去，半小时不到就能抵达。看日出的游客不多，只有我和另一家四口。一对双胞胎男孩在车里昏昏沉睡，老板打开的车窗呼呼灌进清晨的凉风。好新鲜！我忍不住多吸了几口。天光暧昧，星子隐退，云霞开始爬出天际，山影轮廓也渐渐清晰。老板加了一脚油门，我的心也跟着紧了一下，怕朝阳没任何商量余地，等都不会多等我们一分钟。

从前，影珠山东西主峰生长着一雌一雄两棵千年白果树，一出长沙城就可以远远望见，是当时的天然航标。可惜东影珠山上的白果树在1981年遭雷电击毁，不久，西影珠山主峰上那棵白果树也神秘地枯死了。这曲相伴相依、同生共死的千年恋曲从此成为绝唱，回响在老板的一次次讲述中。

车子穿过石径农舍，竹篱瓜棚、池塘果树在晨光中缓缓舒展开来，不远处的梯田从东坡一直绵延到山顶。山风吹过田垄，夹带着泥土的芬芳，清爽不腻。一声声清脆悦耳的撞钟声，从影珠山顶的养静寺传来，打破了山里的宁静。循着这声音，车开至山上停车坪，再往上就要步行了。老板指着山上说："十分钟就能走上去，差不多太阳就出来了，今天天气很不错！"

影珠山湘北会战阵亡将士墓　卢七星 摄

　　好天气不能辜负。双胞胎男孩双脚一触地，瞬间恢复了孩童的活力，又叫
又闹地直往山顶冲去，瞬间就成了两点影子粘在山间。男孩们的父母匆匆忙忙
地追赶着孩子，我在老板的催促声中紧走了一段，忽然放慢了脚步。山岳修行
这件事，若是不亲自走过群山，参拜再多的佛堂都没有意义。人们随意走进佛
堂，跪拜一尊佛像，便以为观望了自己的心，其实没有人能不经过修行就看得
清自己的心。

　　不远处的陆军第一九五师湘北会战阵亡将士墓庄严肃穆。影珠山作为第三
次长沙会战主战场之一，战况尤为惨烈。如今走在腰子坡上，竹木森森，到处
都是麻石垒起的城墙，当年的工事还能见到残形。为保存好战争遗址，腰子坡
处还新修了很长的木桥，人可行走在木桥上俯瞰当年的战壕。阳光从竹林间毫
不遮掩地穿透，如利剑，如琴弦，如我们明彻的思想。

　　走到养静寺，太阳已经升起了。这个季节有薄雾从山脚田间升起，似一
层朦胧的轻纱，轻笼上层层梯田。眼前这闪闪发光的影珠群山，拥有我难以想
象的美丽山线。美丽源于它的温柔，是不显山见水的温柔。我听到风声呼啸
而过，环抱着被一方小亭护住的白果树遗迹，发出"咻咻"的细响。只这一
次，我便感受到了温柔的力量，润物细无声的力量。

鹅羊山：大隐隐于市

◎左豪

【鹅羊山档案】位于湖南省长沙市开福区境内，曾名东华山，又叫石宝山。山体面积约 1.2 平方公里，主峰海拔约 140 米。

"小隐隐于野，大隐隐于市"是中国道家的哲学思想，讲的是一个人若放下功名利禄回归山野，借助山水田园这些外部环境来实现内心平静，与花鸟虫鱼为伴，只能算"小隐"；若身处繁华热闹的都市乃至风起云涌的官场，依旧保持初心，不与世俗同流合污，不为荣华富贵所动，才称得上"大隐"。按这个标准来看，鹅羊山无疑是一座"大隐"之山。

鹅羊山坐落在长沙市开福区，倚湘江东岸，与谷山隔江相望，因形得名。清同治《长沙县志》卷四对此有记载："山多奇石，或踞或立，山顶以南皆赤石，以西皆白石，远望如鹅、如羊。"另有传说一则：相传"鹅"与"羊"是两位神仙，贪恋谷山美食——那儿山麓青草繁茂，山内还有一宝石臼，每日生谷数升——因而夜夜渡江偷吃。终于有一日，"鹅"与"羊"被乡人发现驱逐，两位神仙一过江忽然消失无踪，只有一座如鹅似羊的奇山拔地而起。

本身得造化神奇，又有传说加持，难怪鹅羊山能位列道教的"三十六洞天七十二福地"，成为道士们踏遍名山大川后选择的修行场所。唐末五代时期高道杜光庭在《洞天福地记》中把它排在七十二福地的第十九位："第十九福地鹅羊山，在潭州长沙县。"北宋张君房编撰的《云笈七签》卷二十七《洞

鹅羊山下的湘江赋诗碑　卢七星摄

天福地部》里，排序有了变化："鹅羊山，乃道教七十二福地第二十二福地。"在北宋乐史编撰的《太平寰宇记》中，鹅羊山被称为"神仙洞府"。

　　这里究竟有没有人得道成仙呢？在记录南朝刘宋时期荆楚自然地理、民风民俗、神话传说、名人轶事及历史遗迹的著作《荆州记》中，有一个与鹅羊山相关的故事：

　　从前有一个十四五岁的少年叫成少卿，他被哥哥叫去放羊，结果在路上遇到一个老人家。那个老人家上下打量他一番之后说："你有仙骨，跟我走吧。"过路的老百姓见此情景，连忙跑去给他的家人报信。成少卿的哥哥闻讯赶来，发现羊都不见了，便问成少卿羊哪儿去了。成少卿指着一堆石头，说羊化为了石头，接着便羽化登仙而去。

　　北宋时，鹅羊山上建起一座鹅羊观。鹅羊观又名阳升观，上有升仙台，据说那里正是成少卿升仙的地方。鹅羊山因此名声大噪。文人骚客来到楚地，总免不了前来拜谒一番，一来沾沾仙气，二来咏志感怀。

　　宋真宗时吏部侍郎毕田有一首《鹅羊山》："羽客何年此炼丹，尚留空灶镇屠颜。云中鸡犬仙应远，山下鹅羊石转顽。湘渚几因沧海变，辽城无复令威还。何年仙驭还来此，尽遣飞腾上九关。"这是最早写鹅羊山的诗词之一，把这里仙风道骨、如梦似幻的场景描绘得活灵活现。

　　明攸县人王伟官拜兵部侍郎，罢归后就隐居在鹅羊山附近，常常前来游玩。有感而发，先有一首《鹅羊福地》："湖南福地说鹅羊，叠嶂层峦接大荒。云气四时连岳麓，山形千古捍潇湘。径危苔藓沾衣润，树老松花满地香。日暮严城催鼓角，平沙惊起雁行行。"后有一首《同杜侯游阳升观》："浮云掩尽露仙山，石磴层层手倦攀。千尺老藤悬峭壁，一湾流水护元关。重游预作明年约，纵饮聊娱此日间。服药不须期羽化，十洲三岛在人间。"在王伟去世后，与他同乡却怀才不遇的陈廷燧来此观光，作《望阳升观诸山》："怅望仙山何处是，白云天际见蓬莱。寻山有路从头问，三十六峰当面来。流水浮花归洞户，清风随客上天台。松间若有卢敖出，不惜殷勤送酒杯。"

公元 1506 年，王阳明也来到这里。由于反对宦官刘瑾，他被贬谪到贵州龙场，乘船途经湖南，因久闻鹅羊山盛名而在鹅羊观留宿一夜，留下一首《鹅羊山》："福地相传楚水阿，三年春色两经过。羊亡但有初平石，书罢惟笼道士鹅。礼斗坛空松影静，步虚台迥月明多。岩房一宿犹缘薄，遥忆开云住薜萝。"几年之后，他贬谪期满复官，再访鹅羊山，又作一首《三山晚眺》："南望长沙杳霭中，鹅羊只在暮云东。天高双橹哀明月，江阔千帆舞逆风。花暗渐惊春事晚，水流应与客愁穷。北飞亦有衡阳雁，上苑封书未易通。"

鹅羊山传承千年，既有秀美的自然风光，又有深厚的人文底蕴，本是得福之地、升仙之所，如今却难与同处开福区、香火不绝的佛教宝地开福寺相提并论，即使偏安一隅也未得清净：它虽然山体犹存，但山间的仙坛、炼丹台、鹅羊观、牌坊、书院等历史遗迹早已不见踪影，还有人在道旁肆意违建成片的墓群，疑似用于商业出售。游人旅客几乎不知有这么一个地方，附近居民则心生忌讳，不敢轻易踏足，其现状令人揪心。

好消息是，2020 年 8 月，依托鹅羊山建设的鹅羊山公园一期工程正式启动。根据规划，这个临江的城市级综合性公园将被打造成长沙城北最重要的天然氧吧，政府正积极推进这项工作。这对于鹅羊山来说，大概就像湘江的潮起潮落一样稀松平常：道法自然，它隐于闹市，宠辱不惊，无欲无求；而对于长沙人来说却是一件大事：鹅羊山的旧貌换新颜，将提醒人们如何敬畏自然，如何尊重历史。

湘北山脉

德山：山不在高，有禅则名

◎常立军

【**德山档案**】位于湖南省常德市武陵区东南。主峰孤峰岭海拔97.6 米，形如青螺，风景秀丽。站在德山之上，可远眺沅江奔流。

即使在地势平缓的常德市区，德山也是座不太显形的小山。

沿常德二中前的路直走，过七一机械厂，右拐即到德山。眼前不见山势，只见林木幽深的道路尽头，隐隐有一座寺庙。寺名乾明寺（原名古德禅院），一座赫赫有名的禅宗大寺。乾明寺最有名的是"德山棒"。它来源于一件著名的公案，与"临济喝"齐名。唐代驻锡德山的宣鉴禅师常以棒打为接引学人之法，形成特殊之家风，世称"德山棒"。他打人不是为了发泄怨气，而是助人开悟。能说出来打三十棒，说不出来也打三十棒，机锋就在于此。

乾明寺依德山山势而建，寺不大却很有气势。寺始建于唐初，公元860年（唐咸通元年），朗州刺史薛廷望奉敕重修，请禅学大师宣鉴为住持，唐宰相裴休题"古德禅院"匾额。寺院内有金刚塔、慧光塔、岣嵝塔、毗庐阁、八角亭、断桥、铁经幢、白龙井、乌龙井、钵盂泉等。重要碑刻有唐裴休书"古德禅院"刻石、唐德山先和肖塔铭、宋德山乾明寺钟铭、米芾书"宝藏石刻"，张授《善德山》诗碣等。可惜这些宝贵的文化遗产，都在历史的动荡中散失。乾明寺如今保留下来最重要的文物是铁经幢和两块宋碑。据《常德府志》记载，这座铁经幢是唐懿宗咸通元年朗州刺史薛廷望奉旨修建的，为生铁铸造，故名"铁经幢"。它们现在都已不在乾明寺内。铁经幢是国家级保护文

德山乾明寺，千年前的棒喝似乎还在回响　常立军 摄

物，现立于市区滨湖公园内；宋碑是省级保护文物，藏于常德市博物馆内。

德山是历史上常德城外的"郊野之山"，是远眺沅江与常德城的最佳所在。历代文人多在此怀古凭吊，寄托幽思。唐代时，德山有楚望亭——得名于曾任朗州（常德古称）太守的刘禹锡所作的《楚望赋》。楚望亭所在的位置是德山最佳观景点，用南宋理宗朝常德知府袁申儒的话说，可以"临枉渚而想朝发，望秦城（司马错古城）而慨秋绿"。之后，楚望亭又被改名为"江山平原亭""云深亭"，其所表达的意境也在不断变化。

明代，在著名画家、湖广学政董其昌的提议下，这座被改了几次名字的亭再一次更名，由亭变塔。初名文峰塔。"塔宜稍近水，风行水上，至文出焉。塔必倒影江流，庶濯日月之华，涵烟霞之秀"：这是当时的巡道刘之龙对文峰塔修建的期待。事实上，文峰塔修好之后确实也成为了沅江岸边的一大景观。文峰塔在历史的激荡中经历反复重修，最终成为现在的孤峰塔。城市与塔历经变迁，不复旧时模样，唯有沅江水，万古长流。

德山下，是屈原笔下的枉渚。《楚辞·九章·涉江》中有"朝发枉渚兮，夕宿辰阳"。这里是屈原被流放时经过并记载的地方。枉就是枉水，源出

孤峰塔，曾是常德城重要的地标建筑

今常德的金霞山，东北流经善德山入沅江。枉渚即枉水注入沅江的小水湾。这条不起眼的小河流与沅江交汇成的水湾因为屈原的流放，成为了一条历史上著名的"文化小河"。仅从地理而言，它的意义并不大，但浓厚的人文赋予了它不朽的文化内涵。

枉水入沅水处有个钓鱼矶，它下面有个老龙潭，两侧有两口传奇的井：白龙井和来木井。白龙井的故事与古代圣贤善卷有关。清光绪《德山志补》说："老龙潭德山下，传有白龙蟠伏于内，其底与山上之白龙井相通。"嘉庆《常德府志》说："白龙井，即善卷井。旧传午日竞龙舟入水，桡自井出，疑龙所吸。"钓鱼矶下的一块平台，传说是善卷先生经常垂钓的地方。

山下德山粮食仓库院内，有明荣定王墓。这是明代藩王就藩常德的见证。常德也因此成为历史上的一座"王城"。荣藩在常德驻扎，历经150多年，最后一个荣王薨，距今已有近四百年。公元1498年，京城大批能工巧匠来到常德，开始修造"荣王府"。为期数年的营造，带来了豪华精湛的宫廷雕刻技艺。这是一个南北手工艺交流与融合的年代，为以后享誉中国的"桃源工"奠定了基础。王城今已无存，只留下数座明藩王墓成为历史的见证。嘉靖《常德府志》记载了藩王们墓葬的方位，它们多与寺庙相伴。葬于德山的荣定王墓，旁边就是乾明寺。墓原有的封土堆高达10米，为砖石结构，分前后两室。墓室规模庞大、建筑雄伟，石棺床雕刻纹饰精细，圹志楷书刚劲有力，明代贵族奢华的葬制在此可见一斑。

禅宗、善卷、屈原、明藩王均与德山有关。小小的德山，承载着厚重的人文历史，令人不敢小觑。

福寿山：一座山中的历史洪流

◎常立军

【**福寿山档案**】位于湖南省岳阳市平江县南部福寿山镇境内，与浏阳市社港镇毗邻。最高峰海拔 1572.3 米，总面积近 100 平方公里，森林覆盖率 96%。

沿着长沙与岳阳之间的 105 国道行驶，福寿山如屏障耸立在东方。

它巍然而立，云雾弥漫，傲视着山下大片低矮的湘东丘陵。福寿山属于幕连九山脉中的一座，是湖南与江西的地理分界线。福寿山已经到了幕连九山脉与丘陵的交接之处，高差明显，大山气势十足。

一路蜿蜒着进入深山，眼前忽然开阔时，就到了福寿山镇。这里原是思村乡。小镇依山沿河而建，规模不大，有着浓郁的乡土风情。走到小镇的尽头，便进入了福寿山的盘山公路。由此上山，山间更为幽深。然而福寿山并不是仅仅拥有山色之美。深邃的山间，历史的信息不断地涌现出来。福寿山间，有一座白水水库。水库边有白寺村。历史的秘密就隐藏在这座因为拍摄《爸爸去哪儿》而红极一时的村落里。

白寺村中多庙宇，白寺村就因其中一座"白水寺"而得名。而白水寺的由来，与唐代兵部侍郎白琪有关。"安史之乱"后，君臣离散，这里流传有"六相隐平江"的传说。村中的活动中心，原为小学，更早之前则为白水寺旧址。在它的后方，有一座小丘，上面有高僧墓塔。这座墓塔，即是当年流散到平江的兵部侍郎白琪之墓。他归隐平江后，在此参禅悟道，并修建了白

福寿山福桶石，远望如古代量米的"斛桶"

水寺。

更多的墓塔在高山之上。沿着白寺村旁的水流上溯，可见新修的白云寺。历史上这里是禅宗临济宗的流传之地。据同治《平江县志》记载，白云寺始建于唐代，距今已经过去1300多年。白云寺后来改名为白云庵，现在又改回了白云禅寺的名字。

沿白云寺后的浏平古道行走，山间墓塔林立，庙宇众多；村中溪水纵横，云雾弥漫。好山孕育好水，白寺村的水清冽甘美，驱车来到这里的人，几乎都会带一桶水下山。

从白寺村上山，还需要经过数座峰谷。山势越发陡峭，眼前的天地却更加开阔苍茫。远远望去，有一块巨石立于山巅。那是福桶石。所处位置极为突出，西面有近200米高的悬崖，峭壁连天，高耸云端，远望如古代量米的"斛桶"，故民间以其谐音称"福桶山"。

大湖坪考古遗址出土的石构件

到达山顶后，地势反而变得略微平坦。这里是福寿山森林公园的核心区域。在福寿山小湖坪一带及大湖坪西侧等地保留有大量天然林，林中古树参天、古藤密布。据调查，这是距长沙市最近的原始次生林景观。

山顶处，有一盆地，名叫大湖坪。这片区域近年来因为湖南省文物考古研究所在此发现宋、元、明时期的寺庙遗址而成为新闻焦点。专家认为这是一处佛道兼容的寺庙，且还有着当地陈氏家族家庙的性质。

福寿山之美，在于它既承载了历史的厚重，又深具自然灵气。山水与人文，在此融会，妙不可言。

壶瓶山：北纬30°的迷幻仙境

◎常立军

【**壶瓶山档案**】位于湖南省常德市石门县西北部，是湘鄂两省分界山，海拔一般在 2000 米以上，主峰 2098.7 米，为湖南第二高峰。

去往"湖南屋脊"壶瓶山的道路很远很远。

壶瓶山属于常德石门县，距离县城还有 140 多公里。这一百多公里的山路，曲折艰险，足以令人开车到崩溃。然而，越深入其间，心境就越发与平时不同。巍峨耸峙的高山，仿佛在召唤我们去探访这个神秘的世外之地。过黄虎港大桥后，才算是真正进入了壶瓶山核心区域。这座桥飞架在悬崖峭壁之上，桥下是奔腾的溇水河，抬头是直入云霄的山崖，让人不由自主生出几分惊悚。

山间有小镇，就叫壶瓶山镇。这是深山里难得的一块平坦到可以建房的区域。小镇有一个叫泰和合的茶庄。清光绪十五年（1889），广东商人卢次伦借英国人的资本，创建了泰和合茶号。茶号建筑规模宏大，在当时湘鄂两省堪称罕见。壶瓶山曾是中国重要的红茶产区，在一百多年前泰和合就开创了一个"海国流芬"的年代。

泰和合茶庄是一座砖木结构的清式民间建筑。主楼四周墙基由长条形青石铺垫。大门用镌花青石砌成，高丈余。石门上刻缠枝卷草纹，栩栩如生。茶号之圆形拱门、石刻，窗棂之木刻，山墙之泥塑、彩绘等，构图精美，工艺精湛。其建筑无论是石构件还是木构件都表现出一种纯朴自然、简洁明朗的地方特色，其

古老沧桑的黄虎港大桥　江芬 摄

重檐马头山墙，更显民间工艺特点和朴实风格。

　　小镇上建有一个壶瓶山国家级自然保护区科普宣教馆，这里的生物标本陈列异常丰富，让人大开眼界。

　　我们由小镇沿山谷进入壶瓶山的重要生物聚集区——象鼻子沟。这是壶瓶山的一条深邃峡谷。进入峡谷的道路刚刚修好，有一截甚至要穿过巨大的崖洞。深入沟中，如同进入一个完全陌生的奇异世界。各种平时根本见不到的奇花异草，在这里肆意生长。壶瓶山是一个植物的天堂。沿着象鼻子沟深邃的峡谷行进，湿度越来越大，崖边可见色彩淡雅的苦苣苔和各种蕨类植物。偶尔也有中华秋海棠和忽地笑，成为暗调峡谷中的一抹亮色。

　　壶瓶山地处北纬30°，这是一条神奇的地理带。壶瓶山是湖南北纬30°纬度线经过的唯一高山，是第三纪动植物的避难所，被称为欧亚大陆同纬度物种谱系最完整的一块宝地、华中地区弥足珍贵的物种基因库。它以湖南省3‰的面积，保存了全省60%的生命基因。这里除了有野生动物350多种，还有木本植物831种。其中有国家重点保护树种28种，药用植物1019种，国家一级保护植物珙桐、钟萼木2种，国家二级保护植物银杏、连香树、厚朴、鹅

壶瓶山的凤仙花 常立军 摄

掌楸等 29 种。这些珍稀植物大部分属于第三纪冰川期的古植物和第三纪以前的孑遗树种，有"活化石"之称。其中，湖南花楸、石门鹅耳枥、长果秤锤树为以前没有发现的新种，被誉为"天外来客"。壶瓶山是目前世界上面积最大的珙桐群落集中地，生物专家誉其为"内藏万金的绿色宝库"。

峡谷尽头，是瀑布。水流从巨大的横崖之上垂直落下，如一线白绢，与深碧色的山体构成完美的山水画卷。壶瓶山山高水多，自然瀑布就多。山中有姿态各异、大小不同的瀑布近 30 处。有的从洞中窜出，声如惊雷；有的从悬崖峭壁飞流直下，酷似银河落九天。有的如卷帘，有的如暴雨，也有的如细珠倾泻。山孕育了河流，壶瓶山是渫水河的源头，这条清澈如碧玉的水，带着大山的清凉一路奔向澧水，汇入洞庭，成为浩瀚湖泊的一部分。

夜晚，回到保护区管理局，正好遇到有人捡到一只受伤的金雕送到了这里，保护区的工作人员决定先让它养好伤再放其回归自然。山林中还有黑熊这样的猛兽，据说华南虎也曾在这里出没。这些凶猛的动物，曾经只活在我们的想象中，而在壶瓶山，却随时有可能和它们遭遇。人与动物的关系，在这里似乎又回归到了最初始的状态。

夹山：一书一茶一禅境

◎常立军

【夹山档案】位于湖南省常德市石门县城东南方8公里处，在石门县十九峰的东头，海拔159.7米。因碧岩峰与青嶂峰似鸾凤相拥而立，"两山夹峙，一道中通"而得名夹山。

159.7米，是常德石门夹山的海拔。在我们的传统文化中，山的高度并不重要。对山的认同在于它超越地理的文化意义。夹山，在禅宗南宗发展史、禅宗美学精神、禅茶发展历程中都可以说是一座突兀的高峰。

从长张高速（长沙—张家界）收费站下来，行驶数十公里，远远地看到一片延绵的山峰。山峰之后，就是石门县城。夹山国家森林公园离县城还有一段距离，它在这片峰岭的东头。公园现有闯王陵、灵泉禅院、洗墨池、玉玺井、碧岩泉、佛光阁等十余处景点。

夹山虽小，风景却上佳。否则在多山的石门，为什么偏偏这么多的人文遗迹遍布于此？甚至演绎出禅宗著名的美学代表——夹山境。唐、五代至宋时期，禅宗的南宗在长江流域开始兴盛。地处洞庭湖与武陵山之间的这片地理空间，成为禅宗的辽阔原野，并形成了数座祖庭级别的寺院。夹山寺即是其中之一。

进入夹山境，只转了几个弯便上了山。山路旁边有闯王陵。明末农民起义后，关于李自成兵败入山为僧的传说一直在这里流传。

历史的烟云早已散去，曾经动荡的世界也已经回归宁静。李自成若真的在

夹山寺，传说李自成起义后归隐于此

此遁入空门，也算是一个不错的归宿。何况夹山寺也非一般的寺院，它在禅宗史上，有着不凡的地位。达摩祖师将禅宗带入中土后，禅宗的发展一直如涓涓细流，自五祖弘忍决定不再以"衣钵相传"后，禅宗的发展才真正进入大河奔流的状态。夹山在禅宗法脉中非常重要。夹山善会与圆悟克勤两位著名禅师，都出自此。宋代高僧圆悟克勤在夹山所著《碧岩录》，被称为"禅宗第一书"。

《碧岩录》的名字得于碧岩泉。碧岩泉位于夹山寺西南 1 公里处，因两眼泉水从五座石峰下汩汩流出而得名。唐咸通十一年（870），高僧善会来到石门夹山，创立夹山灵泉禅院。

夹山除了"碧岩"之外，还有"青嶂"。青嶂指的是青嶂岭。这两处奇妙的地方是禅宗美学的诞生之地。青嶂岭位于夹山寺北，古木苍苍，气势磅礴，如青狮卧息，故又名青狮岭。相传唐时，岭有猿群，常出没林间，抱子戏谑，人来不去。站在山顶，可见古木参天、浓荫蔽日，奇花异草，幽香袭人，清风送爽，鸟鸣谷应，令人心旷神怡。

　　夹山寺修建于唐懿宗咸通十一年（870），清初为鼎盛时期，至民国时期，殿厢年久失修。寺内最古老的殿堂是大雄宝殿，该殿清道光三十年（1850）维修过，砖木结构，重檐歇山顶，九脊琉璃，黄瓦覆顶，下檐外部不用柱，而用砖墙，翼角起翘成 45°，高出下檐成弓山墙：这在湖南的庙宇中属于非常少见的一类。夹山寺的门前，有一片巨大的广场。相比于山的海拔、寺庙的规模，这广场显得极为空阔。我们站在广场上，顿时就有了一种天马行空的自由奔放感。进入寺内，却是一种平和精致的感觉。禅茶一味的思想，即来于此。"一味"就是心与茶、心与心的相通。茶与禅本是两种文化，在其各自漫长的历史发展中发生接触并逐渐相互渗入、相互影响，最终融合成一种新的文化形式，即禅茶文化。禅茶文化具有一种不同于哲学和伦理学的社会化育功能。日本茶道是从中国的茶禅演变而成的，在日本茶道场合，常悬挂"猿抱子归青嶂岭，鸟衔花落碧岩泉"挂轴，茶道界几乎无人不知此联出自中国湖南夹山。

太阳山：迷雾中，那座刻满了神秘符号的山

◎子野

【太阳山档案】位于湖南省常德市太阳山森林公园内，主峰高568米。山势雄伟险峻，地形地貌独特，似游龙雄居常德城北。

太阳山，一个充满着光感的名字。

沿二广高速（二连浩特—广州）经过常德郊区时，便可以向西遥望此山。尽管主峰海拔只有568米，太阳山却有着磅礴的气势。在它的脚下，是碧波万顷的柳叶湖，再往东，是广袤平坦的洞庭湖平原。大湖、平原与高山，形成极为强烈的高差对比。加上湖区气候湿润，雨雾时常环绕在山顶，让它拥有了一种大山才有的神秘莫测气氛。

太阳山是常德城区的一片绿海，也是自古以来常德人的精神家园。对太阳的崇拜，在史前就已经存在。湖南史前出土的白陶中，多有太阳的形象。太阳山东部的峭壁上，有一座天然形成的酷似人面的石壁。明代兵部尚书、常德人杨嗣昌游览此地时称它为"面山"。古人对于天然形成的形象有着独特的崇拜心理。这块石壁，有可能是太阳山最早的名称来源。太阳山经历过改名。据清嘉庆《常德府志》卷四记载，太阳山改名为梁山的时间是在唐天宝六年（747）。据《史记》《汉书》记载，公元前202年刘邦建立西汉后，敕封"东君"为太阳神，诏令天下共祭之。常德郡人自当遵旨在太阳山建庙祭祀太阳神。

自东汉以来，这里就是区域宗教中心。那时的太阳山还未改名梁山。古时

太阳山上，历史悠久的普光禅寺 陈敏捷 摄

太阳山周围寺庙和道观众多，较著名的有白鹿寺、梁王宫、阳山观、兴国寺、灵泉寺、重庆寺等 30 多座。鼎盛时香火异常旺盛，周围方圆 10 公里，号称"48 寺庙 72 茅庵"，是当时全国少有的宗教文化中心。

唐代时贬谪于常德的诗人刘禹锡，时任朗州司马。他六上太阳山，为太阳山写下了"汉家都尉旧征蛮，血食如今配此山。曲盖幽深苍桧下，洞箫愁绝翠屏间。荆巫脉脉传神语，野老娑娑起醉颜。日落风生庙门外，几人连蹋竹歌还"的诗句。太阳山的自然、神话、田园尽在一诗之中。因为"二王八司马"政治事件而遭遇的人生低谷并没有让刘禹锡消沉，太阳山成为他抒发胸襟的好去处。

几百年后，宋代诗人周必大路经太阳山，题诗："秦人溪畔汉人山，万木参天六月寒。写向汤休诗集里，老夫要作画图看。"宋代时，禅宗在湖南的发展达到鼎盛。最早来太阳山驻锡的是妙音禅师，他在太阳山南麓建普光寺，开设道场，广收门徒，讲经弘法，焚香修炼，名声大振。妙音禅师善驯鹿，在寺院旁辟有鹿苑，且自己经常乘白鹿出入山门，人们称他"白鹿禅师"，称普光寺为"白鹿寺"。

如今的太阳山，在景观设计上更突出符号文化的神秘色彩。山顶有一尊巨型的石雕盘古坐像。盘古坐像由4000多块太阳山天然原石历时三年垒砌而成，用石2万余立方米，最重石块100余吨。太阳山盘古巨像的规模，在国内首屈一指。盘古是上古传说中开天辟地的神，它与太阳崇拜在此融为一体。盘古坐像旁的路边，有400米长的石雕符号长廊，包括佛经、汽车标识、宇航员、儿童、外星人……这些符号代表着人类所经历的种种历史，虽然并非古迹，却有着比古迹更为奇妙的构思。

太阳山还是明代常德藩王的家族墓园，是重要的历史遗迹保护区、湖南重要的明王陵遗址区。明宪宗第十三子朱祐枢于明孝宗弘治四年（1491）被封为荣王，开府常德。先是大兴土木建造王府，后又圈占太阳山下白鹿寺附近大片土地建造墓冢及陵园，"山中之地，半入藩封"。明藩在常德七代王共150多年的藩封历史，见证了常德曾为"王城"的岁月。

奇特的符号、隐秘的王陵、传说中的古老寺院……迷雾中的太阳山在等待着人们深入探索发现。

桃源山：古代文人的"打卡地"

◎子野

【**桃源山档案**】位于沅江南岸。桃花源洞天福地的源头，自东晋起便是沅澧流域道教文化中心。有水府阁、奇观亭、桃川书院、状元桥、聚贤桥等核心景点。

桃花源，是中国这个以农耕为主的民族几千年来的理想国。陶渊明一篇《桃花源记》，"芳草鲜美，落英缤纷"，"不知有汉，无论魏晋"，写尽了人们对于这个理想国的种种幻想。

桃花源一定是要有"山"的。山在地理上是一种"空间隔绝带"，会带给人们心理上一种独特的"隐蔽感"，而山间优美的景色，又可以陶冶性情。因此，历代名士与得道高僧，都是选择山区作为归隐地。这足可证明人们在心理上的体验感是共通的。湖南常德的桃花源景区，是历史最为悠久的公认的"桃花源"。它地处武陵山脉的边缘，属于低山丘陵地貌，非常适合人类居住。桃源山是这片人间仙境中一座最为重要的山。

桃源山又名黄闻山。黄闻是个传说中的人物。桃花源的桃川宫内藏有《高道轶事》一书，其中就提到了他的故事："沅入洞底之先，有潭曰黄闻潭，潭岸之山名黄闻山，山巅立阁乃黄闻阁，皆祀高道黄仙师植柳降妖之事耳。"我们甚至可以把这个故事当作是《桃花源记》最初的版本。它讲述了一个名叫黄闻的渔人，在武陵山区某座山中遇到仙人吴氏，并得其真传，拯救众生的故事。书中描绘的山中景象，与《桃花源记》中的描述极为相近。

桃花源桃花山牌坊　陈敏捷 摄

　　桃花源在历史上就是著名的文人雅士"打卡地"，在不同的历史时期，都有不同的文人雅士前来"打卡"，并留下自己的诗文。由于陶渊明《桃花源诗并序》的深远影响，凡唐之著名文学家、士宦、道人等，对桃源山、桃源洞、桃源观几乎都倾心向往。据史料记载，在桃花源留下诗文的唐代名人有四五十位，其中有孟浩然、张旭、王维、李白、刘长卿、刘禹锡、王昌龄、李群玉等。及至宋朝，桃花源得到了更大的开发，一时盛况空前，达到历史上的鼎盛时期。

　　桃花源甚至改变了当地的行政级别。有鉴于桃花源在文化领域的巨大影响，公元963年，宋朝廷把有名胜古迹桃花源的沅江中下游两岸地域从武陵县析出，另置一县，并以"桃源"为县名。其后不久，朗州改名为鼎州，桃源县境内桃花源遂属鼎州。公元1165年，鼎州改为常德府，桃源县及所辖桃花源随之属常德府。

　　从宋初开始，桃花源大兴土木，广建道观。桃源山半山腰处，有著名的桃花源古建筑群。其中的核心是桃川书院。书院属于儒家讲学论道的机构。在这里，儒家文化与道家文化相互交融，共存共生。其实在中国历史上，集释、道、儒于一身的文化精英从来不在少数，这是中国文化特有的包容性的体现。清乾隆十八年（1753），桃源县令屈宜伸主持整修书院，"桃川书院"即他命名。1992年，由桃花源风景名胜区管理处修复改名"天宁碑院"，

沅江夕照——半江瑟瑟半江红　陈敏捷　摄

并将院址由原来的桃川宫东北迁到其东南塔巴堰畔台地，总占地面积9600平方米。自入口起，至第三平台后墙月亮门，其主要建筑为石桥、石牌坊、石双环亭、百寿图、巨型石碑、"桃源仙境"缩影假山池、陶渊明《归去来兮辞》等巨型石碑白玉壁画群、六角石亭、书画堂等。空间穿插渗透，步移景易。仿古院落式建筑群，集民间石艺之大成，汇桃花源文化之精华，纳五湖山水于一堂，交四海骚客于一隅，对历代于桃花源有贡献者，均收录于志，铭刻于碑，藏立碑院，流芳百世而不朽。碑院入口处，有一座造型极为奇特的石桥，叫聚贤桥。聚贤桥位于天宁碑院入口的湖面上，为五孔连跨流线型石拱桥。造型古朴淡雅，寓意陶渊明五次辞官的传奇一生。桥身的石栏板为字画镂空石雕，内容同样取材于陶渊明诗词。

最为开阔处，依然是山顶。站在山顶，可遥望沅江。江天辽阔，万里澄澈。夕阳西下，曾经有渔帆点点，令古人顿生诗意，也成就了著名的潇湘八景之一的"渔村夕照"。今天虽然已经看不到渔船，却还能体会到江山如画的美好意境。

桃花源有着对文化多样性的包容，民间信仰在桃花源也有漫长的传统。历史上在湖南四大流域被供奉的杨泗将军，在桃花源也有供奉。水府阁即为供奉杨泗将军的庙宇。他是当年洞庭湖区著名的起义领袖。湖南是杨泗信仰发源地。

关于桃花源的种种梦想，尽在此山之中。

星德山：三县交界处，有仙隐之地

◎子野

【星德山档案】位于湖南省常德市桃源县境内。高 842.5 米，与慈利道教圣地五雷山隔山相望，是集自然景观与人文景观为一体，且文化底蕴极其深厚的道教名山。

星德山所处地域，是一个奇特的地理空间：桃源、石门、慈利三县边缘，热市、广福桥、蒙泉三镇交界。站在山顶的星子宫上，可俯瞰三县。

我们到达星德山脚下时，略感失望。因为展现在眼前的是一座人迹罕至的野山，杂树丛生，并无什么景致可言。然而，拾级而上，登顶之后，风景忽然就变得与山下大不同，同行的人都不由感叹：在山脚下看山，犹如坐井观天。

作为道教名山，星德山的气质是"仙"。这种气质在山顶尤为明显：云雾弥漫，峰峦隐现，日光穿云形成光柱，一时光影迷乱，恍若仙境。据说山顶悬崖下的七星岩，每年秋冬季节的一定时辰，会与天上北斗七星对映交辉，构成天地联景的奇观。

星德山原名星子山，传说山顶上的星子岩是孙悟空大闹天宫时，从天庭穿云破雾碰落的一颗巨星，甚至有传说认为星德山是外星陨石坠落于此而成。星子山改名星德山，与道教的传入有关。明朝洪武三年（1370），道教名师张道会慧眼独具，在此潜心修行，修筑了三元宫，并将星子山改名为星德山。后香火日盛，信徒扩展至鄂西南、湘西北两省十八县。张道会大师仙隐后就葬在星德山中，并被后世住持三元宫的道士尊为师祖。星德山的"星"是带有强烈

星德山顶的星子宫，远离尘世，独守一份清静

神话幻想色彩的汉字，而"德"则带有更多的人文色彩。道教的经典便是《道德经》。这两个字的完美组合，寄托了道家信仰中对于"天人合一"的追求。

星德山的"仙"，还在于山顶有一座雄奇的道观。作为历久弥新的道教名山，星德山被人们称作"道兴紫覆之地"，与被誉为"中国南武当"的慈利县五雷山隔山相望，互为犄角，山中自然景观与人文景观交相辉映，绵延数十公里。据学者考证，此地的宗教活动"始于唐而盛于明"。星德山是道教在湖南发展的一个缩影。明、清两代，道教在沅澧流域得到空前的繁荣和发展，在当时的桃源，南有桃花源的桃川宫，北有星德山的星子宫，均是首屈一指的知名道观。

星德山的道观星子宫，与我们所见的其他道观有很大的不同。它建在山崖的顶部。建筑布局因山就势，疏密适度，高低错落，有正殿三重，偏殿六间，两翼还分布着王爷殿、百子堂、火工殿、寝宿殿、三生殿、南天门、观星坛、望月楼、玉宵殿等诸多建筑，呈众星拱月之状，气势凛然。星子宫的老山门高3米，经风沐雨，阅尽了世事沧桑，至今依旧耸立。其正面立柱上刻有楹联"石壁星辉，观其上，如近碧天尺五；佛宫月朗，到此间，顿忘尘世三千"。字为行楷，笔力劲挺奔放，笔势畅达而腴润。山门两边嵌刻着名为"星德山之由来"的碑石，上部的字迹还比较清晰，但下面的已难以辨认。后面的门楣上雕凿着"毫无四相"四个浑圆大字。星子宫的色彩也是独特的。它用的是本地的红砂岩，古朴却又不乏热烈。进入山门之后，可见王爷殿。王爷殿背西面东，高 8 米，占地面积 27 平方米，为牌楼式建筑，除了穹顶被重新加固以外，其他的地方都保持着古色古香的原貌。它的修筑先以长方形条石在峭壁巉岩间垒砌基础，其围栏、台阶、梁柱、墙体、重檐、翘角也都是由方方正正规格不一的石料构成。牌楼上部叠设着斗拱，造型极具湘西地方特色，牌额镶嵌有四块石匾，分别雕镂着"二龙戏珠"及众多戏剧人物图案。因为空间所限，星子宫的建筑规模普遍不是很大——道家追求仙隐境界和超越凡俗的气质，便在这兀立的山崖之上建了这雄奇的道观——但宗教对于美学的追求，由此可见一斑。

星德山景色奇绝，这也是道教选择在此驻扎的重要原因。在以星子宫为核心的 2 平方公里范围内，罗列着象山、集云崖、舍身崖、狮子岩、穿洞山、玉带湾、安身坡、插旗山、马头寨、靴子岩、金鸡岭、磨子岩、情人石、盘古斧、观音龛、龟仙泉等大小景点四十八处。密集的自然景观成就了星德山的仙山气质。乡间有三棒鼓唱词一首为证："仙源多胜迹，最美星德山，如磨似靴岭上石，舍身崖下树生烟。问道星德山，逍遥不羡仙，石奇松美杜鹃艳，星子宫上有遗联。"

星德山所处的位置，自古至今，都是长沙通往湘西北的交通要道。对于一种信仰的传播而言，地理位置是非常重要的因素。它既要在人流密集的主干道附近，又要独守一份安静。因此，这古道边的高山，便成了一个绝佳的场所。

作为一座山，星德山曾对民众有庇佑之功德。民国时期因战乱频繁，百业凋敝，道教亦由盛及衰，星德山风光不再。1943 年常德会战时，日军第十一军十三师团数万人沿慈利进犯桃源，国民革命军第七十三军四十三团在星德山驻防，并在一险要处筑有工事，当年曾有数千民众为免遭杀戮，躲藏在此山避难。

一座山的意义，因此而变得更多样化了。

药山：月下的长啸，已回荡千年

◎子野

【**药山档案**】位于湖南省常德市津市，是著名的佛教圣地。武陵余脉，最高处海拔 377.1 米。属湖南沅水和澧水水系之间的丘陵地带。域内水库湖泊众多，山环水抱相映如画。

药山，澧阳平原与武陵山脉间，浅浅的一座山。

从常德市区向北，在起伏的小丘间穿过鼎城区，进入津市后，即可见到药山。药山的"药"，并非草药，它指的是芍药。据说当年这座山遍布红芍，故名药山。药山本无名于世，让它声名远播的是药山惟俨与药山寺。药山惟俨是禅宗法脉流传长河中的重要人物，药山寺是禅宗祖庭、曹洞宗源流。药山寺就在山脚下，看起来并不像其他名寺那般热闹，甚至还有点冷寂和陈旧。它在湘北丘陵间，独守着一份清静。但这并不妨碍那些慕名而来的有心人，来寻访真正的禅意。

药山寺历经劫难，现存古代遗迹不多。历史上的药山寺很大，据说延绵一公里多。寺内古代遗存据说有约 2000 年树龄的古椰树、樟树各一株，1000 多年树龄的古罗汉松一株。除了树木，还有唐朝所铸大钟一口，被视为镇寺之宝。寺院附近的山坡上，有惟俨祖师塔静静地立在山腰，周边有历代僧人墓数十座。从唐代到现在，历经千年，寺庙已是多次重建，历代的遗迹堆叠在地下，偶尔有残损的建筑构件埋没在草丛中，隐现着历史的神秘信息。

碑刻是最容易留存的古迹。药山寺另有碑刻四块，分别为宋熙宁三年

药山惟俨禅师的安息之地——化城塔

（1070）石生台、政和八年（1118）纪行碑各1件，明药山惟俨禅师化城塔
铭2件。它们记录了禅寺的历史沧桑。其中宋代的纪行碑有着最多的文字信
息。碑文大意是：某某从武陵（鼎州）离任，元直等仁德之士及举隆、泰观二
位老禅师为我饯行，与我话别。并就此谒辞药山禅寺，观赏寺中名画——戴嵩
所画之水牛。而至夜深，谈兴犹浓，于是宿于寺中，时在政和八年十月十三日
（公元1118年11月27日）。

一个深秋之日，禅寺话别的场景就这样浮现在我们眼前。

从药山寺边的大路上山，只需十几分钟便可到达山间谷地中的竹林禅
院。这是药山寺的另一处重要场所。谷地间有东冲湖，湖边竹木丛生，清风拂
过，竹影摇曳，让人想起那句著名的禅语：风吹幡动，是风动？幡动？还是心
动？竹林禅院虽是新修不久，却比旧寺更接近禅宗的美学意象。简约的唐风
建筑，灰白搭配的色系，日系风格的园林，与药山的自然情境完美融合。进
门，可见罗睺罗尊者塑像，掩映在竹影摇曳中，使人顿生清净之心。

药山惟俨是药山寺的精神核心。他在禅宗南宗中地位极高。他是联系马祖
道一与石头希迁禅系的重要人物。在他之上，是南宗青原系的第二代重要人物

石头希迁；在他之下，分流出曹山本寂与洞山良价，由此形成禅宗一大主流曹洞宗，并渡海远传到日本。在整个曹洞宗的演变史上，药山惟俨起到了一个承前启后的枢纽作用。唐大和八年（834）农历十一月初六，惟俨圆寂，终年79岁，葬药山。我们今天依然可以在附近的一座小山上，看到药山惟俨祖师之塔。这也是前来寻禅之人必去的一处地方。

药山寺留下禅宗诸多佳话。当时的澧州太守李翱并不是很相信药山惟俨名气的真实性，于是便来拜访药山禅师。在经历了不断的试探和多次交谈后，他对药山惟俨极为崇敬，并写下了一首禅诗："炼得身形似鹤形，千株松下两函经。我来问道无余说，云在青天水在瓶。"其中"云在青天水在瓶"，就是药山禅师开悟他时所说的偈语。这句偈语的意思是说：同样是水，有的化为云朵飘浮于天空，有的则为瓶中之水，一切自有它们的归宿、来源和本性，性命相合，各归其所。

药山寺以开放的心境接纳着前来参拜的人们。修行、劳动，自给自足，这是禅宗一贯的精神。唐代中晚期，发生了著名的"武宗灭佛"事件，大部分寺院都遭到毁坏，各大宗派遭受重创，而唯禅宗独存。禅宗自力更生，不占有大量土地田产的体制让它得以渡过劫难。其后，禅宗在长江流域开始蓬勃发展，江西和湖南成为南宗"五家七宗"形成的地理空间。药山属于澧州，正是禅宗自北而南，从湖北向湖南、江西扩展的交通主线之一。在禅宗的黄金时代，澧阳平原遍布禅寺。

药山寺现任主持明影法师，是河北人，2001年在河北省赵县柏林禅寺净慧上人座下披剃出家。当年的赵县，就是禅宗里著名的赵州，柏林禅寺，是临济宗名寺，有"天下赵州"之称。我们在药山寺的画册中，看到有明影法师操作机器收割稻谷的照片，这是洋溢着生命气息的生活禅的感觉。寻访时，我们在寺里看到一条黑狗，全身黝黑，不乱叫，也不摇尾。你在湖边行走，它便跟随你一路，默然而行，似乎也得了些禅意。狗有佛性吗？这是当年赵州禅师的一则公案。也有，也无，何必执迷？

药山虽浅，禅意却深。

君山：江南第一山

◎黄菲

【**君山档案**】位于湖南省岳阳市，是洞庭湖中的一个岛。平均海拔 55 米，总面积 0.96 平方公里。现为国家级风景名胜区，国家 5A 级旅游景区。

平均海拔 55 米，总面积 0.96 平方公里，称这样一座山为"江南第一山"，估计没有哪座山会服气。

但，君山确实当得起这个评价。

君山为江南第一山，这是地质学家考证后得出的结论。

从地质学的角度来看，第一山指的是山龄最长的山。洞庭湖是湖南大地的诞生地，也可以说是华南大地的诞生地。"江南古陆"主要由 17 亿～8 亿年前形成的元古界冷家溪群和板溪群地层组成，在湖南段称之为"洞庭古陆"。君山是"洞庭古陆"没有下陷而隆出水面的岛，也是山，其山龄至少有 4 亿年。

作为"江南古陆"在洞庭湖中的代表，君山有两大特点：一是面积虽只 0.96 平方公里，但露出了"江南古陆"的主要组成地层冷家溪群和板溪群地层，而其他岛只有冷家溪群地层；二是君山在冷家溪群和板溪群地层之上有 20 余米的沙土层。

这个沙土层大有讲究，对君山闻名世界有至关重要的作用。沙层的成因有两个：水成、风成。沙层若是水成，那君山会沉没于洞庭湖水下，是湖积

浩渺烟波中的绿洲——君山

泥沙，也就是湖的沉积物，这样君山就不会是山了。地质学家研究后得出结论，君山的沙层是在第四纪冰期气候条件下，季节性的湖滩沙被强风吹扬堆积而成的。

肥沃的风成土使君山植被繁茂。据调查君山有植物99科22属310种，其中古树名木达20种。最古老的是秦皇火树，即秦始皇火烧君山劫后余生之树。《史记》中《秦始皇本纪》载：始皇至君山，风阻不渡，怒而伐树赭山。这遭逢大火焚烧的树，今日仍苍翠。还有一棵椤木石楠，树龄280多年。奇妙的是，在椤木石楠树干上的一个树洞里，又长出了一株女贞树。原崇胜寺后院中生长着一棵树龄300年的金桂。每年八月，花朵金黄，花香馥郁，整个君山岛都飘满甜蜜的香气。

君山的风成土壤，通透性好而肥沃，加之四面环水，气候温和，雨量充沛，云雾缭绕，宜于茶树和竹类生长。所以君山可谓山山有竹，峰峰苍郁：龙竹、龟甲竹、罗汉竹、方竹、梅花竹、实心竹、连理竹……更有闻名天下的斑竹。"斑竹一枝千滴泪，红霞万朵百重衣。""斑竹枝，斑竹枝，泪痕点点寄相思。"斑竹，可以说是中国最古典的竹了。

君山亦是坡坡种茶，层层叠翠，尤以君山银针久负盛名。据载文成公主出嫁时便带了君山茶入西藏。《巴陵县志》记载，君山贡茶自清始，每岁贡 18 斤。每年仅 18 斤的君山贡茶，只有皇帝与他的重臣、宠妃才能喝上。现在岛上有茶园 400 余亩，每年产君山银针 500 公斤左右，寻常人家也能喝上了。

所有文化都是地理胸怀中的花朵。君山的人文底蕴植根于其特有的地质条件和优越的地理位置，这些都是"江南古陆"上其他山所没有的。

君山是我国最早的五大名山之一。《史记·封禅书》载："自殽以东，名山五，大川祠二。曰太室。太室，嵩高也。恒山、泰山、会稽、湘山。"据《巴陵县志》记载，君山原有三十六亭、四十八庙、五井、四台等众多名胜古迹，现已修复的有二妃墓、湘妃祠、柳毅井、传书亭、朗吟亭、飞来钟等古迹。

自古便是名山胜地的君山，道教文化积淀深厚，是道教的洞天福地。清顾祖禹称："《道书》以君山为第一福地。""洞天福地"意为神道居住的风景优美的名山胜地。传说在道教中备受尊崇的吕洞宾就是在君山得道成仙的。《山海经》载："洞庭之山，帝之二女居之。"尧帝和"二女"，都是后来道家供奉的神仙。

屈原活动于湖湘十余年，为湘山湘水神作祭歌，写下《湘君》《湘夫人》等诗篇。《九歌》就是祭奠神灵的乐歌，这些神主都是后来道教所信奉的神仙。《史记·秦始皇本纪》载：秦始皇二十八年，"渡淮水，之衡山、南郡。浮江，至湘山祠，逢大风，几不得渡"。湘山即君山，湘山祠是历史文献记载的江南最早古祠，亦可谓道教最早的祠庙。

君山很美。浩渺烟波中亭亭一座青山，清幽神秘，风光旖旎，有如神仙府第。"遥望洞庭山水翠，白银盘里一青螺。""淡扫明湖开玉镜，丹青画出是君山。"……自唐以来，李白、杜甫、黄庭坚、辛弃疾、张之洞等文人骚客都曾登临君山览胜抒怀。其实，是江南第几山道教第几福地并不重要。有这么一座美丽的江南小山，春日来品新茶，夏日来赏浩瀚烟波，秋日来赏渔歌朗月，冬日来观候鸟，听一听神话传说，读一读诗词楹联，对我们这些浸润在传统文化中的人来说，就是一种值得珍惜的幸福。

大云山：有山起于云中者

◎ 黄菲

【大云山档案】位于湘北岳阳临湘交界处，属幕阜山西北支，自古为江南名胜、道家洞天，海拔 911.1 米。1996 年升级为国家森林公园，被列为岳阳十景之一。

在文学家、史学家、中国柈湖文派创始人吴敏树（1805—1873）还是岳阳县的一名少年时，大云山就是他倾慕的山。

其时的大云山，开发程度自然远不及今天这座国家森林公园，但风光之秀美奇丽，令吴敏树和他的旅伴们惊艳赞叹。

天下名山之美，多为古树、怪石、奇峰、深涧、云海、飞瀑……大云山也是"造化钟神秀"之地。

开始登山时，"路缘岭侧，俯深溪，过之可怖畏"。"过朋湾，望悬泉自四山下，伫观之。过案山，山绝高，峭立似城堵，是大云之曲尾……"登主峰时，"石崖下闻泉淙淙然，坐听之，其声如松风之走万壑也，是曰响泉之崖"。

站在主峰上，放眼四望，"下视万山如走马，如驱羊，如滚波涛，如千万人军旌旗鼓戈，鱼丽鹅鹳升坛而指麾……而西望洞庭烟洲草渚隐约可辨，沙川油川左右绕若双带焉"。群山如同奔跑的马羊，如同滚滚波涛，如同千万军士在摇旗挥戈，沙港河、油港河犹如两条玉带盘绕于前，百里之外的八百里洞庭湖白茫茫一片。这是何等的壮丽！何等的磅礴！

大云山有八处美景，在吴敏树时代，这八胜都没有名字。吴敏树游过大云

大云山东部顶峰的祖师殿

山后就写了一组诗，叫《大云八胜八首》，并且给这八胜一一取名，分别叫"聚泉潭""响泉崖""息龟涧""万松磴""卓笔峰""青笠峰""圣泉井""可摹崖"。大云山群峰并立争雄，形态各异。卓笔峰为江南第一石峰，高耸云霄，好比一把利剑直插蓝天白云，险绝异常，那横空出世的气势，不禁令人折服惊叹。

大云山吸引吴敏树，除了其风景壮丽，还有一点：是宗教名山，"山祀真武神，甚灵，远近走祷者众"。

位于大云山东部顶峰的祖师殿，始建于唐代，供真武大帝、石光祖师。前后曾八次重修。1993年恢复祖师殿系统工程，规划从土地堂向上，依次为"雄峙楚天"牌楼、灵官殿、祖师殿、玉皇殿、三清殿和望江亭等建筑。

另一座著名道教宫观是真君殿，始建于明初，分上、中、下三重，深15米，宽13米，高19米，为纯石结构。1993年改名为玉真观。此建筑为四合院式，主供的是许逊真君。

真君殿下五百米的下巍池有一座观音殿，始建于唐代，为大云山唯一的佛教活动场所。1993年，比丘尼释印慈、释顿惠、释悟果来此主持佛教事务，重修观音殿。1994年开放。

大云山也是一座英雄山。山上的"三战三捷"碑，铭记着一段英雄的历史。从1939年9月至1942年1月，日军先后三次进犯长沙，薛岳指挥的第九战区部队英勇抗击，史称"三次长沙会战"。

在三次长沙会战中，日军都是由岳阳往南进犯，主战场便是长沙以北的湘北地区，其中就包括新墙河、大云山。杨森指挥的二十七集团军第四、第二十、第五十八、第三十七军当时驻守这一带，在三次长沙会战中均发挥了重

大云山"三战三捷"石刻

大的作用。

1942 年 8 月，杨森上大云山检查布防，决定在大云山刻碑纪念湘北抗战中死难的将士。他选择大云山隆兴宫外一块巨大石壁，亲笔题词，命临湘县县长王翦波督刻。王请来 40 名石匠，花了两个月时间，将石壁凿成 90 平方米的平面，刻上"三战三捷"四个大字，每字占 2 平方米。

在杨森刻石下方十米处，还刻有一块石碑"三捷泉源"，由杨森部第二十军第一三三师师长夏炯题。抗战胜利后，王翦波又在附近树了一块大云山抗战胜利纪念碑。

历经近八十年风雨，这些石刻仍然保存完好。这处珍贵的抗战遗址已经被列为全国重点文物保护单位，并在抗战胜利 70 周年前夕入选第二批 100 处国家级抗战纪念设施、遗址名录。

吴敏树当年游大云山后，写下了十一首诗和一篇游记。郭嵩焘评价："湖南两百年文章之盛，首推曾（曾国藩）吴（吴敏树）。"如果吴敏树穿越到今天，重游大云山，在真君殿俯瞰延绵 86 平方公里的云山梯田，在山顶远眺山下如璀璨明珠一般的铁山水库和烟波浩渺的洞庭湖，不知还将留下多少华美篇章。

玉笥山：如此平凡，如此不凡

◎黄菲

【玉笥山档案】位于湖南省汨罗市西北4公里处，汨罗江北岸。相传战国时楚国诗人屈原，曾居于此地，并作《九歌》《天问》等巨著。

如果不是因为屈原，没有人会知道玉笥山。它实在太普通了。它的海拔——连百度上都查不到它的海拔；而它的景致，和任何一座村野小山没有什么区别。这是一座在地理意义上可以被忽略的山。

楚顷襄王二十一年（前278）仲春二月，屈原来到汨罗。此时的沅水流域正是战马嘶鸣，而南土却还是一派草木莽莽、深幽寂静的景象。跋山涉水而来的楚国诗人屈原定居在汨罗江畔的玉笥山。而汨罗江的出口——洞庭湖，正是沅湘汇合之处。

玉笥山暂时宽慰了诗人那颗悲伤的心，他无须再经受流浪的艰辛，有了较为安定的生活。他在这里完成了巨著《离骚》《天问》《九歌》和《九章》中的一部分。这里的一草一木、一乡一俗，都成了他诗歌中清晰可寻的物象。

然而，更大的噩耗传来，秦将白起率兵先后攻占了楚国西陵和国都郢，纵兵焚烧王陵。屈原决心一死殉国。在此，他写下一生中最后的诗篇《惜往日》，然后怀沙自沉。为了纪念屈原，人们在玉笥山上修建了屈子祠。

在汨罗江的河堤上远远可见玉笥山。连绵起伏的山峦静静依在江边。走近了，只见山边一条湍急的小河奔腾直入汨罗江，河上有一小桥，石栏上雕刻着

"濯缨桥"三个大字。青草间隐藏着一块石碑，走近细看，写的是：屈原故居遗址。

过桥后上玉笥山。若是在五月，上山的路上随手都能扯到艾草，这种在楚辞中多次出现的植物，依然在江边繁殖生长，年年不息。沿石道而上，便是骚台。相传屈原曾于此作《离骚》《九歌》《怀沙》，亦有传屈子于此夜诵《离骚》，山鬼闻之愀然而泣。

自山脚至屈子祠有石阶119级。屈子祠历经千年风雨江水浸蚀，屡毁屡建，至今保存了大量研究屈原及楚辞的书籍、资料。两千多年来，它一直是祭奠屈原的重要场所。

屈子祠占地七八亩（1亩=0.067公顷），正殿为砖木结构，单层单檐，青砖砌墙，黄琉璃瓦覆顶，风格古朴秀雅，庄严肃穆。全殿三进，中、后两进间置一过亭，前后左右各设一天井，中有丹池，池中有大花台，植金桂。祠内有树龄在300年以上的桂树多株，每逢秋天，桂花绽放，香远益清。

祠正门牌楼墙上绘有17幅关于屈原的浮雕，如《渔父谈心图》《怀沙投江图》等。由正门入中殿，可见巨幅雕屏，上刻司马迁《史记·屈原列传》全

文，其上梁则悬一"光争日明"横匾。厅中木柱上有清郭嵩焘、李元度撰写的楹联。中进有董必武撰写的联语。后进中厅置屈原镀金塑像，像高3米。两旁柱上有于立群书郭沫若集《离骚》句："集芙蓉以为裳，又树蕙之百亩；帅云霓而来御，将往观乎四荒。"后殿矗立一尊1980年重塑的屈原像。

玉笥山有独醒亭、骚台、濯缨桥、桃花洞、寿星台、剪刀池、绣花墩、望爷墩等纪念屈原的古迹，称"玉笥山八景"。独醒亭位于山下，相传当年屈原即在此地与渔父对话，并留下"举世皆浊我独清，众人皆醉我独醒"的名句，故后人在此建亭时，用"独醒"命名。桃花洞是位于玉笥山麓的一个土洞，洞内环境清幽，凉爽宜人。相传屈原在盛夏酷暑时节，常来洞内读书养性、赋诗言志。望爷墩、绣花墩、剪刀池分别是屈原之女为父招魂、为父绣像、为父自刎处。

屈原碑林门楣悬联"屈平辞赋悬日月，楚王台榭空山丘"，1996年曹禺曾撰《屈原碑林记》。进门楼沿石道而行，迎面只见天问坛上有一屈原问天塑像，屈老夫子衣带飘然，昂首向天。碑林内有天问坛、离骚阁、九歌台、招魂堂、独醒亭、思贤楼等八组建筑，其间九曲回廊相连。园中原植有兰、桂、橘，四周有百年古木樟、枫、桧、槐等荫翳。

屈原对汨罗的影响是深刻而久远的。在民间，端午龙舟竞渡就起源于汨罗民众搜救屈原的故事。每年端午前夕，所有龙舟都划到玉笥山下，到屈子祠祭拜，祈求屈原英灵保佑，划船平安，竞渡获胜。

站在玉笥山上远眺，汨罗江岸线尽收眼底。湿地公园平缓伸展，城市村镇渐隐天边，微风吹来江水和草木的气息。太阳起落于烟波，水牛徜徉于滩泽。冬春时候群鸟飞翔，夏秋时节水禽嬉戏。玉笥山的百年古木郁郁青青，楚辞香草吐露芬芳。山上有老婆婆摆摊卖茶。可坐在幽竹丛林间，慢慢饮一杯汨罗特有的姜盐豆子芝麻茶。这座被赋予肃穆崇高之美的小山，也有愉悦舒朗的景致。在纪念诗人和伟人的地方，凡俗的生活仍然在时序流转中不慌不忙地继续。

连云山：青山巍巍在云端

◎黄菲

【连云山档案】位于湖南省岳阳市平江县南境。属罗霄山脉，因山上常年云气覆盖而得名。1000米以上的山峰有十座，主峰海拔1600.3米，是平江县境的最高峰。

第一次见连云山，是在网络。图片上青山巍巍，山腰一大片野生桐树花开如雪，山顶云雾缭绕，山下民居错落有致；其时大雨初歇，天上彩虹绚烂，宛如人间仙境。图片下有一行字：平江县境内海拔1600米连云山，群山环抱，山高谷深，植被丰富，自然生态保存完整。

这座山以其神秘、深邃、清幽、秀美，在一瞬间俘获了我的心。我开始搜寻它的信息。

连云山古名纯山，为平江县乃至岳阳市最高峰。其中，平江县的部分，山脉面积为639平方公里，占平江县总面积的15.5%。连云山隔汨罗江与幕阜山南北对峙，与九岭山东西相望，山内峭壁千仞，群山起伏，沟壑纵横，林深竹茂，云雾缭绕。远视之，如入云端，故得名连云山。连云山与幕阜山共同哺育了汨罗江，是真正的"蓝墨水的上游"。

连云山最著名的景致是"连云翠壁"，自古是平浏边界上的名胜，为平江八景之一。《平江县志》载："连云山有石室……有笋石白雪莹然，簇如蜂房，尖尖削成，故曰翠壁。"连云翠壁位于连云山的东北侧，是汨罗江的支流高墩河的源头，又是汨罗江与浏阳河的分水岭，是长沙与岳阳版图的天然分界线。

溪流潺潺的纯溪小镇

连云山的另一大景观是万亩连云竹海。修竹挺拔，绿树成荫，山峦起伏，绿浪翻滚，翠竹青青，一望无垠。晨可观日出东方，喷薄生辉；夕能览山间晚照，尽染苍穹。雨后新晴，则又是另一番美景。奇山秀水中的绿竹云海，真乃仙境一般的去处。清代名将李元度曾有诗："攀来绝顶立巅峰，竹海苍茫似艇中。深悔不曾携得桨，一篙撑去广寒宫。"

连云山是湖南绝佳的漂流去处。这里山高林密，河道蜿蜒曲折，水流湍急，峡谷幽深，素有一里数湾、湾湾不同之说，还有长滩、险滩、湾滩，是一个寻幽探险的好去处。整个漂流河道由 30 多条小山溪汇集而成，长约 8 公里，总落差 160 米，是漂流爱好者的上佳选择。

山中有一个纯溪小镇，就像它的名字一样，清新纯净。小镇处处有溪流，处处有绿意。小鸟引路，九曲回环，水流错落有致。溯溪而上，听着溪水敲击细石的清脆声，呼吸着绿树吞吐出的新鲜空气，一路有野花绿草开道，有虫鸣鸟叫为伴，心情也轻盈舒畅起来。

平江是革命老区，连云山处处留下了革命先烈的足迹。连云翠壁下，平浏边界两边的徐家洞、金坑、大光洞、百福洞等山村，曾是湘赣边苏区红军的主要根据地。

连云山下有一个长寿镇，盛产寿星，同时也盛产英雄和将军。这里是湘鄂赣省委、省政府、省军区和红五军、红十六军驻地之一。一个小镇，走出了张震、刘志坚等12位共和国开国将军。如今，长寿镇延续着日出而作日落而息的古老生活方式，闲适安逸，一切传奇都云淡风轻。

连云山主峰北面的大峡谷中，有一个村子叫徐家洞，现已更名为思源洞。这个村子坡陡谷深，山清水秀，幽深静谧。这宛如世外桃源一般的村庄，实则是一块浸透革命先烈鲜血的土地。

1926年，大革命风起云涌，徐家洞成为湘鄂赣省苏维埃的一部分。当时的徐家洞农耕和手工业兴旺，村民富庶，有"徐家省"之称。1927年，风云突变，国民党军"围剿"苏区，"屋过火"，"人换种"，施行白色恐怖。徐家洞150多栋民屋被烧毁，数百村民被杀。

1928年，彭德怀发动平江起义，长寿镇、加义镇、献钟镇成为湘赣边苏区中心。红五军二纵队驻扎徐家洞。随后，国民党军再次"围剿"，徐家洞又一次被烧毁。1930年，红军重新打回平江老根据地，红十六军驻防徐家洞。

连云山下的辜家洞，有一处三面环山的地方，叫卧龙坪，平坦宽阔，中间溪水潺潺，两岸碧草青青。1926年，共产党员罗纳川深入辜家洞，唤醒民众投入革命队伍。他还组织了平浏游击队，活跃在连云山的深山老林之中，驻扎在卧龙坪。

连云山主峰有一个巨大的花岗岩洞，形似月亮，足有三间房子大小，人们叫它月光崖。1934年10月，涂正坤领导的游击队转战在湘赣边境的深山老林之中。一次战斗后，突围出来20多名红军，在月光崖内养伤20多天。

可惜的是，这些事迹仅存在泛黄的史料里和老年村民的口头上，山上鲜见纪念石碑。不过，换个角度想，史书的传承和人心的铭记才是一种真正的不朽。

桃花山：云梦大泽的雄奇山峰

◎黄菲

【桃花山档案】位于湖南省岳阳市华容县与湖北省石首市交界处。呈东北西南走向，绵亘20多公里。山体海拔多在260米至300米之间，主峰雷打岩海拔384米。

北枕长江，南濒洞庭，有山峦逶迤20多公里。此山有一个旖旎的名字：桃花山。

桃花山的名字因何而来？一说因桃花得名。清《华容县志》载：桃花山，县东五十里，以多桃树，故名。

桃花山有花更有树。山中古木参天，松杉连云，漫山翠绿，满目清幽。樟、梓、楠、楸，枫、柏、桂、榉，亚热带应有的名贵树木，这里几乎无所不有，仅百年以上大树就有约2000株。莽莽山林之中，还有棵千年银杏树，高40余米，主干部分需要五个成年人才可合抱，植于南北朝，距今已有1500多年，仍苍翠雄健，矗立如峰。

又据明万历《华容县志》载，明代有人发现深山之中有宋时避乱隐居的山民，"不闻有金、元，亦不知今为何代"，遂以为发现了新的桃花源，故称此山为桃花山。

桃花山自然不是桃花源，然此地重峦叠嶂，修竹茂林，幽禅古刹，阡陌羊肠，飞禽走兽出没林间，碧草清流缀悬山谷，是洞庭湖区首屈一指的自然风景区。登山四望，但见群峰起伏，良田阡陌、炊烟浮云尽收眼底，不是桃花源，胜似桃花源。

山中流泉飞瀑，清溪碧湖，随处可见。境内大小水库遍布，溪流奔涌，湖光山色，自成佳景。且桃花山之水，富含人体所需多种矿物质，清冽甘甜，随手掬饮，沁人心脾。"雪花啤酒"就是桃花山的天然山泉水酿就。桃花山山体由优质花岗岩构成，山中之石质地优良、色泽美丽，可加工成各类石材产品。深绿色的叫"墨山绿"，粉红色的叫"桃花红"，大红色的叫"山水芙蓉"，洁白晶莹的叫"明碧玉"。

山不在高，有仙则名。桃花山与仙有关的传说和故事特别多。相传昔时共

放眼桃花山，满目葱郁　蒋博 摄

工与颛顼争帝，怒触不周山，致使整个天空千疮百孔，才有后来的女娲炼石补天。但在翼轸分野处，天盖下陷，无法补好，天水下漏，形成云梦大泽，使荆湘一带民不聊生。女娲从昆仑山移来四座山峰，放在云梦泽，将下陷的天盖顶住。后来云梦大泽逐渐干涸，桃花山诸峰完全显露。

故事姑且听听，但桃花山山势着实雄奇，江汉平原和洞庭湖平原一马平川，桃花山却横空出世，耸立其间。四座主峰皆险峻，如利刃插入长空。尤其是最高峰雷打岩，海拔 384 米，地势险峻，西北面陡峭壁立，如斧劈刀削一般。七女峰、雷打岩、望夫山横亘于西北，墨山、云雾山、狮子山蜿蜒于东南，四面崇山峻岭拱卫，江河湖泊环绕，构成天然城池。元末陈友谅与朱元璋争帝时，曾

利用这一有利地形与朱军抗衡，并计划登基之后，在此建都，且相中椅形山安放龙椅。椅形山犹在，帝王梦杳然。桃花山依稀可辨陈军的要塞遗址。

陈友谅帝王梦破灭，但他选择桃花山还是颇有战略眼光的。桃花山群峰耸立，山回路转，便于迂回作战。它上扼沙市、宜昌，下逼武汉、岳阳，历来是兵家必争之地。1943年9月，新四军的江南挺进支队进驻桃花山，开辟了湖南省境内唯一的敌后抗日根据地——桃花山抗日根据地。

桃花山上有一棵1700多年的银杏树，银杏树不远处一栋破旧、无人居住的土屋便是新四军战地医院旧址。这里是桃花山腹地，是根据地的核心。60多岁的易国敖世代居住在银杏树旁，从小得知不少挺进支队抗日的故事："新四军白天养精蓄锐，晚上偷袭日军。山上有不少石洞，军队有时就驻扎在石洞里。"根据地军民还建立了一个兵工厂，一所战地医院。周边老百姓时常帮忙在医院抬伤员，当地郎中甚至接生婆也参加到伤员救治中来。

日军一次次企图扫荡桃花山，江南挺进支队一次次予以迎头痛击。1944年春节，在又一次打了胜仗后，当地百姓写春联感谢新四军："新四军拼命抗日，老百姓安心过年。"1945年3月，挺进支队成功袭击日军在三封乡的据点，中共中央机关报《解放日报》以"华容我军攻克三封寺"为题报道了这一消息。

桃花山根据地从1943年9月创建到1945年9月结束，虽然只有两年时间，但在鄂豫边区抗战历史上的战略地位和作用是极其重要的。2003年1月，湖南省人民政府批准成立桃花山省级森林公园。公园全长22公里，宽约10公里，总面积3861公顷，环境幽雅，景致宜人，是观光休憩的好去处。这座神奇的山、美丽的山、英雄的山，迎来了它的黄金时代。

湘西山脉

二酉山：藏的是读书人的文化乡愁

◎黄菲

【二酉山档案】位于湖南省怀化市沅陵县城西北的乌宿村，当地人以此为酉水、酉溪二水合流处，故名。主峰海拔509.8米。是中华文化圣山，道家第二十六洞天，国家3A级旅游景区。

二酉山地处怀化沅陵，因酉水、酉溪交汇于此而得名。"书通二酉，学富五车"，二酉山在天下读书人心里，有着不同寻常的分量。

古时候交通主要靠水运，而沅陵正是南北水路运输枢纽，因此被称为水上丝绸之路第一码头。内河运输时代消失，沅陵一度沉寂。长吉高速公路开通，张家界、凤凰与沅陵三地景观连接，二酉山也吸引了更多人前来游赏。

二酉山背靠青龙山，左对蟠龙山，右伴鳄龙山，三水环绕，三山拱卫，形成"三龙朝圣"的奇观。另一个说法是"三龙听读"。我更喜欢这种说法，在文化面前，龙也变得驯良和专注了。"三龙朝圣"脚下，酉溪南来，酉水西至。酉溪、酉水汇入沅江的一面，山势微倾，延展成斜坡。斜坡上生长着各色杂木，错落有致。山脚有一小块台地，据传当年屈原与渔父曾在这块台地上长谈。渔父唱道："沧浪之水清兮，可以濯吾缨；沧浪之水浊兮，可以濯吾足。"后来人们在这块小小的台地上建立了启蒙广场。

从酉水码头登上启蒙广场。仰见一山门，上书黄永玉题写的"二酉名山"的横额，两边的楹联是"书通二酉，学富五车"。进得山门，登上345级石阶，至万卷亭左拐，在千仞绝壁的栈道之上行数百米，便来到古藏书处，亦即

青青二酉，山环水绕　卢七星摄

中华文明薪火相传的"二酉藏书洞"。

　　就这样一个小小山洞，却衍生了几个版本的"藏书说"。

　　《太平御览》言："小酉山上石穴中有书千卷，秦人尝于此学，因留之。"《方舆胜览》则说尧时善卷隐此。清光绪庚寅年（1890），大教育家、湖南督学张亨嘉，游历二酉山，挥笔留下"古藏书处"四个字，镌刻在一块巨大石屏上，佐证此山的悠远往事。

　　我更喜欢的说法是：秦始皇毁《诗》《礼》，焚书籍，坑儒生，朝廷博士官伏胜为保全诸子百家学说，冒着诛灭九族的危险，以五辆马车，偷运一千卷禁书，从咸阳运到沅陵，藏于二酉山。

　　历史上确有伏胜其人，西汉经学家，早年任秦博士。焚书坑儒时，他将《尚书》二十九篇藏于壁中，汉初时取出，以教齐鲁之民。此说有令人存疑之处：秦典法极严，伏胜何以能带着五车禁书，千里行走？然而此一说法中的美意是令人景仰的，其中有中国读书人的骨气与血性。置个人的际遇、性命于不顾，拼命也要藏起一洞书简，这是怎样的一种勇气和襟怀？！

　　二酉山，无疑是天下读书人文化乡愁的寄托处。"二酉藏书"，这一个"藏"字，更是承载了中国文化的生机和希望。从竹简到线装书，到纸本读物，再到电子书，如若没有一代代人的思想与精髓的典藏，我们与传统、历史，除了有时代的隔阂，必然更有文化上的断裂。有了这一山，这一藏，中国人的文化乡愁，就有了一处精神的原乡可以回望。

伏胜藏书数千年之前，中华文明的初创时期，一位名叫善卷的人来到二酉山隐居。舜驾临二酉山，欲以天下让善卷，而善卷坚辞不受，曰："余"日出而作，日入而息，逍遥于天地之间，而心意自得。吾何以天下为哉！"

二酉洞的左侧有一巨崖，石面隐隐约约刻有字迹，虽年代久远已大多风化，但景仰之意仍依稀可辨。尤其是唐宋以来的咏叹之词，多有文墨珍品。宋真宗下旨在此建善卷堂、修善卷墓，并立有钦题的"仰止"亭。

伏胜二酉藏书后，来二酉山寻书求学者甚多。沅陵最早出现的书院是明朝时的崇正书院，之后是翠山书院和妙华书院。翠山书院的创办者董汉策，自称是汉代醇儒董仲舒的后人。他教授学生，不问亲疏贫富，对资质好、家里困难的学生，免费提供食宿。二酉山下的才俊胡鳌和向淇，都是在翠山书院发蒙。妙华书院的创办者是王世隆。他每日亲自为蒙童讲课，课余则带学生在山上开荒种地，体味农人辛劳。

二酉山下的乌宿村，在《庄子》的想象中是太阳休息的地方，金乌每日巡毕周天就回来安眠，故名"乌宿"。这个山村才几十户人家，却英才辈出，是有名的"教授村"。提到教授村就必须提到当时乌宿小学的校长龙盛恒。抗日战争期间，湘府迁沅陵，来此避难的专家教授众多。龙盛恒聘请这些名师为小学生上课，让乌宿村走出了许多闻名于世的专家教授：华南理工大学的彭文明教授、彭德怀在抗美援朝时的英文翻译彭文汉教授、清华大学的刘婉珍教授……

龙盛恒办学，对贫困学生免收学费，对富裕人家则上门募资。他还在家里开办了乌宿民众教育馆，馆中购置3000多册图书，订阅10多种报纸杂志，成为当时乌宿集镇的文化中心。

二酉山蕴藏了丰富多彩的文化，有道文化、佛文化，巫傩文化、民俗文化，等等，但最让我敬仰和向往的，是书文化。从藏书到书院，到学校，这座山有了精神和文化的传承，有了弦歌不绝、芳香不断的神韵。

凤凰山：幽禁"凤凰"

◎黄菲

【凤凰山档案】位于湖南省怀化市沅陵县城东南沅水畔，海拔200米，面积约0.6平方公里。因山体貌似凤凰展翅，故得名"凤凰山"。

"凤凰山下雨初晴，水风清，晚霞明。一朵芙蕖，开过尚盈盈。何处飞来双白鹭，如有意，慕娉婷。"以"凤凰"为名的山太多了。当我听闻凤凰山时，先想到的是这阕词，词中的"凤凰山"位于杭州城南，因为西湖的缘故，婉约灵秀，风流天成。

沅陵的这座凤凰山，原本可能淹没在众多的"凤凰山"中。这座山因山体形似凤凰展翅而得名，位于沅陵县城东南沅水之畔，海拔仅200米，面积仅约0.6平方公里。沅陵人再想赋予它荣光，也只能称之为"县城第一胜景"。明代诗人张志遥曾赋诗："晴峰缥缈出云端，野径迂回绕曲栏。人向绿荫深处去，隔江指点画中看。"然而，坦率地说，这样的诗句似乎写给哪座山都可以。

平平无奇的凤凰山，是因为一个人，而为世人所知晓。这人，便是曾被幽禁在凤凰山的"人中龙凤"张学良。

树木蓊郁的凤凰山，散发出悠远而神秘的气息，少帅纪念馆隐在重重绿荫之中，肃穆而寂寥。凤凰寺门前，是一尊"幽禁中的少帅"塑像，当年的他正值盛年，却被羁绊在这小小山中，所以这座塑像，英俊潇洒，眉宇间却结有几分愁郁。

1936年12月12日，张学良和杨虎城发动兵谏逼蒋介石抗日。"西安事变"和平解决后，他被蒋介石秘密软禁，从此失去人身自由五十多年。周恩来对他的评价是"民族英雄，千古功臣"。

张学良先后被软禁在大陆十一个地方，这些幽禁处星罗棋布，成为他人生的驿站。1938 年 3 月到 1939 年 12 月，张学良与夫人于凤至被移送到沅陵县城郊凤凰山。当地要员命令凤凰寺的和尚和周边群众离山，对山上进行军事封锁。从三步一岗、五步一哨的阵势中，老百姓隐约觉察到山上来了个大人物，但并不知道是张学良。

张学良来到沅陵后，雇佣了一名撑船工，船工张口就喊"司令"。张学良苦笑道："我是什么'司令'？以后你就叫我'张老板'。"沅陵城里的老百姓终于晓得了凤凰山的神秘人物是个姓张的"老板"。

"张学良在沅陵的软禁相对还算宽松，除了可以在凤凰山上古寺周围自由活动，还可以到山下农户家做客，以凤凰山为中心的沅水上下两公里的流域之内，也可以任他泛舟垂钓。"沅陵史志办专家向显桃说。

到沅河上垂钓，是张学良囚居沅陵期间的主要消遣活动，他也因此结交了几个沅陵渔家朋友。

那时候，23 岁的杨绍泉家住凤凰山脚，家中做豆腐生意，父亲兼做"渡船老板"。张学良到凤凰山的第二年春，便雇佣杨绍泉帮他开船。四十余年后，杨绍泉仍感慨万端地说："'张老板'年轻英武，是个十分和气、看重友情的人。"杨绍泉说，张学良每次钓鱼，所获都不多，对钓到的鱼也不忍心伤害，就雇人在凤凰寺外挖了一个很大的鱼塘，把钓来的鱼都放养在里面。他每次请人做事，都要付高出市价的工钱，还请吃饭、抽烟。山脚渔民知道张老板喜欢养鱼，也就常把网到的没有受伤的鱼拣来送给他，张学良坚持付钱给渔民。

放生池中间，静卧着一只栩栩如生的长生龟。这是请来挖鱼塘的农民见"张老板"待人客气，在鱼塘底部的大岩石上为他雕刻的。或许是这只长寿龟真的显了灵，张学良一生活了 101 岁，堪称长寿将军。

凤凰古寺为明万历年间所建。春风秋月等闲过，凤凰寺历尽沧桑，朱颜已改。山上修篁遍地，寺旁古木参天，环境甚是清幽。我们由侧门而入，穿过几间佛堂，找到少帅纪念馆。

凤凰寺西头，站在走廊上可隔窗看见少帅曾用过的书房和卧室，后人命名

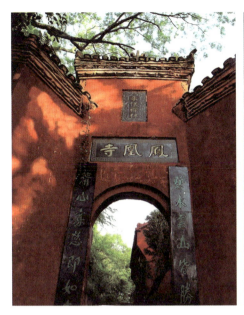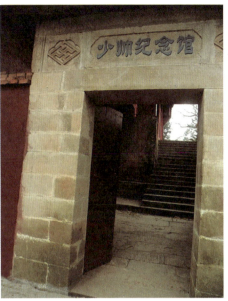

为"屈将室"。卧室窄小而简陋，书房比卧室稍宽敞。张学良三次给蒋介石写信请求参加抗战，其中的两封信就是在这间书房里挥笔完成的。

当时的湖南省政府主席张治中两次到凤凰山，张学良也是在书房与之密谈许久，并拜托张治中向蒋介石转达他的心思。会谈中张学良向张治中表示："我希望能早日恢复自由，抗战杀敌。"他写信让张治中代交给蒋介石，然而，蒋介石对他的请求没有回应。之后，戴笠到凤凰山了解张学良的情况，张学良询问信的事，戴笠说："蒋先生未置可否，只是让我劝你好好读书。"张学良难捺内心的激愤，说："读书读书，可叹偌大个国家，除了这凤凰山，哪里还放得下一张安稳的书桌！"

或许是已经看透蒋介石不让自己出来抗日的真正目的，也或许是恪守"事不过三"的古训，在第三次请缨抗战无果后，张学良就再也没向蒋介石提出过重回前线的要求。

俱往矣。如今再登凤凰山，赏当年隋文帝钦点的"黔中郡第一胜景"，流连于茂林修竹之间，遥忆少帅当年的幽禁岁月，不禁要感喟一声："萧瑟秋风今又是，换了人间。"

英雄山：热血铸就不朽名

◎黄菲

【**英雄山档案**】位于湖南省怀化市溆浦县龙潭镇大华乡小黄沙村。面积200多万平方米，是抗日战争时期湘西会战的主战场之一。

山头湿地松绿油油一片，吃饱的老牛躺在林下，白鹅在河滩悠闲觅食……溆浦县龙潭镇大华乡小黄沙村的这座山，宁静而安详。如果不是山头残留的战争遗迹，谁能想到，七十多年前，这里曾发生过激烈的战斗？

经过一片农田，走上山路，只见一条条壕沟从山麓盘旋直到山顶；一个个掩体彼此相连，布满山间。细心寻找，还能从泥土里找出发绿的子弹壳和炮弹片。

这座山原叫鹰形山，是雪峰山脉的重要组成部分，主峰海拔1200多米。地域内的牛形山、高札坡、红岩岭、青山界、车岩岭等峰岭千沟万壑，异常险峻。古时有一驿道从山脚经隘口至山顶长达5公里，石磴千级，是隆回、洞口通往溆浦、安江、安化的重要孔道，因而这座山是溆浦南部的重要天然屏障。

1945年4月中旬至5月中旬，湘西会战（又称雪峰山会战、芷江保卫战）中最惨烈的战事，就发生在这里。

1945年4月初，侵华日军发动攻势，企图攻占芷江飞虎队空军基地。敌军三路西犯，其中北路日陆军一一六师团一零九联队4000多人偷袭龙潭。龙潭为溆浦县南部重镇，左扼隆回，右控洞口，背倚溆浦，侧临安江，为日军合围芷江右翼必经之地，安危至关重要。

当时驻防溆浦县境的为中国军队七十四军五十一师。是日，该师在执行保卫桥江机场的任务，正在开进途中。当侦知日军已占鹰形山的情报后，师即令一五三团连夜回防龙潭，抢占张家塘、莲河、三家塘等有利地形阻敌西进，并相机收复鹰形山。

龙潭战役自4月17日打响。战役之初，日军抢占鹰形山，准备接应后续主力，由此突破龙潭防线，合围飞虎队所在地芷江。

收复鹰形山的战斗于4月18日打响，担负主攻鹰形山任务的是一五三团姜期永的第二营，由文成海的第七连担任主攻。是日黎明时分，文成海率全连130多名官兵，由农民张中兴、张永道做向导，从圭洞小黄沙出发，沿鹰形山左侧山梁悄悄向日军阵地逼近。6时许，全连抵近日军阵地。在左右两侧轻重机枪火力支援下，全连向日军阵地发起攻击，一时枪声、爆炸声、喊杀声响彻山岭。

七连官兵很快突入敌阵，但日军气焰嚣张，几经近战肉搏，阵地几易其手，七连官兵始终未能占领全部阵地。反攻、防守，再反攻、再防守，拉锯般争夺。陈纳德将军指挥的飞虎队前来助战，投下无数燃烧弹、炸弹，硫黄和硝烟将山石烤成了白色。

战至上午10时，文成海连伤亡过半，弹药消耗殆尽，不得不撤出战斗，等待后援。11时许，一五三团和当地群众给文成海连送来十多匹骡马驮着的弹药，该连再次向敌阵地发起冲锋。经反复争夺，歼敌80多人，日军表面阵地全部被该连占领，剩余日军仓皇逃窜，但七连也伤亡惨重。中午时分，当营长姜期永率援军到达时，包括身负重伤仍然坚持指挥战斗的文成海连长，七连只剩下7名官兵，有120多名官兵为国捐躯。

28天后，日军惨败，偷袭龙潭的4000多日本兵全部被歼。

湘西会战是中国抗日战争"最后一战"，龙潭战役是湘西会战关键一战，而对鹰形山的争夺又是龙潭战役中最激烈的战斗。鹰形山上，洒遍了抗日英烈的热血。战后，鹰形山改称英雄山。

我们在英雄山的山腰，遇到了一位八十多岁姓张的大爷，他正在地里摘苞谷。他告诉我们，他的家就在山脚下，当年打仗时，他才11岁。仗打完以

龙潭抗日阵亡将士陵园

后，鹰形山的山顶被炮弹削掉了两尺多高，山上已经没有了树木，几年之后仍然寸草不生。小时候，他经常与小伙伴们上山捡子弹壳玩耍。现在，还不时在地里挖到当年遗留下来的弹壳和弹片。

告别张大爷后，我们徒步登上了英雄山山顶。驻足四顾，山顶已成平地，没有了峰状，周围至今没有生长大树。山脚下的一片农田已经收割，成群的鸡鸭欢快地在田间觅食。河对面的龙潭镇，房屋密集，热闹繁华。

与英雄山相对的弓形山上，有一座抗日烈士陵园，长眠着七百多名在龙潭战役中为国捐躯的抗日将士。纪念碑的造型呈炮弹状，碑文是钱钟书的父亲、当年身在溆浦的大学名教授钱基博所写。

为了告慰英灵，1945 年秋，由国民政府拨款，作战部队施工，修建了这座陵园。近年来，溆浦县投入资金，对陵园浩气门、英烈墓、石级路、碑墙等进行了全面修缮。

后来七十四军五十一师周志道将军在回忆录里说："拉锯争夺，这二十余昼夜，诚有一寸国土一寸血之写照。"

壮哉，英雄山！

天子山：扩大版盆景，缩小版仙境

◎宾丝丝

【天子山档案】位于湖南省张家界市武陵源北部，与袁家界、十里画廊山水相依。总面积67平方公里，最高海拔为1262.5米，有"峰林之王"的美称。

天子山原名青岩山，因青石林立而得名。后土家族领袖向大坤率领当地农民登上青岩山，安营扎寨，在李伯如的辅佐下，揭竿起义，建邦立地，自封"天王"，青岩山更名为"天子山"。

纵观各地名山，除了令人心动的或自然生成或人工建造的景致之外，把它们区分开的，总少不了山所独有的人文底蕴，天子山也不例外。

大自然注定要将这么一片峰林美景赋予"天子"的神力和魔力。置身天子山主峰举目远眺，它就像一个天然的大盆景。或者说，天子山其实就是扩大版的盆景、缩小版的仙境。

我们行走于天子山之中，被其仙气、幽气、霸气、灵气所感染。

不看神堂湾，枉到天子山。

神堂湾地处天子山核心景区。据历史记载，神堂湾原名神堂寨，位于索溪峪的西部，是一块充满神秘感的半圆形洼地，三面都是悬崖绝壁，只有一面有一道缺口。可从此缺口俯瞰湾底。湾深不见底，神秘莫测，有时霞光万道，瑞气普照，有时又阴风阵阵，雾雨绵绵。至今无人能到达神堂湾湾底，神堂湾因此成了武陵源的禁地。更神奇的是，逢阴雨天，人只要走近湾边，便能隐隐听

天子山的雾凇冰挂，似玉如花　卢七星 摄

到鸣锣击鼓、人喊马嘶的声音，似有千军万马正在激战。相传向王天子打了败仗后，连人带马坠入神堂湾，这神秘声音与他有关。虽然我们知道声音应是自然现象造成的，但这样的传说无疑给神堂湾增添了一抹别样的神秘色彩。

　　再看"空中田园"。空中田园位于天子山庄右侧，沿老虎口、情人路方向走两公里的土家寨旁，海拔 1000 余米。下方是看不到底的幽谷，幽谷上是三公顷的斜坡梯形良田，四周云雾缭绕，满眼绿色，颇为壮观。"青峰鸣翠鸟，高山响流泉。身在田园里，如上彩云间。"名副其实的空中田园，这样的景致可不多见。"空中田园"这个美丽的名字背后，还有一个动人的故事。这不是为了建造景区特意打造的，而是 20 世纪 80 年代，一位叫彭齐云的农民和妻子一起花了五年时间，凭借双手一锄一锄挖出来的。起初是因生活所迫，为填饱肚子辛勤开垦出了这片田园，不承想这田园不仅养活了一大家人，还意外成了"网红"打卡景点，为天子山景区增色不少。

　　从空中田园出来，就能看到坐落在深谷中，被白雾围绕的点将台，点将台对面有数十座如人形的石峰。根据此地向王天子起义这段历史，人们常把这一景观解释为天王居中传达旨意，将士们屏息静听——自然景观与人文历史又一次完美融合。

接下来可以去看看"神兵聚会"了，这是张家界十大绝景之一。"神兵聚会"自然也是人们根据自然景观的形态，结合历史，起的一个形象易懂的名字，它是指深谷中密密麻麻排列着的上百座石峰。不同的时节去，可以欣赏到不同的景致。石峰时而被云雾围绕，仿佛是战局不利，兵将们愁眉苦脸；时而被阳光普照，气势凌人，好似打了胜仗，眉开眼笑。

除了神兵聚会，天子山还有诸多山峰可供观赏。如安插在天子山天子阁西侧山谷中的御笔峰，峰高 100 余米，据说是向王天子丢弃的御笔化成的山峰——又一处和向王天子有关联的景观，可见向王天子与天子山景区的紧密联系。这里属于武陵源砂岩大峰林风光，堪称天下一绝，吸引了大批画家、摄影师、游客前往一睹其风采。

御笔峰的斜对面还有一座石峰，名为"仙女散花"。听名知意，这座石峰宛如仙女手捧花篮、手拿花束迎接众人。天子山最大的特色就是石峰林立，形态各异，由此带给人无限遐想。到访此地，大可天马行空，释放想象力，讲述你看到的石峰故事。

看完硬朗的石峰，一定不能错过秀丽的云海奇观。最佳观赏之地是海拔1200 米的黄河观景台。站在观景台，可见大量云雾堆积于群峰之间，仿佛置身云海。云雾或浓密，或稀疏，或成团成片，或独自飘荡，别有一番风味。

还有一处将自然与人文融合得恰到好处的景观不得不提，即位于贺龙公园内的贺龙铜像。铜像高 6.5 米，重 9.3 吨，是我国近百年塑造的最大铜像。开国元勋贺龙元帅出生在天子山西边的桑植县，一生充满传奇色彩，元帅的家乡自然流传着无数关于他的故事与传说。贺龙铜像是人们为了纪念他而作，生动逼真地再现了贺龙的容貌，还原了他穿过的军大衣和用过的大烟斗。

天子山既有雄奇伟岸的一面，也有秀丽柔美的一面，不愧是扩大版的盆景、缩小版的仙境。

飞山：兀立湘黔的民族文化中心

◎常立军

【飞山档案】位于湖南省怀化市靖州县城西北5公里处，海拔720米。古有"忽一峰飞至"因名飞山的传说。巉岩壁立，四面陡绝，顶复平旷，如钟似鼎，为五溪胜景之一。

靖州是边远之地，飞山是边远之山。当我们在某个阴蒙蒙的冬日第一次登上这座山时，感受到了它的荒寒与冷峻。飞山如飞来之山，陡峭的山体与周边绵延的峰岭对比强烈，这种兀立群山的气势真的如同飞起来一般。

真正了解飞山之后，才明白这座720米高的山，在靖州，几乎就是神山了。据说袁隆平院士概括其为"千年飞山，精神家园"。让飞山充满这种神性气质的人，是杨再思。他是一个传奇人物。生于唐咸通十年（869）农历六月初六，卒于后周显德四年（957）农历十月二十六日，享年88岁，葬于贵州省黎平县长岭岗。他是唐末、五代"飞山蛮"酋长，号"十峒"首领，人称"飞山太公"。

杨再思在关键的历史时刻，挽救了"飞山蛮"的命运。中国古代史在经历了唐代中期的辉煌后达到巅峰，其后便进入了分崩离析的大混乱时代。王室衰微，天下纷争，藩镇割据。地处偏远的湘西地区，各民族出于自保开始逐步形成自己的势力范围。时叙州（今会同、城步、绥宁、洪江等地）南部一带侗水苗瑶各部族在潘金盛领导下，逐渐兴旺繁盛，形成一个以飞山（距靖州县城5公里）为中心的飞山蛮集团。历史进入五代的后梁时期，湖南独立了出来，成为马楚国。马殷占据湖南成为楚王。潘金盛领飞山蛮和五开（今贵州省黎平县）一带，杨再思据叙州的潭阳、朗溪一带，互为声援，以拒马楚。梁开平五年（911），马殷遣吕师周经飞山袭斩潘金盛。败势已定。杨再思此时并没有选择和马楚王朝对抗，他清醒地认识到要发展必须与马楚政权合作。于是他率领"飞山蛮"残部，降附于楚，被封为诚州刺史，挽救了处于灭亡边缘的"飞山蛮"，而且使其取得合法地位。此后，杨再思励精图治，设立十峒，以其族姓散掌州峒。从此"飞山蛮"进入兴盛时期，飞山也因此成为湘黔地区的民族权力中心。

杨再思的贡献在于他审时度势，保留了民族未来发展的火种。湘黔地区的汉文化与少数民族文化也因此开始互相交融，整体发展水平快速提高。杨再思的选择得到了朝廷与民众的双重认可。他去世以后，朝廷给了他威远侯、英惠侯等封号，人民群众则称他为"飞山太公"，并将他神化。宋元丰六年（1083），靖州人在飞山绝顶之上，修建了飞山庙，将杨再思请上了神龛。

为什么会选择飞山作为杨再思的祭祀之所呢？看起来并不是特别高的飞山，其实有着自己独特的气势。它在湘西南的莽莽群山中，孤峰傲立。尤其是每当落

祭祀"十峒"领袖杨再思的飞山庙

日之时，站在飞山顶上，感受万山奔涌的磅礴，不禁顿生万丈豪迈之情。清代道光《靖州志》云："武冈云山，旧有七十二峰，忽一峰飞至靖城西门外，即名飞山。"传说当然不足信，但飞山如天外飞来的形态却是真实存在的。

飞山上有"三宝鼎"——头宝鼎、二宝鼎、三宝鼎耸于峰巅，如鼎如钟。这是自然形成的山峰奇观。飞山庙就栖息在头宝鼎之上。

飞山庙又名威远侯庙，是供奉杨再思的寺庙。当地人却又告诉我们，飞山绝顶上那座如今看起来有些破旧的寺庙才是最早的飞山庙。宋代的时候，靖州知州孙显祖将其移至州城西门外一里多的原作新书院左侧。由此发展而来的飞山宫，已经成为散居各地的靖州人的文化认同标志，成为靖州的同乡会馆。

每逢飞山太公神诞，常有湘、桂、黔边境地区大量少数民族群众，成群结队，前往飞山朝拜。飞山庙会因此也成为周边辽阔区域内群众的一个重大节事。如今，登飞山、赶庙会，是当地最具地方特色的文化活动。

作别飞山时，我们仍忍不住回头仰望。山与人的气质，在这里形成了一种完美的共鸣。

虎溪山：那些属于汉唐的高光时刻

◎常立军

【**虎溪山档案**】位于湖南省怀化市沅陵县沅水与酉水交汇处，海拔130米。有著名的龙兴讲寺与虎溪山一号汉墓。

沅陵地处雪峰山北麓，是一座被群山包围的城市。抬眼所见，环城皆山。这是沈从文笔下那个"美得让人心痛"的地方。沅陵，在历史上是湘西地区的门户城市。楚黔中郡郡治、汉沅陵侯国都在此地。在这样雄奇的地貌中，看似并不起眼的虎溪山其实承载过浩荡的历史。

虎溪山默默地隐藏在县城的西北角。我们去时，发现这里已几乎见不到山形，只能从龙兴讲寺旁起伏向上的道路，感受到曾经"山"的存在。这里属于沅陵老城区的中心地带。山前便是酉水汇入沅水的水口，两股清流自此汇合，然后北上常德，汇入洞庭。然而虎溪山对于沅陵而言，又是极为重要的一座山。虎溪山一号汉墓与龙兴讲寺，一前一后，排列于此山。这两处遗址是沅陵至为重要的文化标记。

龙兴讲寺就在沅陵的江边，看起来似乎有些平淡。这与五强溪水库修建后淹没了沅陵古城有关。当年的龙兴讲寺，是高耸于虎溪山顶的。龙兴讲寺沿着虎溪山布局，逐级而上，与之相伴的是火神庙和黔王宫，虎溪书院则在寺庙的最后面，也就是整片建筑群的顶端。龙兴讲寺始建于唐贞观二年（628），"龙兴"一词，有帝王基业兴起之意。与大多数寺院不同的是，龙兴寺属于"讲寺"。所谓讲寺，就是指以讲经说法为主旨的寺院。这种寺院，有着浓厚的

思想家王阳明曾路过龙兴讲寺，留下诗文　卢七星 摄

学术气息。大唐王朝建立之初，雪峰山以西，尚属荒蛮之地。在此设立"讲寺"，传播佛法，有引导和教化民众之意。讲寺的学术氛围是相对自由的，这种氛围一直延续着。明代，著名思想家王守仁被贬贵州龙场数年后谪归，途经沅陵时留下诗篇：

　　杖藜一过虎溪头，何处僧房是惠休？

　　云起峰头沈阁影，林疏地底见江流。

　　烟花日暖犹含雨，鸥鹭春闲欲满洲。

　　好景同来不同赏，诗篇还为故人留。

　　更为重要的是，虎溪山上的龙兴讲寺，是王阳明龙场悟道后的"首讲"场地。他的"心学"理论中的核心"致良知"，由此横空出世，震惊世人。沅陵这个湘西偏远之地，继汉代之后再一次迎来了它的文化高光时刻。

　　龙兴讲寺作为古建筑，意义同样非凡。它是湖南现存等级最高、年代最早、体量最大的地面木结构建筑群，被建筑界称为湖南的"佛光寺"。在如今唐代建筑构造极为稀缺的状况下，龙兴讲寺可以称作是国宝级的建筑群了。其中大雄宝殿为重檐歇山式屋顶，殿内明间开阔，八根楠木内柱，直径80多厘米，石础为覆盆莲花状，系唐代建筑遗存。大雄宝殿里还留存有湖南仅存的挑斡。这是一种斗拱和桁架之间的连接件，充分展示出中国古建筑的宏大与精巧。

虎溪山的另一处重要文物遗存是虎溪山一号汉墓。这座大墓很巧合地就在龙兴讲寺的正上方。沿着龙兴讲寺旁边的山路，向上就可到达。如今这座大墓的墓坑已被填埋，墓址上方修建了两栋单元楼。小区年长的居民经常回忆起当年发掘墓地时万人空巷的场景。对于沅陵人来说，那是一次极为轰动的大事件。它的墓主人是汉代的沅陵侯吴阳。吴阳是长沙国第二位国王吴臣的儿子，是西汉初期封国的列侯。那时，西汉朝廷所封的列侯有着相当大的权力，沅陵侯国有着充分的自治权。沅陵侯的爵位传了三代便终止了。原因并非来自朝廷，而是第三代沅陵侯吴周没有子嗣，依照当时的政治规则，沅陵侯国因此被撤销。虎溪山是沅陵侯国的家族墓区，而沅陵侯国则远在十公里之外的窑头古城，那是沅陵自战国至西汉初年以来的故城。

虎溪山一号汉墓是在 1999 年的一次基建施工中被发现的，是湖南除了马王堆之外，现今发现的唯一一座未被盗掘的汉代列侯墓葬。墓中除了出土大量的陪葬文物之外，还发现了足以证实墓主人身份的"吴阳"印章。可惜的是，发掘前大墓的棺椁已经坍塌，吴阳的尸骨也已经荡然无存。值得庆幸的是这里发现了大量的汉简。文字是考古发掘中最有价值的历史信息。大量汉代竹

沿山而建的龙兴讲寺建筑群，古色古香　卢七星摄

简的发现，为历史研究提供了极为珍贵的史料。虎溪山汉简中的"黄簿"，记录了沅陵侯国的行政设置、官吏人数、户口人民、田亩赋税，以及大型牲畜、经济林木的数量，还有道路交通、亭聚、来往长安的路线与里程，一幅西汉初年的历史图画因此展现在我们眼前。

竹简中最为有趣的内容是《美食方》。这是一部汉代的"高档食谱"。从现存内容看，植物性饭食和动物性菜肴分别记录，烹调加工植物性食物的有7条，每条的操作程序较简单，一般记于一简，如中黄饭、下架饭等。而烹制动物性食物的方子多达148条，有为豚截方、为鸡截方等。烹制操作也很讲究，程序很多，记录有二至三简，足可以看出沅陵侯府在餐饮上的讲究。很多菜肴现在依然可以做出。竹简所出土的"日书"类的古籍与以往出土的日书不同，提到了许多历史事件，如人物就有陈胜、项籍、章邯等。这无疑可以补史，同时也对研究这一时期的"数术"有重要的参考价值。因为这些重要的发现，虎溪山一号汉墓被列入1999年"全国十大考古新发现"。

沅江边，看起来很不起眼的虎溪山，有名寺，有大墓，记录了汉唐两个盛世王朝的历史。去往沅陵旅行的人们，一定不要错过这座带着浓重历史气息的山。

腊尔山：赶一场浪漫的边边场

◎梅兰

【腊尔山档案】位于湖南省湘西土家族苗族自治州凤凰县西北的腊尔山高原台地，海拔 1200 米，是台地上的最高峰。苗族人聚居地，民族风情浓郁。

和友人逛至沱江之畔、听涛山下，见一块高近两米的天然五彩玛瑙石碑，上刻一行小字："照我思索，能理解'我'；照我思索，可认识'人'。"心中肃然，去山间随意折来几朵野花，供于碑前。

新鲜的野花还滚着水珠，逝去的一切仍不断被人们咀嚼着，提及沈从文，就会想到他与张兆和的爱情。"我行过许多地方的桥，看过许多次数的云，喝过许多种类的酒，却只爱过一个正当最好年龄的人。"沈从文写给张兆和的这句话当之无愧为最美情话。

可是友人说起苗族人的恋爱，与大文豪远离故土后的爱恋，似乎是两个世界："苗族人的恋爱，是那种原始粗犷式的。平时放牛打猪草都能创造对歌谈情的机会……"友人笑着调侃。

苗族人对歌谈情，用歌声就能撩拨出心中的爱，然后完成最初的结识之后，又开始到热闹的集市里去幽会、碰头，名曰"赶边边场"。"边边场"只要赶了一两回，妹子就会自动住到男子家里去，直到生了子，才在孩子的满月酒中顺带举行婚礼。从某种意义上来说，苗族人的"赶边边场"开放又直接，比沈文豪写四年情书来得率真、豪放。

腊尔山赶场的苗族老人

　　如此撩人的场景，真是让人羡慕不已。我提出想去看看"边边场"，友人说："现在的年轻人都出去打工了，哪里还有人赶边边场。"但即使看不到"边边场"，看看赶场也是挺不错的——凤凰当地称赶集为赶场，到了湘西不去赶场不算是真正到过湘西。在集市上，不仅各种农贸产品琳琅满目，还有各种民族风格独特的手工艺品，再就是穿着民族盛装的苗民，五彩缤纷，热闹非凡，简直就是视觉盛宴。

　　第二日正逢腊尔山赶场，我们决定去看看。腊尔山在湖南和贵州交界处，位于凤凰县西北，是苗人聚居地。这一带的山峰以石山居多，孤高耸立，有世外仙山之姿。车行至麻冲村境内时，远望可见两山对峙，其中一座就是传说中的辛女崖。据古史记载，辛女是上古时期帝喾的女儿。由于帝喾所掌管的部落受到其他外来民族的侵扰，经过多次交战最终还是以失败告终，在万般无奈之下，帝喾以悬赏的方式来招纳勇士与外敌征战，希望能有勇士出来把外敌打败。在这样的情形下，才出现了辛女与盘瓠联姻的神话故事。

在两山中间有一月亮形的山洞，这便是盘瓠洞。苗族祖先盘瓠与辛女在此洞中生下六男六女，后代生生不息、繁衍壮大，成为五溪之地的苗族部落。凤凰民俗文化专家吴善淙先生考证：中原民族与少数民族和亲的最早历史不是"昭君出塞"，也不是"文成公主入藏"，而是高辛公主下嫁盘瓠。

从凤凰县城到腊尔山镇，中间要经过"天下第一大石桥"——乌巢河大桥。说实话，这座桥也就是中间一个大拱，两头各四个小拱而已，夹在两座大山之间，一点也不大，还显得很渺小。走过大桥，见一石刻纪念碑，我方才知道了这座大桥的奥妙。纪念碑宽 1 米多，高约 3 米，上面镌刻着王首道手书"天下第一大石桥"几个字。友人介绍说，该桥建成于 1990 年，就地取材，比一般桥梁节约建设费用约 30%，而其更深刻的意义是沟通了腊尔山地区与县城的联系，密切了民族关系。它还是"目前世界上最大跨径石拱桥纪录的保持者"，开创了公路大石拱桥的新水平。难怪称其为"天下第一大石桥"，我心中的谜团顿解。

颠簸一路，终于赶到腊尔山集市。集市很大，熙熙攘攘，卖衣服的女人，卖野葱的妇人，卖苗药的老头……扑面而来的生活气息，如此丰盛，又如此朴实。

几个卖银饰的妇人在摊前展示着苗族老银饰，叫嚷着。友人说苗族人信老银子，在集市上只卖老银子，没有式样别致新颖的银饰，认为那都是商店里掺了假打造的，不如老银子真。

边上还有一些卖丝线和织品的摊子，大红的绣花围帐很是吸人眼球。我轻抚这些丝线，想着那些年轻的苗族妹子在屋檐下低眉回首织着花带的样子。再抬眼张望，熙熙攘攘的人流中，难得一见年轻人的身影。这些年轻妹子怕是早已涌向沿海的工厂去了，这些织花技艺未来会消失吗？

我还特意绕到了集市边上，想找到一点儿"边边场"的影子，可惜踪影全无。一切繁华如昨，却又少了点什么，也许少的正是从前"边边场"那种最原始最生动的野性活力吧！

苏宝顶：漫步云端

◎左豪

【**苏宝顶档案**】位于湖南省西部怀化洪江市境内，与邵阳洞口县毗邻。雪峰山自然保护区的主峰，海拔 1934 米。

雪峰山位于湖南省中西部，南至广西，北抵洞庭，西携湘西，东抚湘中，是省内占地面积最大的山脉。这里群峦叠翠、沟壑幽深、怪石嶙峋，各种地形地貌俱全。总有徒步者慕名而来，向同一个终点进发，那就是海拔近2000 米、有"湖南的青藏高原"之称的苏宝顶。

苏宝顶是雪峰山的主峰，属于罗公山（又名罗翁八面山），地处怀化洪江市八面山农场，是怀化市境内第一高峰，周围海拔千米以上的大小山峰共56 座。有人考证过这个名字，说是山中有一种叫鸺鹠的鸟，在久旱无雨的时候，一叫准会下雨，而"苏"与"鸺"谐音，"顶"在当地有"帽子"之义，当地人称高山为顶子，故这座山峰叫苏宝顶。

第一次来苏宝顶徒步，我找了一个瑶族伢子当向导。他告诉我，攀苏宝顶之前，不妨先过岩鹰洞，先遁地后上天，别有趣味。岩鹰洞是一条天然裂谷，全长近 10 公里，位于洪江市龙船塘瑶族乡，集"奇、险、清、幽"于一体，汇"洞、瀑、溪、林"于一地。从此处经罗翁古村至苏宝顶的雪峰山云端步道，涵盖溪湖、山川、古村、古道、田园，雪峰山景区的精华一览无余。

这是一条经典的徒步线路，听起来颇有诗意，走起来却不轻松。在徒步界，根据徒步区域的地理概况、人文景观以及所要具备的野外技巧，徒步线路划分为六个等级，一级表示难度最低，六级表示难度最大。岩鹰洞—苏宝顶这条线路是四级，四级表示途中有几处难关。徒步者得准备徒步鞋、登山杖、登山帽、速干衣裤等专业装备，由于行程至少需两天一夜，还要携带帐篷、睡袋和羽绒服。

第一天，我们在夹岸奇峰之间穿洞涉溪。山径布满青苔，柔软湿滑，每走一步都要小心翼翼；岩洞时高时低，低矮处须得弯腰曲背、手脚并用才能通过；溪石宽窄不一，碰到两块相距较远的，若无人帮扶一把，不敢轻举妄动……这些阻碍如同大自然开的玩笑，虽无伤大雅，却让我必须集中精力，全力以赴，我亦在与草木岩石的亲密接触中感受到"久在樊笼里，复得返自然"的快乐。

第二天，我们从苏宝顶南面的罗翁古村入山。这座古老的瑶寨被群山环抱，曾是大顺王朝李自成最后的"都城"。据清初版《流寇志》和《黔阳县志》等史志记载，这位明末农民起义领袖就兵败于此，被山寨村民围攻丧命。现有闯王庙、闯王墓和屯兵城堡等遗址。如今这里是八面山农场总部，整个农场从山脚一直延伸到苏宝顶，遍布杉木与楠竹，勤劳的瑶族人靠把竹子做成日用品为生。

这也是通往苏宝顶最便捷的道路。2013年10月，湖南苏宝顶风电场开工兴建，施工队克服山高、林密、坡陡等复杂地形带来的种种困难，逢山开路，遇水搭桥，凿开一条开阔的大道，既方便了施工，又造福了后来的人们。

伴随海拔升高，气温逐渐降低，云雾渐渐厚重，苏宝顶开始展现"一山有四季，十里不同天"的独特气候：我们时而偶遇一抹云霭，朦胧如纱；时而邂逅一片浓雾，绵延不绝；时而遭遇一阵烟雨，迷离惝恍……才短短半天时间就经历三场阵雨，走走停停，看着云雾聚拢又散开，双脚明明很重，人却有种腾云驾雾的不真实感，就这样盘旋而上，直抵天界。

阵雨冲散浓雾，道路明朗起来。从那个瑶族伢子脸上的笑容来看，我们胜利在望。果然，这次没走多久，就见前方不远处有一块矮矮的黑色石碑。我走过去低头一看，上面记录着苏宝顶的海拔数字，这里就是山顶。耳旁有轰隆隆的声音，那不仅仅是山风呼啸，更是75台风力发电机齐奏的交响乐：巨大

苏宝顶上耸立的风车

的白色风车整齐地耸立在山头，隐没于浓厚的云层中，风叶迎风翻转，蔚为壮观。

1945年6月，湘西会战取得雪峰山大捷，为日军芷江投降奠定了基础。有徒步者在登上苏宝顶之后写道："从卫星云图上可看出，雪峰山脉地势险峻，势如冲天雄鹰，主峰苏宝顶就像昂然的鹰头，芷江和龙潭两点一线，略成弧形，恰如雄鹰张开的翅膀，而苏宝顶处于正中，这样的造型是大自然的杰作，上天冥冥的注定。"不仅如此，苏宝顶还与井冈山最高峰比肩，两座红色山峰遥相呼应。在和平年代，这75台风力发电机如战士般守护着苏宝顶，更有节能减排的实际功能：每年节约标煤上十万吨，大大减少了大气污染物的排放量。

"天生一座苏宝顶，耸在半天揽白云。登上山顶天不远，坐览人间春上春。"来此徒步，沿途能领略到自然风光、民族风情、历史云烟和红色印记。当地政府发现这里具有开拓国际徒步旅游市场得天独厚的资源优势和区位条件，开始着力打造省内首条国际标准徒步线路。云端之上的苏宝顶正在被世界发现……

万佛山：寻佛不遇

◎左豪

【万佛山档案】位于湘、桂、黔三省区交界处的湖南省怀化市通道侗族自治县万佛山镇太平岩村。面积 100.83 平方公里，海拔 597.9 米，是全国最大的丹霞峰林地貌之一。

通道侗族自治县地处云贵高原与南岭西端的过渡地带，东北为雪峰山余脉延伸地，西南有贵州苗岭余脉，全境山多田少。万佛山距离县城大约 20 公里，是这片被誉为"湖南的香格里拉"的土地上，一处钟灵毓秀的仙境。

来到万佛山脚下，迎接我的不是袅袅炊烟、暮鼓晨钟和住寺僧人，而是一扇侗族风情大门。过大门可见一座绿色的山包，山顶隐约露出一片赭红色。

这不足为怪，所谓"深山藏古寺"，佛寺、庙宇和宫观多建在山腰或山顶，一来远离尘世的喧嚣，二来考验行者的心性。登万佛山有两条路，一条叫"雅士休闲道"，另一条叫"勇士探险道"。前者是山林幽径，轻松平缓；后者是悬空栈道，辛苦艰险——这多么像佛陀对人性的考验！我沿"勇士探险道"依山而建的石阶一路向上攀登，越往上越惊险，身旁是悬崖峭壁，耳边是呼啸山风，如同得道高人般御风而行，却依旧没有见到佛寺，只看见更多山包。

这些山包从整体上看，好像经由看不见的大手排列组合过，逶迤延绵，此起彼伏；从外观上看，宛如经过刀削斧割，沟壑纵横，粗糙锋利；从颜色上看，仿佛浸染了女娲补天时所炼的熔浆，赭红打底，深浅不一……在一丛丛苍

起伏的山包，耸立在侗族风情建筑后面　卢七星摄

翠草木的映衬下，赤壁丹崖格外艳丽，不输挂在天边的彩霞。

1928年，地质学家冯景兰先生第一次注意到这种特别的地貌景观，把它命名为"丹霞"。这个词出自魏文帝曹丕的《芙蓉池作诗》："丹霞夹明月，华星出云间。"原指天上的红霞。1939年，构造地质学家陈国达先生把这种红色岩层上发育的地貌统称为"丹霞地形"，将其作为判断丹霞地层的标志；1977年，地貌学家曾昭璇首次提出"丹霞地貌"这一地貌术语，从此这种说法广为流传。

1983年，由原国家地质总局责成书刊编辑室和中国地质研究院共同编纂的《地质辞典》，给出丹霞地貌的定义："厚层、产状平缓、节理发育、铁钙质混合胶结不匀的红色砂砾岩，在差异风化、重力崩塌、侵蚀、溶蚀等综合作用下形成的城堡状、宝塔状、针状、柱状、棒状、方山状或峰林状的地形。"

简单地说，丹霞地貌发育始于第三纪晚期的喜马拉雅造山运动。在这次构造运动中，三湘大地上许多地区地壳因为受到强有力的挤压，褶皱隆起，成为绵亘的山脉。一些凹陷盆地中的红岩建造被抬升起来，加之湖南属亚热带季风气候，热量充沛，潮湿多雨，风化作用强烈，红岩建造长期处于破坏和塑造之中，最终形成包括岳阳石牛寨、邵阳崀山、郴州飞天山等多处丹霞地貌景观。

而在这众多丹霞地貌景观中，通道万佛山，这个我国体量最大的丹霞地貌群无疑是一颗璀璨明珠。世界自然保护联盟专家罗伯特·瑞前来考察时曾有感而发："红层地貌形成尖锥状峰林峰丛，且分布着大面积湿地，植被覆盖率如此之高，全世界只有亚洲有，亚洲只有中国有，中国只有万佛山有。"

爬得愈高，丹霞地貌的壮阔、斑斓和灵动愈让人赞叹，只是我心中仍有疑

俯瞰万佛山　卢七星摄

问：万佛山难道真的跟佛教文化没有半点儿关系吗？

　　这个疑问在我行至万寿寺遗址时解开。据相关文献记载，自隋文帝杨坚大兴佛教以来，通道就开始传入佛教。万佛山一度僧众云集，共建有108座寺院，其中就有一座与山同名的万佛寺，后来全部毁于自然或历史原因。

　　万佛寺始建于明嘉靖年间，原是一处修身养性的风水宝地。清咸丰十一年（1861），太平天国将领石达开率领太平军经万佛山入川。后来太平天国运动失败，随他西征的大部分男女太平军流落到万佛寺。清政府穷追不舍，最终捣毁寺庙，留下残垣断壁。目前，山上仅存当年寺院生活的遗迹，作为其佛教文化遗存的例证。

　　原以为寻佛不遇，但当我凭栏远眺，却发现那匍匐的山包不正如一尊尊佛像吗？有"十连卧佛"，那是十座山包首尾相连；有"欢喜佛"，那是两座山包相偎相依；有"万佛壁"，那是山包侧壁上深深浅浅犹如浮雕的纹理……

　　天地为庙，万山为佛。

　　心存善念，满目皆佛。

吕洞山：隐秘角落里的美

◎李玲

【吕洞山档案】位于湖南省湘西土家族苗族自治州保靖县。由两座山相连组成，海拔 1000 多米，呈倒"吕"字形。

提到湘西，总给人很多神秘感，也让人生出一种天然的距离感。对于很多人来说，那个山高水远的地方是陌生的。这次走进保靖吕洞山，才惊觉这方山水"别有洞天"。想来，吕洞山入选中国国家地理杂志社《地道风物·湘西》推荐的十大诗意栖居地，确为实至名归。

一座圣山写沧桑，一条峡谷歌飞扬，一道奇瀑景独秀，一片云海胜天堂，一幅古画绘苗寨，一杯黄金贡品茶，一台歌舞独龙戏，一席苗家百虫宴，一处风情边边场：吕洞山的美尽在其中。

一座圣山写沧桑。吕洞山由两座相连的山组成：一座名为阿公山，海拔1227 米；一座名为阿婆山，海拔近 1300 米。山间有洞横贯，呈倒"吕"字形。关于吕洞山名字的由来，有两种说法：一曰因山形似倒"吕"字得名；一曰与苗寨祖先的故事有关。

苗族的第十二代苗王里东教会族人农耕、围猎，他的妻子里翠带领妇女纺纱、绩麻，苗寨人在这片土地上建房造田，放牧生活。里东和里翠被族人尊称为阿公、阿婆。后来遭遇战乱，里东为保护族人，在挚友吕洞宾的指点下化作阿公山，挡住了敌人的进攻。里翠日夜在山旁守望，吕洞宾为成全二人，助她化作阿婆山，与阿公山比肩而立。族人感念阿公、阿婆与吕洞宾的仙缘，将两座山合称为吕洞山，寄以"护佑子孙""有求必应"的美意。传说或许并不可信，但其中蕴藏的大义与温情，却真真实实刻进了苗寨人的骨子里。

吕洞山方圆百里，风光壮丽，有奇峰怪石，有深沟高谷，有飞泉流瀑，有沃野平川。吕洞山的主峰被称为武陵山脉最奇特的山峰，远看如擎天之戟，又似冲天利剑，直插云霄。

横看成岭侧成峰，吕洞山从不同视角看去，形态也变化万千，像雄狮，像野马，像骆驼……最奇特的是，从特定的角度看，阿公山的山峰就像一个男人的脸，阿婆山的山峰像一个女人的脸，两峰之间的曲线像极了一个平躺的婴儿。阿公阿婆如庇护自己的孩子一般，庇护着一代又一代生活在这里的苗寨人。

一幅古画绘苗寨。吕洞山散布着 156 个古村落，有的镶嵌于崇山峻岭之中，有的点缀在阡陌交错之间。其中有 9 个村寨被列入中国传统村落名录，是湖南传统村落分布最为集中、保存最为完好的地区。这些村落具有很高的美学价值，吕洞山景区也已被列入全国非物质文化遗产核心保护区名录。

这里的苗寨分别以五行命名：夯吉金寨、梯子木寨、吕洞水寨、夯沙火寨、十字坪土寨。寨子依山傍水而建。有的寨子沿着向阳斜坡分两边有序排列；有的寨子面朝溪流紧贴山隈而建；有的寨子独立于梯田中央裸露的岩石上，几乎不占一分耕地，不侵一丝溪沟。山、水、寨、人，浑然天成，令人不自觉地陶醉其中。

一杯黄金贡品茶。夯吉金寨，苗语意为飘满茶香的峡谷，古朴原始。这里出产的黄金茶品质上乘，有"一两黄金一两茶"之誉。《明世宗实录》有载，明朝嘉靖十八年（1539），湖广贵都御史陆杰巡视兵防，途经今保靖县葫芦镇的深山密林，一行百余人多染瘴气，幸得当地阿婆以百年老茶树汤救治。陆杰当即赠给阿婆一锭黄金，并将此茶上贡朝廷。

黄金茶特质鲜明，"四高四绝"。"四高"指茶叶的氨基酸、茶多酚、水浸出物、叶绿素含量高，氨基酸含量达 7.47%，是普通绿茶品种的两倍。"四绝"则是指茶叶香气浓郁，汤色翠绿，入口清爽，回味甘醇。备受人们喜爱的黄金茶，已经成为保靖的一张文化名片。

一席苗家百虫宴。吕洞山的九大特色中，百虫宴是最令人好奇的。百虫宴并非真有百种虫，而是以时令虫儿菜为主菜，再辅以苗家的酸鱼、腊肉、酸汤

吕洞山顶，巨石兀立

等配菜。逢年过节，或有重要客人来访，苗家人便会准备百虫宴。

百虫宴由来已久。两千多年前，苗族的祖先从湖沼平原地带迁至此地，深山条件十分艰苦，常常食不果腹，只能食用野果、花草、虫鱼等。为纪念祖先创业的艰辛，这一习俗便延续了下来。

吕洞山山清水秀，田间、溪沟的昆虫、鱼儿种类繁多，随季节而变。春有桃花虫、桃花鱼，夏有草鞋虫、螃蟹。不同时节来这儿，百虫宴的菜色也各不相同，但不变的是难忘的美味和苗家人的热情。夯沙乡的教师石程发家是保靖县旅游家庭接待点，他用百虫宴接待过不少重要的领导和游客。

一条峡谷歌飞扬，一道奇瀑景独秀，一片云海胜天堂，一台歌舞独龙戏，一处风情边边场。若有机会，请你一定要来吕洞山，将这里的美，一一探访。

南华山：世世代代无言的守护

◎李玲

【**南华山档案**】位于湖南省湘西土家族苗族自治州凤凰县古城南、沱江畔。海拔 500~1000 米。南华山国家级森林公园占地 2000 多公顷，是国家 4A 级旅游景区。

南华山，是一座被人低估的山。

"一座青山抱古城，一湾沱水绕城过。"南华山呈月牙状环抱古城，是凤凰的父亲山，与母亲河沱江相依相偎。凤凰古八景，五景皆在南华山：东岭迎晖、南华叠翠、奇峰挺秀、山寺晨钟、兰径樵歌。南华叠翠，为八景之冠。

南华山有大小峰峦 45 座，沟涧壑谷 72 条，山泉水井 21 处，天坑、溶洞多处。其前身是南华山国有林场，1992 年经林业部批准建立国家森林公园。这里有水杉、银杏等珍贵树种，有油茶、楠竹等经济林木，有灵芝、人参等名贵药材，还有山猫、野兔、松鼠嬉戏于山石之间，长尾雉、相思鸟、猫头鹰腾跃于松柏之上。南华山是植物的天堂，动物的乐园。

在当地流传的说法中，这生机盎然之景乃是因为受到南华仙翁的福泽。很久以前，这里的山谷中腥风飞卷、瘴气蔓延，满山林木野草枯萎。幸有一位鹤发童颜的老人经过，在谷中洒下几滴净水，顿时云开雾散，枯木吐芽，残花盛开。这位老人便是南华仙翁。人们为示感激，将山取名南华。

南华山是凤凰古城的天然屏障。山脚大门由四根珍贵的小叶楠木建成。中间两根楠木高 10.5 米，另两根高 8 米多。山门所刻对联由艺术大师黄永玉

先生撰写："久慕名山，提酒携琴，何妨登临选胜"，"相濡以沫，泥涂曳尾，不若相忘江湖"。读罢，心法自然的意境油然而生。

盛夏时节，南华山每日游客量达千人，多为老师、学生。这里最具特色的是神凤文化景区，这也是国内首个凤凰文化全体验景区。十余处景点串联起中华几千年的凤凰文化，一路拾级而上，如遁神境。

"双龙来治水，五马来朝阳。凤凰会百鸟，金盆摆中央。谁能拥得此地在，又出将军又出王。"此六句出自明朝一位云游天下的风水先生，刻于高低错落的六根楠木之上，谓"凤凰六句阵"。这位风水先生曾观凤凰之天象风水，作人杰地灵之论断。凤凰确也人才辈出，民国内阁总理熊希龄、文学巨匠沈从文、艺术大师黄永玉都是凤凰人。

景区中的凤凰台，是俯览古城胜景的绝佳之地。边城石街，玉氏山房，沱江跳岩，跨江虹桥，万名塔，各色景致尽收眼底。神凤殿，是神凤文化景区的核心。殿台中央尊奉中华古凤神祇，庄严神圣，供游人观瞻祭拜，以弘其和美祥瑞，见者安宁。殿门楹联"凤凰鸣矣，于彼高冈"，"梧桐生矣，于彼朝阳"则出自《诗经·卷阿》。

在南华山的一侧，一个不起眼的角落，静立着一座墓，"湘西王"陈渠珍的墓，一位藏族女子趴在石碑之上。这实在令人好奇，在苗族的地界怎会有藏族女人的雕塑？询问向导，才得知背后故事。清末，英国支持藏民发动叛乱，凤凰的一位年轻军人陈渠珍被派往西藏林芝支援。一次，他参加当地的赛马拔旗比赛，一个面容清秀的藏族"男子"一马当先，远远超过了他。后来陈渠珍才知晓，这位"男子"竟是当地藏族头领的女儿。二人因赛马结缘，收获了美满爱情。动乱时期跨越地域和民族的爱情，总是令人心生敬佩。

南华山，还浸染着红色革命基因。山上十八处景点之一，复汉流血义士冢，在公园内的雷烧坡半山腰。1911 年 10 月 27 日，唐世钧等人率腊尔山、长坪、龙潭等地苗、汉、土家族义士数千人，响应辛亥革命号召，进袭凤凰县城。由于攻城时间提前，内应联系不上，加之清军加强部署，起义军攻城失利，阵亡和被捕杀者 170 人。后来，唐世钧将分葬于雷烧坡、金家园、豹子湾的 72 具烈士遗骸合葬于雷烧坡，"封树成一大冢"。冢前碑刻上书："烈士英魂浩魄，蔚起青葱，上与日月争光，虽死犹生也！"

山上的"红军洞"也记录着一段革命故事。1935 年 1 月 11 日，中国工农红军十军团北上抗日先遣队在皖南几经转战，进入开化。13 日凌晨，先遣队经霞光村，从桃花坞、瓦里坑登上南华山。方志敏曾在洞内休息，因此得名。山脚下的程家村村口有五棵大树，高大粗壮，枝繁叶茂，村民称之为"五将聚会""感情树"，一直不让人劈树剔梢，更不准砍伐。

近旁还有一棵高 25 米、直径 1 米的"五星树"。当年方志敏率部队经过，村民砍下这棵树的树枝给他做拐杖，砍下的刀口处呈现一个五角星印迹。村民深信，五星红旗一定会插遍全中国，中国革命一定会取得胜利。

勤劳淳朴的村民世代守护着来之不易的安稳和希望，沉默敦厚的南华山则世代守护着这方土地和百姓。

乌龙山：洞穴传奇

◎李玲

【乌龙山档案】位于湖南省湘西土家族苗族自治州龙山县境内，此处有一条"V"形大峡谷，还分布有火岩溶洞群。

20世纪80年代，一部《乌龙山剿匪记》火遍大江南北，乌龙山因此为大众所熟知。这部电视剧中的乌龙山，泛指大湘西地区的整个武陵山脉。这里曾经匪患肆虐，其中又以龙山一带最为猖獗，而今天人们口中的乌龙山，则特指龙山县境内的国家地质公园。从土匪大本营到风景名胜区，乌龙山到底有什么得天独厚之处，既让绿林大盗独霸一方，又令来访游人流连忘返？

湘西州位于湖南省西北部，属酉水中游和武陵山脉中部，沟壑纵横，溪河密布，重峦叠嶂，洞穴连绵。这里耕地面积小，自然灾害频繁，当地人民生活艰苦，有一部分铤而走险当上土匪，自宋代起就匪患不断。此后，从清朝统治后期爆发的太平天国运动，到近代的军阀混战，每一次社会动荡都成了匪患滋生的温床。

众多土匪头子利用险要的山川形势割据一方，乌龙山就是一处：这里有一条经侵蚀、溶蚀作用塑造的"V"形大峡谷，犹如嵌于群山中间的巨大裂缝，令人望而生畏；不仅如此，峡谷两侧的山体上还分布着我国最大的溶洞群，目前已发现大小溶洞200多个。有了天险和溶洞作为堡垒，土匪有恃无恐。

距离乌龙山大峡谷不远处有一座八面山，这座山四面都是悬崖峭壁，山腰上的燕子洞从前是土匪窝。

嵌于峭壁的洞穴——燕子洞

　　燕子洞不止一洞，而是共有四洞，洞洞互连，因群燕常在洞内筑巢而得名。仅有一条羊肠小道将这四个洞连接起来，小道最窄处不足 7 厘米，只能容纳一只脚的宽度，没有任何保护，稍有不慎就会坠入万丈深渊。据说在 1949 年底，湘西巨匪陈子贤、师兴周纠集匪众 4000 余人，以燕子洞为中心构筑了大量碉堡、陷阱等工事。如今洞内的情况我们已无缘得知，因为曾有人听信燕子洞藏有金银财宝的传言，于是冒险前去挖掘，造成山石崩塌，将通向洞内的路彻底封堵。

　　在乌龙山的皮渡河西岸公路边，还有一个洞穴比燕子洞更大，这个洞叫飞虎洞，因洞内栖息蝙蝠，当地人称为"飞虎"而得名。

　　飞虎洞洞口高大，洞内最高处达 340 米，洞底平坦，空间开阔，洞厅面积 3 万多平方米，约有六个标准篮球场大，可供上万人聚会。内部由多层旱洞和水洞构成，地下阴河、地下湖泊和地下山脉齐全，溶隙、支洞、跌坎和盲井繁多，有"一洞通三省"的说法。曾吸引美国、法国、日本、比利时等国的洞穴探险家前来一探究竟，结果这些国外探险家均未能探明洞穴的尽头。如此复杂的环境使飞虎洞具备供人生存的条件，顶层的旱洞可以休息居住，下层的水洞可以取水饮用。传说土匪把这里当成最后的据点，负隅顽抗十年之久。

当地老一辈的村民介绍，不论是燕子洞还是飞虎洞，洞内皆深不可测，不仅有充足的水源和鱼类，甚至还有千亩良田，土匪可自给自足，长期居住。

这样的描述极大地满足了今人对这些洞穴的想象，却有违常识：尽管洞中有水源，但是黑暗幽深，既没有阳光，又没有大面积土壤，不具备种植农作物的条件。土匪之所以能在里面生活数月乃至数年，靠的不是自给自足，靠的是在乌龙山下里耶古镇打家劫舍。他们把掠夺来的物资藏于洞中，满足日常生活所需。

那么村民口中的千亩良田是什么呢？我国科考队在飞虎洞内发现了形似梯田的千丘田景观，规模之大，实属罕见。这是过饱和的碳酸钙水溶液流经凹凸洞底时，在凸处因流态改变，二氧化碳逸出，碳酸钙沉积下来形成边石，久而久之形成的一系列石池塘或钙化池，它们在本质上还是岩石。

至于鱼类，这些洞中确实有它们的身影：在不见天日的地下阴河中，生活着数量众多的盲鱼、盲虾和盲蝌蚪，它们的视力已经完全退化，全身接近透明，五脏六腑清晰可见。其中，来自青藏高原的盲高原鳅由于头顶长着一对触须，一度被当地人当成龙的幼崽，给原本就神秘的洞穴再添几分诡谲。

新中国成立之初，解放军在乌龙山的洞穴中与土匪激烈战斗，经过将近两年时间，肃清了湘西地区的三万多土匪，留下许多血泪交织的故事。

《乌龙山剿匪记》就是对这段历史的还原与再创作。湘籍作家水运宪考虑到当时不少土匪和剿匪队员尚在人世，为了能更自由地创作，特别取了"乌龙山"这个地名。他说："我还认真地查阅了很多地理资料，以我能检索到的地名没有发现重复之处，于是彻底释然……殊不知没过多久，随着电视连续剧的反复热播，'乌龙山'这个莫须有的地名居然不胫而走，名扬天下。"

名扬天下的何止这个地名，还有那些洞穴的传奇。湘籍画家黄永玉在游览乌龙山后发出惊叹："龙山二千二百洞，洞洞奇瑰不可知。"如今，乌龙山有着"世界溶洞博物馆"的美誉，游客络绎不绝。如果你愿意，还可以去飞虎洞吼一嗓子。这里声场效果理想，是天然的歌剧院，早已成为当地人聚会的场所……

八大公山："天然氧吧"的独特风情

◎宾丝丝

【八大公山档案】位于湖南省张家界市桑植县西北部，武陵山脉北端。面积4.49万公顷，海拔346~2003米，是湖南省四大水系之一澧水的发源地。

众人皆知，湖南有个张家界，那里有中国第一个国家森林公园——张家界国家森林公园。殊不知，张家界除了有闻名全国的国家森林公园，还有位于桑植县西北部，由斗篷山、杉木界、天平山三大林区组成，同样风景秀丽、巍峨耸立的八大公山。八大公山位于武陵山脉北端，西与湖北的宣恩、鹤峰两县毗邻，又与武陵源风景名胜区相接，是湖南四大水系之一澧水的发源地。

八大公山总面积达4.49万公顷。进入其中，任谁都会情不自禁地感叹：此处竟还藏着这样一大片林子啊！

八大公山的美不在高耸峭拔、奇峰林立，而在天然纯净、绵延秀美。这里原本就有着亚热带地区少有的完整森林生态系统，列入中国第一批国家级自然保护区，实行了三十年的封禁保护，使这片在世界都享有盛誉、有着极为重要的生态地位的原生常绿阔叶林更加浓密动人，成为亚热带地区不可多得的"天然氧吧"。放眼望去，叠嶂深处，古树参天，绿密红疏，藤蔓盘空，山鸟啼鸣。山光树影，分外养眼。来此地，可以短暂远离尘世喧嚣，放下人情纷扰。如此闲逸自得，是别处无法体会到的。

到八大公山，定不能错过珙桐湾。珙桐在很多地方早已绝迹，但此地却有

如洁白鸽群，欲展翅飞翔的珙桐花

一片面积达 4.5 公顷的珙桐林，已有 1200 余年历史。这些在第四纪冰川运动中幸存下来的珙桐，静静地绽放着光彩，构成了这里独一无二的自然景观。如果正巧在花开时节前往，一眼望去，那令人震撼洁白如雪的花海，定能让你大饱眼福；漫步其中，柔风扑面，定会让你觉得神清气爽。

被秀丽美景环绕的八大公山，其实经历了数不尽的磨难。它扛住了第四纪冰川的侵袭，才留下无比丰富的自然资源。在这里，有高等植物 2408 种，其中国家一、二级野生植物 23 种，天然野生花卉植物 160 余种。这里还是天然的药园和动物园，有药用植物 1000 多种，脊椎动物 146 种（鸟类 64 种，爬行类 19 种，两栖类 18 种），其中一、二级保护动物 40 余种，此外还有各类昆虫 4175 种，极富观赏价值。

亦刚强亦温柔，是对八大公山最好的注解。它就像一个饱经风霜而屹立不倒的老人。我在山上的悬崖边看到一棵青冈古树，它扎进岩缝的根被挤压成扁平状，但仍长达百米，苍劲有力。在这里，即使是一朵芍药，也有别于其他地方所见，傲立于寒秋中怒放，分外娇艳。

一方水土养一方人，八大公山养育了和它一样坚毅的人。明代抗倭战斗中数千桑植土家儿郎的身影，南昌起义队伍里 3000 多名桑植壮士的怒吼，洪家关 72 位红军寡妇的坚守，中国革命史册里贺龙家族的 2000 多位忠烈英魂，无不体现了桑植人民的英勇和顽强。

在八大公山的天平山上，还掩埋着几十名红军烈士的遗骨。在桑植当地，流传着一首感人的凄美绝唱——《马桑树儿搭灯台》，这首歌诠释的就是八大公山下的一个爱情故事。当年红军师长贺锦斋与他新婚一个月的妻子分别，十年后两人才再次相聚，五个月后贺锦斋牺牲。他的妻子戴桂香为他守候了 67 年，收集了几柜子的马桑树叶，唱了一辈子的《马桑树儿搭灯台》。这就是这方水土养育的女子，一世情长。如此爱情，世间难觅，也印证了这方土地人民的坚毅性情。

八大公山，树木繁茂，空气清新。走入其中，如同投入母亲的怀抱，会让人感觉特别温暖。它养育的一方人，也有着如母亲一般的无私胸怀。

这里的森林每年涵养水源达 10 亿立方米，湖南澧水和湖北清江是她的乳汁，滋润了千亩良田，养育了万物生灵。这里是一个充满生命活力的和谐世界，凡大自然托付给她的生命，她都不分贵贱，倍加呵护。这里既有如珍宝般的珍稀树种，也有藤蔓荆棘伏地爬壁；既滋养了无数奇花异草，也养育了千种野食灵药。这里森林资源十分丰富，全区森林覆盖率达 94.1%，活立木蓄积量为 110.4 万立方米，是得天独厚的地理宝库。

"上了八大公山，不去斗篷山非好汉。"斗篷山是张家界的最高处。在同伴的一路激励下，我费劲地爬上了山顶。在斗篷山上，我看到了独自展现美丽的千手观音树，树下冒出一股股清泉。传说，撰写《本草纲目》的李时珍曾到这里采药，他也喝过这里的泉水。八大公山的水，无私地接待着每一位到来的人。这一处处细节便是八大公山的独特风情，待你亲身去感受。

天门山：绝壁顶端的秘境

◎宾丝丝

【天门山档案】位于湖南省张家界市永定区南部。永定区海拔最高的山，占地2平方公里，主峰1518.6米，因自然奇观天门洞而得名。

如果你问我，去张家界游玩的打卡景点，我一定会向你推荐天门山。这座海拔1518.6米的张家界最高峰，因其临空独尊的气质，被誉为"武陵源之魂""张家界之魂"。

从张家界市区眺望天门山，可见在澧水之南天地交接之处，天门山如一幅深黛色的巨画，悬挂于正南方的天幕上，气魄雄浑，势拔群峰。天门山是一处耸立在绝壁顶端的秘境，这里早已成为游人登临绝顶、一览众山小的绝佳去处。山顶视野开阔，景色宜人，环境幽雅，空气清新，置身其中，可尽情感受大自然的独特魅力。

天门山是一个谜，一个神奇诡异、无人能破译的谜。

天门山被誉为"湘西第一神山"，相继出现了天门洞开、天门翻水、天门转向、野拂藏宝、鬼谷显影、天门瑞兽六个难解之谜，为这里增添了灵异的奇趣。2平方公里的山顶相对平坦，保存着500亩完整的原始次森林，古树参天，藤蔓缠绕，石笋、石芽遍地，处处如天然生成的盆景，其中有很多非常珍贵和独特的植物，包括被誉为"植物活化石"的珙桐群落，被世人誉为"世界最美的空中花园"和"天界仙境"。

天门山有十六洞，流传着诸多神奇的传说，其中的天门洞最为引人注目，是世界罕见的奇观、海拔最高的天然穿山溶洞。洞南北对穿，高 131.5 米，宽 57 米，深 60 米，拔地而起，直冲云天，宛如一扇通天的大门。此处终年吞云吐雾，气象万千，煞有气势。洞顶上方，悬空倒长着翠竹，临风起舞。

鬼谷洞也颇为神奇。有典籍载：鬼谷子隐天门山习《易》，所居石室幽邃，下有流泉，石壁上留有甲子篆文。后这个山洞得名"鬼谷洞"，鬼谷子成为天门山隐居文化的代表人物之一。有不少人进入鬼谷洞探险，其中最痴迷的是一个名叫李光

大自然的杰作——神奇天门洞 视觉中国 摄

玉的土家族人。他多次进入鬼谷洞探险，遇到了一连串奇怪的事情，发现了许多神奇诡秘的现象。后来，《地理中国》栏目组在中国蓝天救援张家界分队的协助下，全面探秘鬼谷洞，足见此洞的神秘。

此外，天门山有十六峰，每一座山峰都流传着一个似真似幻的故事。如仙人峰（又称丹灶峰），传说是七仙女——玉皇大帝的七女儿的化身。她耐不住天庭的冷清，拨开云雾看到了人间农夫耕田、樵夫砍柴、渔夫撒网、男婚女嫁的景象，心生向往。后看到天门山下董永的父亲病重，无钱医治，善良的七仙女十分怜悯孝顺的董永，便悄悄去了凡间，与董永结为夫妻。不料玉皇大帝不同意这桩婚事，七仙女只得返回天宫，但她在人间留下了自己的化身，变成仙人峰，陪伴董永。又如另一座小山峰赤松山，据说神农时期的雨师赤松子曾隐居在此。赤松子喜爱游山玩水，四海为家，行至此地，却被这里的景致吸

引，流连忘返，于是就此止步，归隐山中。

除了这神奇的十六洞和十六峰，天门山的另一吸引力就是"古谜"了。如天门翻水之谜：天门洞上方有一天堰，平时干枯无水，且长满杂草树木，但说不定什么时候就会涌出一股泉水，从天而降，倾泻而下，被人称为"天坑飞瀑"。有诗咏："横流犹认古尧封，势挟风雷落九重。想是滔天凶焰在，戏翻洪水舞飞龙。"每当天门洞洞顶飞瀑奔流而下，游客纷纷赶来争睹奇观。又如天门洞开之谜。巨大的天门洞是如何生成的呢？据《湖南地理志》记载，天门山为第三纪古喀斯特溶洞残留，有地质学家认为是"漏斗"溶蚀的结果。据史载，天门山原本叫嵩梁山，一开始并没有天门洞，后来武陵太守钟离牧向吴王孙休报告天门洞开，吴王才下旨："废嵩梁山之称，赐天门山之名。"如此神奇工整的天门洞，究竟是如何形成的，至今仍是个未解之谜。大自然的奥妙之处，大概也正在于此。

旧时，诸多文人墨客都曾前往天门山吟诗作赋。据传清代乡绅李京开，将天门山十六峰的名称巧妙地连缀成一首诗，让人赞叹不已。诗曰："玉堂琢器玉壶空，丹灶老僧道不同。笔架修文金匮上，将军演武漆园中。弩弓善射高远柳，猿点怀刑箭杆绒。天姥负儿书室转，手执簸箕盖鸡笼。"

天门山不仅在国内享有很高的知名度，还是走出国门、享誉世界的知名景点。早在1999年，天门山国家森林公园就举办过"穿越天门洞"世界特技飞行大赛，在全球引起轰动，收看现场直播的观众高达8亿。2006年，俄罗斯空军特技飞行表演活动在天门山隆重举行。2012年，法国轮滑大师让伊夫·布朗杜来此挑战。随着这些国际赛事的举办，和当地对天门山景区的开发，天门山的名气越来越大，为更多的人所知晓。

袁家界：混搭出精彩

◎余音

【袁家界档案】位于湖南省张家界国家公园北部，平均海拔 1074 米。风景奇绝，宛如一颗镶嵌在武陵源核心景区的明珠。

"哈利路亚"vs"点将台"，原生态绝美自然景观 vs 世界上最高的人工观光电梯，这些看似完全不搭界的东西，居然和谐地聚集在一个地方——张家界自然风景区中的袁家界。

犹记得当年"南天一柱"更名为"哈利路亚"时引发的巨大争议，记得百龙电梯运营时各方不同的声音，这一切都被时间沉淀下来，最终混合成袁家界独特的底色——混搭。是的，我想不出用什么词去形容它更为合适。若不是一部名扬全球的电影《阿凡达》，袁家界那座独立的山峰还和其他景点的名字一脉相承，叫"南天一柱"。但看过《阿凡达》的人，怎么会忘记潘多拉星球中最震撼人心的景观：漂浮在半空中的一座座山头，宛如上帝随手撒下的棋子，操作战机的地球人、骑着神兽的潘多拉人穿行其中，迎来时空尽头的最后对决。

电影之外，当人们发现那样奇美的风景原来不全是后期合成，而是真实存在于地球的某片土地上，怎能不喜出望外？无数人因此慕名前来，他们亲眼见证了"南天一柱"的雄浑奇崛，那是比大银幕上惊鸿一现的"哈利路亚"更令人赞叹的风景。

若不是一部百龙电梯，可能袁家界还是张家界景区中旅游基础设施最为

袁家界"天下第一桥"

薄弱的一块拼图。过去，人们知张家界不知袁家界，并非因为这里的风光不好，而是因为袁家界交通不便，山高岩陡，很多体力不好的人，只能望"山"兴叹。百龙电梯的出现，被很多游客称为"最美的2分钟"，从山底垂直抵达山顶的那个时间，透过玻璃，能够看到徒步看不到的风景，拥有爬山得不到的体验，造福了很多游客。

总有人将东方与西方、自然与人工放在鸿沟的两端。在我看来，这些鸿沟并非不可逾越。

架在东方与西方鸿沟之间的桥梁，是对自然的赞叹。潘多拉星球与张家界景区，一个是西方的，甚至"外星"的，一个是东方的、地球的，两者唯一的共通点，在于人们对自然真实之美的欣赏。张家界是美的。作为它的一部分，袁家界自然也是大自然鬼斧神工的产物。随意列举几处景观，就能看出造物主对袁家界的偏爱。

"天下第一桥"。它是两山之间形成的一座天然石桥。两山原为一体，桥身是两山相连的关键部分，但因中间石质较为薄弱，由于风化、崩塌作用的影响，又经过日晒雨淋、流水洗刷、山洪冲击，久而久之，终于形成一座宽4米，跨度20多米，高度300多米的天然石桥。身在其上，尤为震撼：往下是万丈深渊，往上是乱云飞渡。若非自然之力，人工怎能有这样的想象与魄力？

"迷魂台"。置身其中，只见上百座形态各异的山峰矗立，若此时山间再来点云雾，便真真是到了仙境一般：云雾身边绕，青山眼中立。怎能让人不心动神摇，觉得被眼前的景致夺去了魂魄？

"天悬白练"。一泓清水从 200 多米高的崖顶飘然而下。平日里，如同细长柔软的白练从天而降，每当山洪暴发，白练便化身为巨龙，奔腾而下，声如巨雷。

自然之美不需要语言交流，不需要文化沉淀，是每一个人都能看懂、能欣赏的风景。基于此，我们甚至可以从西方创作的潘多拉星球与东方衍生的种种神话传说之中找到相似的片段。

架在自然与人工鸿沟之间的桥梁，是人们努力达到人景合一的智慧。深山与古寺，也站在自然与人工的两端，却能够巧妙地融合在一起：深山为古寺提供了充满灵气的环境，古寺则为深山增添了独特的文化气息。为了弥合对自然的影响，百龙天梯底部的 157 米是埋在山体中的，只有上部的 170 多米裸露在山外。银白色的天梯紧贴着青葱山峰，成为一道与自然比肩的壮观风景，有人觉得突兀，更有人觉得特别。

从启动运营到现在，十多年的时间过去，百龙天梯俨然成为袁家界的一个亮点，很多游客在旅游攻略中，还特意将百龙天梯列为必体验项目。从上而下，纵身一跃；从下而上，凌空而起：这样近距离接触山峰，令人印象深刻。而与百龙天梯遥遥相望的"空中田园"，更是人工创造出来的美景：山峰顶部相对平坦的部位，是人工开垦出来的梯田，梯田周边群山环绕，白云飘浮，时有阳光洒落在灌满了水的梯田中。整座山头像活了一般，闪闪发光，如写给自然的一首诗，绘给山峰的一幅画。

行走在袁家界，会有攀登其他山峰没有的多重体验。在这里，东西方文化均为自然之美所折服；在这里，自然与人工之力同样成为风景。混搭袁家界，搭出不一样的风光，搭出不一样的精彩。

五雷山：矛盾与自洽

◎余音

【五雷山档案】位于湖南省张家界市慈利县城东部，海拔1000米。道教圣地，与武当山并称为"北武当，南五雷"。道教殿宇众多，有"湖南最大的道教文化群落"之誉。

都说深山藏古寺，在张家界东线旅游区的五雷山里，便藏着一处历史悠久的道教文化场所。山名五雷，原名雷岳，因主峰金顶分出数脉，呈辐射状伸延，有如《淮南子·天文训》中的地维，所以又叫大维山。

从"大维山"变为"五雷山"，自然离不开神话传说的加持。关于更名原因，有两种说法流传甚广。一种说法是，大维山中庙宇出现"雷扫其殿，钟自鸣，尘埃自净"的奇迹，故又名五雷山。另一种说法是，真武大帝从武当山得道飞升后，一次巡查途中，发觉楚南地界怒云翻滚，风雷大作，前往查看才知道是五条恶龙在为争夺一座山头斗法。他当即招来雷神，劈下五道天雷镇住恶龙，还一方清静。人们为了纪念真武大帝，将五龙争斗当王的那座山头改名为"五雷山"。虽然第一种说法听起来更为可信，但"天降五雷劈恶龙"的戏码更为群众所津津乐道，所以反而流传更广。

虽与武当山并称，但少了金庸先生"武当派"的点睛之笔，五雷山在名头上终究不及前者响亮。不过探究五雷山的历史，一点也不比武当山逊色，甚至它的命运比武当山更为跌宕起伏。

五雷山道教"始于唐、盛于明"。相传西域净乐国太子曾选中此地，至

道教圣地五雷山

石室苦修，后得道飞升，即真武大帝。还有说法是这位真武大帝于武当山飞升，可见"山不在高，有仙则名"，哪怕是一个虚无缥缈的仙人，也是众山争抢的对象。

唐代李靖曾慕名上山草创道观。到了元朝，翰林国史编修张兑辞官后归隐天门山、五雷山，在五雷山扩修殿宇，弘扬道教文化，并亲题"楚南名山推第一"，五雷山因此在道家有了声名。张兑及其后人在五雷山经营多年，所建殿宇"旁魄百里，列县俱瞻"。明神宗得知后，封五雷山为"洞天福地"。自此，五雷山道教信徒遍及鄂西南、湘西北两省十八县。每年农历"三月三""八月十五""九月初九"为朝圣节，信徒昼夜朝拜，人山人海，锣鼓喧天，炮声如雷，热闹非凡。

到了明代万历年间，常德荣定王、澧州华阳王对五雷山进行大规模扩修改建，建筑面积超过 5000 平方米，有三十六宫七十二殿。其建筑石墙铁瓦，随山脊沟壑纵横排列，奇险深幽，玄妙超然。可惜民国末年，战乱纷起，匪盗称雄，五雷山香火飘零，又经过 20 世纪六七十年代的一场文化浩劫，五雷山上所有殿宇被毁灭殆尽。

直到 20 世纪 90 年代初，慈利县委、县政府为落实历史宗教政策和文物管理法规，发展旅游，投资数百万元，修复了部分古建筑，修建了旅游专线公路以及相应的旅游服务设施，才有了现在的五雷山风景区。

一座山的寿命比人更长，所以它的命运往往也更为波澜壮阔。在历史长河中，眼看着五雷山起高楼，眼看着它楼塌了，又从一片废墟中重获新生，总会生出些感慨。拨开笼罩在山顶的白雾，褪去它仙山的光环，大起大落之中，它本身坚韧挺拔的内核显露出来，任尔东西南北风，我自岿然不动。也难怪人们常说，逆境中要多去看看山，这样硬核的山峰，总能给人一些撑下去的力量。

五雷山有其历经沧桑而不倒的刚强一面，也有其柔美的一面。湖南的春天温暖湿润，但到了冬天，你能在五雷山顶看到一处潇湘大地上不常见的景观——雾凇。因海拔和地理环境的原因，冬天，整座五雷山玉树飞花，银装素裹，香炉、寺庙、古树上挂满了晶莹剔透的雾凇，正如张岱在《湖心亭看雪》中描写过的，"雾凇沆砀，天与云与山与水，上下一白"。但这白又不是实在的白，它白得几乎透明，于是透过雾凇看五雷山，就有了一丝仙宫缥缈而柔美的味道。

这便是五雷山矛盾又自洽的性格了：经历史烟云不倒，显其刚硬；而一场场似雪非雪的雾凇，又赋予其柔美。就连山间本身的景色，也是刚柔并济的，有突兀的山峰，就有郁郁葱葱的青萝攀附其间；有幽深的沟壑，就有潺潺流水穿谷而过；有灵动秀美的"百鸟朝凤"之景，就有气势雄浑的"五龙捧圣"之地……这样的五雷山，谁会不爱呢？

湘中山脉

衡山：独立苍茫天地间

◎常立军

【衡山档案】位于湖南省中部偏东南部，绵亘于衡阳、湘潭两盆地间，中国"五岳"之一。主要山峰有回雁峰、祝融峰、紫盖峰、岳麓山等，最高峰祝融峰海拔1300.2米。

衡山，五岳之南岳，湖南最为显赫的历史文化名山。

它雄起于衡阳盆地，以1300.2米的海拔巍然屹立。万亿年的地质造化，成就了衡山的雄奇独秀。峰林状花岗岩孤山群，让它拥有了一种"群山万壑若波涛"的壮美气质。几亿余年的造化，在不到四十平方公里的空间内聚集起众多的山峰，构成了群峰突起的峰林状山体景观。

传统文化中，认为天地之间有感应，因此把星宿与城市、山川相关联。衡山的得名，即与星座有关。据战国时期《甘石星经》记载，因其位于星座二十八宿的轸星之翼，"变应玑衡"，"铨德钧物"，犹如衡器，可称天地，故名衡山。

衡山并非一直都是"南岳"，它曾经失去过这个荣誉称号。汉武帝时，按当时国土疆域的四至范围重新规定五岳，因为衡山辽远，道隔江汉，于是封安徽霍山（又称天柱山）为南岳。江南衡山失去了岳名，被降为"镇"，官方文书中称作"衡镇"。这种状况一直持续到隋开皇九年（589）诏定衡山为南岳，而废霍山为名山。自此，湖南的衡山名正言顺地成为正宗南岳。

衡山是一座巨大的山脉，纵横于湘潭、衡阳两个盆地之间，号称七十二

祝融峰顶的祝融寺，至今香火鼎盛

峰。除了主峰祝融峰声名显赫之外，其余如岣嵝峰、回雁峰、紫盖峰等也颇有声名。有观点认为长沙的岳麓山是南岳的最后一峰。祝融峰是衡山的最高峰，是纪念人文祖先祝融氏的山峰。"祝融峰之高"为南岳风光"四绝"之首。由于常年烟云的烘托和群峰的叠衬，加之它矗立于地势相对低洼的湘南盆地之中，更显得峻极天穹。在古语中"祝"是持久、永远之意，"融"是光明之意，"祝融"即永远光明。唐代大文豪韩愈在《游祝融峰》诗中赞叹："祝融万丈拔地起，欲见不见轻烟里。"八百里衡山之首是回雁峰，故称南岳第一峰。它坐落于衡阳市雁峰区湘江之滨。传说北雁南来，至此便不再南下。衡阳因此被称作"雁城"。唐代诗人王勃在《滕王阁序》中有"雁阵惊寒，声断衡阳之浦"的佳句。在古人的心中，衡山是中原文明的南极之地，由此而生出种种情怀，引发旷古浩叹。

南岳并非湖南最高山，却有如此巨大的影响，与它的地理位置有关。它绵亘于湘潭、长沙、衡阳三大地区，这三个地方是湖南最主要的人类文明空间，衡山因此得益，成为历史文化名山。摩崖石刻就是人类活动与山川互动而产生的一种艺术。衡山是一座写满了字的山。有字的山比无字的山，显然更有人文气息。文字的意义在于记载历史、抒发情怀。探寻南岳的摩崖石刻，如走

"寿岳"石刻

过一座野境中的人文博物馆。

　　自古至今，来衡山"打卡留念"的人络绎不绝。南岳区文物局提供的数据显示，衡山摩崖石刻集中分布在南台寺、福严寺、水帘洞、黄帝岩、祝融峰、会仙桥、高台寺、湘南寺、广济寺、天台峰、黑沙潭、半山亭、南天门、百步云梯、天柱峰等名胜古迹。衡山之所以能够成为这样一个广受欢迎的"打卡地"，与它的人文、自然都有关系。作为五岳中唯一一座长江以南的大山，它有着极强的存在感。历史上的中国，基于当时的政治地理认知和人文因素，定义了"五岳"的概念。自古这里便是祭祀名山，黄帝、舜帝曾在衡山巡狩祭祀；大禹为治水，专程来南岳杀白马祭告天地，得"金简玉书"，立"治水丰碑"。宋徽宗、清康熙等皇帝为南岳题诗吟咏，至今衡山皇帝岩景区依然留存有据说是宋徽宗题刻的"寿岳"石刻。祭祀文化是南岳文化的源头，自舜帝南巡至清，历史上有记载的朝廷遣使祭祀南岳就有 120 次之多，民间祭祀更是不计其数。除了皇帝，名人们也纷至沓来，历朝历代，均留下大量诗文赞美衡岳。

衡山还是佛道儒共存的宗教名山。南岳大庙释道儒共处一院并同时供奉南岳圣帝，广济寺旁是儒家的"二贤祠"，弥陀寺对面有道家经典石刻《还丹赋》……包容的信仰文化氛围让它拥有了众多的"粉丝"，如此，衡山的文化品牌效应就更加突出，并塑造出"五岳独秀""文明奥区""祭祀灵山""中华寿岳"等诸多形象。

衡山在植物种类上也足以代表湖南，成为湖南植物的样板。其中最为珍稀的是绒毛皂荚，它是衡山特有的植物，全世界野生数量仅有 4 株，分布在衡山的方广寺一带，比堪称"植物界熊猫"的银杉还稀少，已被重点保护。

南岳是"寿文化"名山。《甘石星经》载：衡山对应二十八星宿之轸星，轸星主管人间苍生寿命，南岳衡山因此又被称作"寿岳"。衡山寿文化源远流长，用"寿"字或化用的"寿"字命名的景点比比皆是，如万寿宫、寿宁宫、寿涧桥、寿涧溪、百寿亭、延寿亭、延寿村、寿佛殿等寿文化遗迹无处不在。

南岳还是一座抗战名山，这里是抗日战争进入相持阶段后，举行数次重大军事会议的地点。衡山僧众"上马杀贼，下马学佛"，用生命与热血铸成不怕牺牲的大无畏精神。山顶的摩崖石刻"万方多难此登临"，正是这段艰难悲壮历史的见证。衡山香炉峰下有南岳忠烈祠，祠中纪念碑如五颗直指蓝天的巨型炮弹，象征着各族人民同仇敌忾，"武力御侮"。旁边两道平行纵列石级，由下向上延展，中间草坪用大理石片镶嵌"民族忠烈千古"六个大字，让人一见，顿生庄严肃穆之感。

灿烂多样的文化与独立天地的苍茫气质，铸就了衡山"湖南第一文化名山"的历史地位。

奉嘎山：崇山峻岭里的世外桃源

◎蒋芳仪

【**奉嘎山档案**】位于湖南省娄底市新化县。泛指新化县奉家镇周边的雪峰山脉，海拔 371~1518 米。有紫鹊界梯田、渠江源、古桃花源等景区，有湖南省红色教育基地红二军团司令部遗址。

隐身于崇山峻岭之中，奉嘎山的宁静已持续了两千年。

奉嘎山其实是雪峰山脉中段的一部分，位于湖南省新化县西南部奉家镇周边，方圆数百里。海拔 371~1518 米，层峦叠嶂，逶迤起伏，与世隔绝，宁静悠然。

两千多年前，一群人辗转流徙来到此地，看中了它的宁静，从此定居下来，开启了美好的田园生活。这群人的族谱里记载了这件事的来龙去脉：战国时期，嬴季昌反对商鞅变法，与秦孝公政见不合，为避杀身之祸，取秦字上部改姓奉，更名吉，履采药人踪迹，潜隐于山林。而他的后人来到奉嘎山，世代居住。奉嘎山也是因为奉家人世代居住而得名，它还有一个别名——"奉家山"。

这听上去是不是似曾相识？没错，陶渊明在《桃花源记》中也写了一个类似的故事："自云先世避秦时乱，率妻子邑人来此绝境，不复出焉，遂与外人间隔。"据娄底地方文化学者粟海等专家考证，奉嘎山奉家镇的下团村，就是《桃花源记》里那个"世外桃源"的原型。它与世隔绝，处在群山环抱的峡谷盆地中，"土地平旷，屋舍俨然，有良田美池桑竹之属。阡陌交通，鸡犬

神奇的紫鹊界梯田

相闻"。更妙的是，如果是春天来到这里，处处桃花盛开，更是让人流连忘返。这里民风淳朴，过去是苗、瑶民聚居的地方，在宋、明时期逐渐转换为汉族。村里绝大多数为奉姓人，他们勤劳善良，热情好客，也与《桃花源记》的描写毫无二致。

想要进入奉家镇，并不是那么容易。有一座山，阻隔了它与外界的连接，这座山叫紫鹊界，是奉家山的土著汉人与古瑶人的分界线。它位于雪峰山脉奉家山系的中部，海拔1236米，以紫鹊界梯田闻名于世。紫鹊界梯田起源于先秦，盛于宋明，已有两千余年的历史。最早为苗瑶两族祖先开创，是南方稻作文化和苗瑶山地渔猎文化交融糅合的历史遗存，也是古梅山地域突出的标志性文化景观，堪称"始祖梯田，世界遗产"。

紫鹊界梯田有多神奇？山有多高，田有多高，水就有多高。这里没有一口山塘、一座水库，也无须人工引水灌溉，凭借神奇独特的基岩裂隙孔隙水源，构成纯天然自流灌溉工程，令人叹为观止。俗有"天下大乱，此地无忧；天下大旱，此地有收"之说。国家水利专家把这种自流灌溉系统称为"世界水利灌溉工程之奇迹"，评价其可与都江堰和灵渠相媲美。

对于游人来说，最吸引人的是梯田的美。紫鹊界共有梯田56000多亩，其中集中连片的梯田在2万亩以上，从海拔500米到1100米，共400余级。形态原始，阡陌纵横，山高水长，板屋交错，梯田、村寨、道路、森林相互依存，共同构成了良性农业生态系统和独特的梯田文化景观，美如仙境。

紫鹊界有着浓郁的文化气息，南方稻作文化与狩猎文化的巧妙融合成就了紫鹊界人与自然和谐共处的稻作文化遗存。这里苗瑶风俗世代相传，梅山山歌独具韵味；梅山饮食风味独特；民族建筑古色古香；草龙舞、傩面狮身舞等风俗表演更是原始神秘。多少人不辞辛苦，也要来紫鹊界一睹其真容。

与紫鹊界的耕读世界相比，奉家镇的渠江源则是著名的茶乡，也是历史上的贡茶区、名茶区。渠江源内有高标准生态有机茶园 8000 亩，茶园海拔在 700 至 1200 米之间。茶园内常年云雾缭绕，土地肥沃，为优质的茶叶生产创造了很好的条件，所生产的渠江红、渠江贡等名茶，香气浓郁，醇厚鲜甜。另外，当地人还流传着一句话："姑娘河的水，錾字岩的茶。"这里说的錾字岩上有个宽广的山坳，叫茶溪谷，谷中长满了野生茶树，自生自长，极其茂盛。然而，錾字岩陡峭无比，野茶很难采摘，因此产量稀少，十分珍贵。茶溪谷旁有一片比较平整的土地，曾为奉家人运茶的驿站，因来来往往的行人会在此歇凉、喝茶、议价，所以又有一个名字，叫茶亭铺。来奉嘎山的人，除了游览景观胜地，临走都会买一些渠江源的好茶，作为送给亲朋好友的伴手礼，非常有面子——这在过去，可是给皇族的贡品啊！

除了奉家人，还有一群人也曾来到奉嘎山，他们值得我们铭记。1935 年 12 月 12 日，贺龙、任弼时、关向应率中国工农红军第二军团进入新化县奉家镇上团村，设军团部于此。他们在长征时期为战胜强敌，顺利实现战略性转移，沿途积极开展革命斗争，进行革命宣传，创造了一段难忘的红色历史。奉嘎山的岁月静好，离不开他们的负重前行。

宁静了两千年，神秘了两千年，奉嘎山这片"世外桃源"，终于还是被人发现，为世人所了解，所向往。时代毕竟不同了，奉家人再也不需要藏匿，不需要在与世隔绝里寻找乐土，他们越来越关心世界，也越来越乐于向世人展现自己。

大熊山: 蚩尤故里是个好地方

◎蒋芳仪

【**大熊山档案**】位于湖南省娄底市新化县境北部，由 40 余座海拔 1000 米以上的山峰组成，总面积为 81 平方公里。最高点九龙峰海拔 1662 米，是湘中最高峰。

大熊山位于湖南省娄底市新化县境北部，距县城 70 余公里，它被许多学者认为是蚩尤故里，也是苗瑶族的发祥地。然而大熊山之名，却与蚩尤无关。

传说五千多年前，蚩尤与黄帝大战。蚩尤战死，黄帝乘胜南下，捣毁蚩尤根据地，收编蚩尤余众。一天晚上，他梦见巨星坠落化为大熊，警告他被包围了。梦醒后他立即撤离了这里。临走时，黄帝将此山命名为"大熊山"，一则应自己的梦，二来表示这里是"有熊氏"的地盘。

其实，大熊山原名大神山，本是因为出了蚩尤这么个"大神"而得名。如今因为战败，本乡人蚩尤的冠名权也被敌人夺去，想来也是悲哀。当然，蚩尤本人未必会纠结这些细节，毕竟他经历了太多——因为战败，他悲哀了几千年，委屈了几千年。直到 1992 年，蚩尤才被史学界正名。历史学家任昌华先生首次提出了蚩尤和炎、黄并为中华民族形成之初的"人文三祖"，打破了成王败寇之说，确立了中华民族同祖同源的观点。蚩尤不再是妖魔的形象，他现在代表的是有血性、勇敢又能拼的形象。

如今我们去大熊山，必然会去拜访"蚩尤场屋"，即蚩尤氏族的聚落遗址。那城门、神像、残基、氏族村落遗址，都似等待了几千年，希望有人去探究历史真实的面目。数千年前，这里曾居住着最早的苗瑶人，一直纪念着自己的祖先，追寻着自己的根与魂，大熊山这块土地上现今还留存着蚩尤部族及其嫡裔苗、瑶古族的许多珍贵遗迹和传说。

熊山古寺位于大熊山的核心位置龙祖山，如今已建成了牌楼、天王殿、圣帝殿、大雄宝殿、观音殿、方丈房、斋房、僧房等一系列建筑，成了湘中地区最大的宗教活动场所。除了熊山古寺，大熊山还有娘娘殿和48座角庵。娘娘殿，也叫老殿或者母殿，位于大熊山顶峰，是蚩尤故里历史最悠久的老庵堂，因此它理所当然成了大熊山境内49座庵堂的中心而称母殿。这些寺庙已修复或保留的有26座，其余23座均属荒芜遗址。大熊山香火旺盛，仅熊山古寺每年就有数万信士入寺朝拜，烧香还愿。

冬季大熊山，雨凇、雾凇组成的雪白世界　卢七星摄

大熊山不仅是神山、宗教之山，也是一座风光秀丽的生态名山。大熊山地处寒武原嵩山大背斜北翼，属雪峰山脉北段中山地貌，从新生界到元古界，展示了完整的地质演变过程。40 余座海拔 1000 米以上的山峰，组成宏大的山体，横亘湘中，连绵百里，最高点九龙峰海拔 1662 米，更是湘中最高峰。大熊山总面积为 81 平方公里，物种丰富，有国家保护的银杏、南方红豆杉、钟萼木等珍稀植物 43 种，以及云豹、草号鸟、红腹锦鸡等珍稀动物 27 种，是湘中第一物种基因库。

如今我们来到大熊山，走过著名的三大峡谷——蚩尤谷、春姬峡、川岩江峡谷，观赏三大瀑布——田家垣瀑布、蚩尤大瀑布、桐子冲瀑布，春天赏十里杜鹃，夏天观万里云海，秋天观满山秋叶，冬天则有雨凇雾凇，不由得感叹，大熊山，真的是个好地方！也怪不得那么多了不起的大人物，想要来这里留下点什么，寻找点什么。

经过了几千年的辗转，蚩尤的心大概安定了下来。上古时期的他，带领九黎氏族部落兴农耕、冶铜铁、制五兵、创百艺、明天道、理教化，为中华早期文明的形成做出了杰出贡献。征战的时候，他身先士卒，浴血奋战，直至战死，即使他最大的敌人黄帝，也对他表示由衷的敬佩。蚩尤死后，黄帝尊蚩尤为"兵主"，即战争之神。因为他形象勇猛，黄帝甚至将他画在军旗上，以激励自己的军队勇敢作战。不管怎么说，蚩尤是条汉子啊！

也正因为如此，除了新化大熊山，还有多地都争着想成为"蚩尤故里"。蚩尤泉下有知，会是怎样的心情？这就不得而知了。

高嵋山：最是故园难忘处

◎蒋芳仪

【高嵋山档案】位于湖南省娄底市双峰县，曾国藩出生地白玉堂之靠山。属九峰山山脉，海拔 200~410 米，拥有森林面积 18 平方公里，是双峰、衡阳两县的天然分界走廊和屏障。

1835 年冬，一个 24 岁的外地青年客居京城，决定不回家过年了。

在此之前，他刚经历了科考生涯中的一次重大失败。这位小镇青年的天资算不上多么聪颖，教导他读书的父亲，也是考了 17 次才考上秀才。他能够在同龄人里脱颖而出——15 岁取得童子试第七名，21 岁考取秀才，23 岁中举人，靠的是笨办法，下的是苦功夫。这一次会试铩羽而归，并未影响他的士气，他决定留在京城复习，明年再战。

然而临近除夕，家家户户都热热闹闹地准备过年，寂寥孤单之下，他还是忍不住思亲怀乡了。不知道为什么，一想到家乡，首先浮现在脑海里的却是一座山。于是他展纸挥毫，写下了一首《岁暮杂感》："高嵋山下是侬家，岁岁年年斗物华。老柏有情还忆我，夭桃无语自开花。几回南国思红豆，曾记西风浣碧纱。最是故园难忘处，待莺亭畔路三叉。"

这位怀乡写诗的青年，就是后来被称为晚清"中兴第一名臣"的曾国藩。双峰县荷叶镇高嵋山下的曾家老宅白玉堂是他的出生地。当年曾家人为老宅取名，也是因为高嵋山上多白石，才取"白玉为君堂"之意命名"白玉堂"的。这也便能理解，高嵋山在曾国藩心中的分量了。

曾家老宅白玉堂槽门　卢七星摄

高嵋山属九峰山山脉，海拔 200~410 米，拥有森林面积 18 平方公里。高嵋山最初并不叫高嵋山，而叫刀面山。顾名思义，刀面山山体就像一把刀，它划过荷叶镇的大地，刀刃朝天，刀尖朝九峰山，山体与九峰山恰成一个"7"字。山势西高东低，山脉全长 9 公里。因为特殊的地理位置，刀面山成为衡阳县与双峰县的天然屏障，其中双峰县的山面是悬崖峭壁，衡阳县的山面是长斜坡，刀面山横截面恰似一个直角三角形。

刀面山是一座石头山，主要由花岗岩组成，内藏瓷泥，有部分钠长石，颜色主要为纯白色和紫红色。当地人说，因为多石，当太阳升起时，刀面山的刀刃线上闪闪发光似白色巨龙。其实刀面山的"刀刃"并不那么顺溜，它有大小不一的九个山坡，还有虎口、排翅口等九个大小通道。平日里山风呼啸，气势惊人，雨天则云雾缭绕，涌向九个缺口，腾空而起，更是美如仙境。

除了石头，山上森林茂密，鸟兽出没，还有许多美味的野果，是乡人的宝藏之地。想必曾国藩也极爱在此地流连，否则也不会如此自然地将它写入诗中了。民间有人甚至传说，曾国藩兄弟在镇压太平天国起义时，掠夺了大量财富，还将其藏于刀面山隐秘的山洞里。至于是真是假，就很难断定了，毕竟没有人找到这个山洞，也没有人看到过藏宝图。

刀面山后来改名为高嵋山，据说也与曾国藩有关。传说他因镇压太平天国运动，杀人如麻，民间有"曾剃头"之名。曾国藩深恶此名，连带恶"刀"，因双峰话里"刀面山"与"高嵋山"谐音，他便将"刀面山"易名为"高嵋山"。这一说法虽然为当地人所津津乐道，却并未有实在的证据，也与曾国藩写《岁暮杂感》的时间相悖。曾国藩在诗中提到"高嵋山"是在道光十五年（1835），离太平天国起义尚有十数年之遥，彼时他还是一个会试不中的复读青年，如何未卜先知未来之事呢？然而当地人选择忽略传说中的不合理性，他们愿意将所有神奇的事情都赋予这座山。

如今，人们来到双峰县荷叶镇天坪村，除了去参观白玉堂，少不了要登一登高嵋山。在当地人的带领下，你就会知道：哪块石头与曾国藩有关，其形状不凡；哪股泉水是曾国藩喝过的，让人耳聪目明；哪个地方曾经是雷祖庙，如今却没有了……今人也创造了新的景观，在高嵋山的半山腰，跨过牛角冲水库引水渠，一巨石临空而立，上有一面鲜艳的五星红旗，颇有一夫当关万夫莫开之气势。游人到这里，总忍不住拍照留念。

如果你在春日登上高嵋山，会看到尤其美妙的景色。山脚下的白玉堂对面是骨骼清奇的笔架山和秀丽精致的印子山，左右两边则是虎形山和飞凤山。白玉堂就在群山之中。门前是半月形的池塘和蜿蜒如带的小河，小河在一大片金黄的油菜地里弯弯绕绕，仿佛浓墨重彩的油画。往来的人们，则在华丽的油画里游走，让天地之间充满了生气。

那一瞬间，你大概就会明白一个 24 岁年轻人的心情。他一定是无数次在这里眺望，无数次感叹这里的美与生机。他是从这里走出去的，这里是他的底气所在。

九峰山：南岳七十二峰之"少祖"

◎蒋芳仪

【九峰山档案】位于湖南省娄底市双峰县东南部，距县城30公里。海拔750.4米，面积约212.7公顷。由九座山峰组成笔架形排列，又被称为南岳七十二峰之"少祖"。

九峰山位于湖南省双峰县东南面，距县城30公里，南与衡阳县交界，东与荷叶镇接壤，西、北毗邻石牛乡，海拔750.4米，面积约212.7公顷。山如其名，九座山峰组成笔架形排列，分别是飞神山、铁钉寨、双乳峰、正托峰、新亭子、鸟飞山、木鱼岭、岳沙岭、雷殿峰，山势雄伟，风光明媚。

九峰山又被称为南岳七十二峰之"少祖"，据说跟一个数学不太过关的武将有关。相传姜子牙斩将封神时，武将崇黑虎受封南岳圣帝，玉帝命坐九峰山。崇飞至此地，坐峰一数只见八峰，再坐另峰一数，仍只八峰，全然忘了自己还坐着一峰，老老实实来回禀玉帝："天下只有八峰山，却无九峰山。"玉帝也没认真核实，毕竟谁也想不到天下还有这样不识数的人，只好命他坐东面遥相对峙的南岳祝融峰，而九峰山也就成了南岳七十二峰之"少祖"。

崇黑虎在祝融峰坐着回望九峰山，只见山奇水秀，灵气过人，而且明明白白就是九座山峰，不由得大为懊恼，因此民间才有了"圣帝回首长懊悔，不该当年数错峰"的歌谣。可能是没有得到的最为珍贵，圣帝身在祝融，心在九峰，每年九月总要前往九峰山去游览观赏一番。为此，民间又多了一个"圣帝显远不显近"的传言，这里的"近"指祝融峰，这里的"远"指九峰山。圣

九峰山森林公园 视觉中国 摄

帝眷顾九峰山，故九峰山有圣帝庙，香火鼎盛，信徒进香总是先拜九峰，再朝祝融。

或许是因有圣人加持，九峰山一直发展得很好。唐大历年间，有两位僧人定静、慧极各取名字中的一字，建"定慧庵"于此，这里便成为湘衡佛教发源地之一。明代时，定慧庵"千人烧香，万人拜佛"，僧徒百余人，中有道行和年事较高的四十八人，分赴各处说法，繁衍为四十八支，并兴建了九峰附近的新兴、永兴等四十八处禅林，信徒云集，为佛家圣地。定慧庵前有始于唐代的三棵银杏和一株皂角树，胸径均在 1.4 米以上，高超 27 米，至今枝叶婆娑，青翠欲滴，其中两株更是形成了世上少见的"千年连理枝"壮观景象。北面飞神山，海拔 560 米，山顶宽敞平坦，有五棵高 25 米、胸径 1 米的百年迎客松，围成一圈，参天耸立；主峰之上"美女梳头"，形态逼真迷人。

也有人看中了定慧庵清静，是个学习的好地方。曾国藩父亲为了让曾国藩定性，每天赶六里路也要将他送到这里来读书，因此定慧庵还变成了曾府的家教馆。曾纪泽有诗云："寄语九峰山下士，汲泉应及在山时。"朱尧阶先生亦有诗云："九峰云起作霖雨，古路林深有道风。"后来曾国藩一路读上去，成就远超过父亲，看来在定慧庵里读书还是有效果的。不过今天我们再去拜访定慧庵，看到的却是一座观音寺。这是后人在定慧庵被毁的原址上修建的，不出所料，香火依然很旺。

也有人说，九峰山形似笔架，所以多出文韬武略之奇才。九峰山周围方圆不到九公里，除了曾国藩，还走出了王船山、罗泽南、彭玉麟、曾熙、唐群英、蔡和森、蔡畅等一大批名人，均是在各自领域的杰出之人。更妙的是，九峰山对于众生是平等的，就算是普通人在此，生活得也格外滋润一些。九峰山脚下，溪江乡九峰村就是远近闻名的"长寿村"。据几年前的新闻报道，全村人口仅 2450 人时，80 岁以上老人便多达 72 人。而溪江乡 80 岁以上老人有800 多人。而且这些老人大部分精神矍铄，腿脚灵便，有的老人近百岁还自己做饭吃，甚至还去爬山。

试想，一个经历了百岁沧桑的老人，从小就生活在这里，那他一生中会爬多少次九峰山？现在来九峰山的人，除了观赏各种景点，少不了也要爬上最高峰正托峰，去看看山上的风景。正托峰现在四角都有眺望台，在那里，人们能看日出、日落、云海和森林，更能将衡阳、湘潭、湘乡、双峰、衡山五县市尽收眼底。也许只有登上这座山的人，才会明白为什么有人爬一辈子山，也看不腻这高处的风景。

也许是站得高的人，看得也远也全，格局不同，心胸自然开阔。天赋过人者，可以救国济民；资质普通者，也可以畅意一生。九峰山，这座神仙都眷顾的山，想必也是用这种方式在眷顾世人吧。

龙山：龙之所居，庇佑万民

◎蒋芳仪

【**龙山档案**】位于湖南省邵阳市新邵县东部与娄底涟源南部，山脉横亘涟源、新邵、邵东、双峰四县（市）。呈南西至北东走向，东西长 50 公里，南北宽 25 公里，总面积 3936.4 公顷。

龙是中国人的神，能显能隐，能细能巨，能短能长。龙在传说里，春分登天，秋分潜渊，行云布雨，庇佑万民。

位于湖南省邵阳市新邵县东部与娄底涟源南部的龙山，山脉横亘涟源、新邵、邵东、双峰四县（市），传说中是龙的居所。

龙山山脉呈南西至北东走向，东西长 50 公里，南北宽 25 公里，总面积 3936.4 公顷，号称"百里龙山"。龙山山体庞大浑厚，山势高峻挺拔，且有四十八面山峰，峰峰蜿蜒伸展如龙，因此又有"四十八面龙山"之称。

身为聚龙之山，龙山俨然也有龙的担当。凛冬之际，北方刮来强大的冷空气，是它以自己的身躯抵挡着，给南边的生灵一个温暖的肩膀。要知道邵东县在冬季的温度，可是比龙山北面的涟源市高出 2℃以上，那些飞禽走兽也是躲在它身后避寒，才熬过一个个不容易的冬天。天长日久，龙山成了一座动植物资源极为丰富的宝山。龙山森林公园境内森林覆盖率 88.3%，有高等植物 1000 多种，国家重点保护树种 7 种，药用植物 50 多种，形成了一片独特的森林景观。

龙山对于生灵的眷顾和深情，是既厚重又长远的，还有一种细腻的温柔。它的好，一千五百多年前，就有人发现了——他就是孙思邈。这个被当朝

奉祀孙思邈的龙山药王殿

天子称为"药王"的人，原本可以凭借自己的所学登庙堂之高，享人间富贵，但是他却选择了淡泊名利，遍历名山，去寻找救治世人的药。当他来到龙山，发现山上到处生长着他需要的药草，喜不自胜，于是在这里采药炼丹，撰写医书，写出了流传千古、救治万民的医学巨著《千金要方》《千金翼方》。

为了纪念孙思邈，人们修建了药王殿，龙山也因此被人们称为"药山"。药王殿始建于唐，后经历代修葺，至清光绪十三年（1887）具现时遗址规模。全殿占地900平方米。殿高约8米，全系浮雕石刻。外墙由巨型花岗岩条砌成，顶盖大铁瓦。殿内立有唐太宗李世民御笔亲书的石刻"圣旨"《赐真人孙思邈颂》，殿内存有孙氏实用药方和历代积累的祖传秘方1240个。正殿门额石刻"药王殿"三字，则由清代中兴重臣曾国藩登龙山拜祭药王时手书。另有碑刻、石雕多处，均出自名人手迹。药王雕像奉于佛堂。殿内有古泉一口，泉水终年不断。如此高处竟有甘泉，也是一绝。

龙山周边地势平缓，多在海拔200米以下，唯它平地崛起，以20~40度的坡度急剧抬高，直插云天。其主峰岳坪峰本来就高，海拔1500多米，还常有磅礴的云海出现，景观颇为独特，加上有了这座药王殿，就比其他峰显得更为意气风发，神奇俊秀。清代学者阎之望有诗云："攀罗直上最高峰，峰势湾环一径通。""回首天梯都历尽，到门才打午时钟。"将岳坪峰的巍峨气势描写得淋漓尽致。岳坪峰是游人必打卡之处，在峰顶远眺，能达百里之遥，邵阳、娄底、涟源、双峰、湘乡一带锦绣山河尽收眼底，堪称登高望远的极佳

林木葱茏的龙山森林公园　卢七星摄

胜境。

　　在龙山的孕育与庇护之下，龙山人也继承了龙山的精神。他们就像龙一样，就像山一样，心系天下，勇于担当，爱国爱党，不畏牺牲。中共湘西南特委旧址纪念馆，坐落于龙山之脚，俗称"新花院子"，系清朝道光四年（1824）当地进士陈禄林修建。1928年，中共湘西南特委由宝庆五里牌迁入龙山，机关设在此院。他们发动严塘、小合田、团山等地农民成立了农民协会，组织开展龙山工人运动，并在此院成立了第一支部委员会。湖南省南学会邵阳分会会长樊锥曾在这里传播进步思想，一代又一代革命先驱和共产党人在这里谱写革命壮歌。一代代后人前来参观，听讲解员讲述过去的革命故事和红色记忆，都忍不住心潮澎湃，热血沸腾。

　　如今老百姓的日子好了，龙山却并未清闲下来。在龙山山脉腹地，新邵县龙山林场，龙山人修建了新邵龙山风电场。风机主要布置在山顶及靠近山顶的缓坡地带，将天地之风，幻化为电，为千家万户带来光明和动力。

　　龙山，默默无闻地为人们付出了太多。一座山做到这个地步，除了让人感佩折服，还能说什么好呢？

黄桑: 那狗, 那人, 那山

◎李玲

【黄桑档案】位于湖南省邵阳市绥宁县西南部。南北长 25 公里, 东西最大宽度 19.5 公里。有森林面积 1.7 万公顷, 其中原始次生林 1.57 万公顷。

二十年前, 一部讲述乡村邮递员父子的电影《那山那人那狗》蜚声海内外。电影中, 这对父子跋山涉水, 给与世隔绝的村村寨寨带来外面的消息, 背景是湘中偏西南地区绝美的自然风光。正是这样的景致驱使我在入夏之后, 驾车前往取景地黄桑。

黄桑国家级自然保护区位于湖南省西南部八十里大南山北坡与雪峰山南麓交接处, 这里地处湘桂边界的都庞岭主脉, 共有海拔 1000 米以上峰峦 16 座, 是真正的大山深处。行驶在盘曲而上的县道, 所见除了山还是山, 除了绿还是绿。

下了车, 一条土狗先迎上来, 毛色芜杂却油亮, 四肢短小却健壮, 眼神很有几分警觉, 叫声更让我吓一大跳。我抬眼一看, 前方是一座高大的木门, 上书"上堡"二字, 原来已至属黄桑国家级自然保护区核心地带的上堡古国。

这是一个遗世而独立的村寨, 海拔高达 800 米, 东西南北四面皆是高山, 500 余亩梯田环绕村寨, 依山修建, 层层叠起。群山合抱之中, 苗、侗、黎、瑶四个少数民族聚居, 共有几百户人家, 村寨里随处可见榫卯连接的木屋, 潺潺流淌的小溪, 悠然戏水的野鸭和信步闲庭的土鸡。

上堡村民族风情浓郁的民居

当地流传一首民谣："界溪省，巴流府，雪林州，赤板县，上堡有个金銮殿……"唱的是上堡古国的由来：这里自古便是苗疆要冲，公元 1436 年，因不满朝廷对少数民族的剥削和压迫，农民起义领袖李天保率领湘桂黔边境侗族、苗族村民 3 万余人揭竿而起，建立上堡国，修建金銮殿，自封为武烈王。这场起义最终在封建统治者的血腥镇压下失败了，留存至今的金銮殿、校马场、点将台、忠勇祠、旗杆石等历史遗迹，处处体现着先人不畏强暴、不怕牺牲的精神。

漫步在村寨，时不时有犬吠响起，我不再觉得刺耳：对生人怀有警惕是狗的天性，这片土地不屈的灵魂一定也浸润了它的气性。

在上堡古国的源头山上，生长着 38 棵 30 余米高的长苞铁杉。这种第四纪冰川时期的孑遗植物生命周期长、抗腐能力强，被称为"植物界的活化石"，生长形态别具一格，常常根连理、干连理、枝连理，是婚誓和友情的象征。为探访这片铁杉群落，我赶在天黑之前来到源头山脚下。

山脚下有一间客栈，由几栋客房围成一个宽阔的院落，专供游人休憩落脚。也许是交通不便的原因，仲夏时节，前来消暑的游人并不多，我几乎一人独享这处山间别墅。饭后，客栈女主人端出当地的特色美食米花饼，我跟她饮茶闲聊。得知她是地地道道的侗族姑娘，外出南下打工十余年，心里始终牵挂家乡，最后带着积蓄离开都市，回到山里做起民宿生意。

第二天，她起了一个大早，带我沿客栈后面的水泥台阶一路拾级而上。山间晨雾缭绕，宛若仙境，农人总说"十雾九晴"，表示这会是一个大晴天。待我们来到山顶时，果然天光大亮，38棵笔挺的铁杉入眼，披着金色晨曦如刀枪不入的战士。树根暴露在地面上，盘虬卧龙，仿佛缠绕着整座山坡，替那些漂泊在外的山民守护家园。她走过去抱住最大的一棵铁杉，示意我它有多么粗壮。

看着她明亮的笑容，我恍然大悟：有温柔的山风、热闹的蝉鸣、闪烁的星空和高耸的铁杉相伴，即使没有客人，她也不会寂寞。

上堡古国面朝牛坡头，这是绥宁第一峰，又称高坡，海拔1913米。据说当年武烈王李天保称帝之时就在牛坡头顶祭拜天神。山上草甸草场连片，春耕之后，邻近绥宁、城步、通道三县的山民把家养的耕牛野牧于此，待来年春耕之前再上山寻牛。当地人云："头顶青天，脚踏大地。天高地厚，岁月悠悠。"

登顶牛坡头有三条路可走：一是从绥宁县城开车前往城步丹口，再徒步30多公里；二是从绥宁县城开车前往通道木脚，再徒步30多公里；三是从上堡古国出发，全程徒步，沿山路攀爬约三个小时。

山路蜿蜒狭窄并不好走，路上间或看到枝头飘荡着红丝带，大概是户外运动爱好者留下的路标。直到登上山顶，眼前才豁然开朗：抬头仰望，一座座乳白色的大风车在蓝天下慢悠悠地旋转；极目远眺，白云翻涌成海，山头有高有低，错落起伏；低头凝视，满山的草，满山的绿，几头耕牛低头食草，各不相犯，逍遥自得——有什么好争抢的呢？这漫山遍野的青草都是它们的。

吹着山风，电影画面在我脑中闪现，与现实场景交叠。如今，当地政府积极推动生态文化旅游，带领山民脱贫致富，黄桑已不是养在深闺人未识的处子，却又似乎一切如昨：忠实护家的土狗、热情大方的侗族姑娘，还有青翠欲滴的群山。

瞧瞧身上的黄色防晒衣，我有些恍惚，这趟旅程仿佛正应了《那山那人那狗》原著结尾那一句：一支黄色的箭朝那绿色的梦里射去……

崀山：山之良者

◎李玲

【崀山档案】位于湖南省邵阳市新宁县。总面积108平方公里，属于典型的丹霞地貌。国家5A级景区，入选世界自然遗产名录。

早就听闻，桂林山水甲天下，崀山山水赛桂林。一位崀山友人每每提起家乡，总是一副自豪的神情。想去崀山已久，这一次终于成行。

去了才知道，崀山原来不是一座山，是对当地山水的统称。县志记载，当年舜帝南巡时路过新宁，见这方山水非常美丽，便脱口而出，"山之良者，崀山，崀山"。"崀"字由舜帝造，在《现代汉语词典》中只有一个释义，"崀山，地名，在湖南"。

友人说，崀山最美的是丹霞地貌，一定会让你大饱眼福，终生难忘。我们的第一站是八角寨，这里是欣赏丹霞地貌的绝佳地点。

在向导指引下，我们登上八角寨的顶峰。山顶的视野异常开阔，人才刚刚站稳，眼睛便被浓烈而特别的美丽所充盈。高低错落的峰丛与深浅纵横的沟谷交替排列，形态多样的石峰石柱绵延不绝。石峰石柱周围是陡峭的崖壁，有红色的岩石裸露在外；而峰顶的平坦之处，却长出一簇簇葱茏的绿树，远远望去，像一个个时髦的"朋克头"，个性十足，又释放着简单快乐的因子，神奇而壮观！

"我站在八角寨顶上的时候，有一种一见钟情的感觉。那具有强烈视觉冲击力的景观让我毫无疑问地认为，这个地方具有极好的令人震撼的优美景

崀山胜景，美如画卷

观，这样的景观是世界遗产所期望的。"2008 年 9 月，国际专家、新西兰奥克兰大学教授保罗·威廉姆斯在考察评估崀山时发出感慨。IUCN（世界自然保护联盟）专家沃博伊斯看到此等美景也禁不住眼睛放光，一连说了几遍："谢谢你们，谢谢你们把我带到这样一个美妙的地方。"

带着对丹霞美景的留恋与不舍，我们赶往另一个景区——天一巷。天一巷隐藏在高大狭窄的石缝之间，从外面乍看，前面好像没有路了，实际上却有一条巷道通连。天一巷全长 238.8 米，两旁石壁的高度从 80 米至 120 余米不等，笔直平滑，就像刀劈斧削的一样。石壁上面有很多成双成对的石孔，像牛鼻子，所以过去人们管这里叫"牛鼻寨"。

"天一巷"这个名字，是由地洼学说创始人陈国达命名并题字的。他在崀山考察后，曾赋诗一首："百寻峻岭一裂线，疑被巨人劈两边。人在缝中如入地，幸凭丝毫辨青天。"2009 年，天一巷被世界纪录协会评为"世界第一巷"，成为天然巷道中真正的世界第一。

天一巷是天然形成的石缝，最宽处有 80 厘米，最窄的地方仅有 33 厘米，即便是身材瘦小的人也要侧身通过，有些地方还需弯腰而行。走在巷道里，感觉人像到了"地底"，又像在穿越时空隧道，抬头只能看到一线天，神秘而惊险。偶尔有阳光照进来，两旁的石壁不时有水滴落，让人真切地感受到自然的伟力。因巷道极窄，只能单向通行，若有人走回头路，巷内便会"堵车"。

如今，崀山的六大景区八角寨、天一巷、辣椒峰、夫夷江、紫霞峒、天生桥各具特色，游客络绎不绝。崀山从默默无闻到闻名遐迩，有一个人功不可没，他就是崀山乡前乡长唐吉斌。早在1991年，唐乡长就做出封山育林、发展旅游业的规划，面对干部和村民的反对，他始终坚持。后来，在邓小平南方谈话掀起全国各种开发热潮的大背景下，新宁县成立了山丘开发办公室，崀山的发展才开始步入正轨。

再往前追溯，崀山的另一个高光时刻，是晚清时期。据地方志记载，太平天国运动时期，新宁县人战功赫赫，功名加身，朝廷四品以上文官武将有200多人。新宁也因此被人称为"将军县"。很多当地人会向游客介绍，这是夫夷江畔那块"将军石"的风水所佑。

将军石是一座由丹霞地貌山体发育到晚期形成的石柱，远远看去活像一位古代的武将，除顶部略小外，上下等粗，周长40米，位于崀山镇崀山村夫夷江边。乘船至观圣石远眺，只见"将军"背负青天，下临碧水，昂首挺胸，气吞山河。

崀山众多石峰中，不得不提的还有辣椒峰和骆驼峰。两座山峰均以形状命名：一座头大脚小，像极了辣椒；一座中间两块高高凸起，神似骆驼。两峰毗邻相望，你可以在辣椒峰上看"骆驼"，也可以在骆驼峰上看"辣椒"，意趣盎然。

南山：不只是浪漫的草原国度

◎李玲

【南山档案】位于湖南省邵阳市城步县西南。属雪峰山脉南段，绵延 80 余里，平均海拔 1760 米。有 48 坪、48 溪，23 万亩草山草坡，被誉为"南方的呼伦贝尔"。

南山，一个极浪漫的名字，让人不自觉地便会想到那首歌："南山南，北秋悲，南山有谷堆……"城步的南山没有谷堆，却有一望无际的草原，有漫山遍野的杜鹃，有节能发电的风车，有红军长征的故事……有你对草原的一切想象，还有很多让你意想不到的风景。

南山的平均海拔超过 1700 米，这使得它成为湖南人首选的避暑胜地。即便在最炎热的七八月份，这里的平均气温也不到二十摄氏度。何等的舒适惬意！我们对这次旅程充满期待。

从长沙出发，到南山有近七个小时的车程。连续在盘山公路上行进，让人有一种眩晕的感觉。索性闭眼小憩，全然不管窗外的群山兀自挺立。"终于到了！"随着同伴的一声呼喊，我望向窗外，瞬间惊叹于眼前平坦开阔的连片草原，之前的种种不适统统不见影踪。

夏季正是水丰草美的时节，成片成片的草地向远方铺展开去，跨过一个又一个山坡，一座又一座山头，不知尽头在哪里，仿佛要一直铺到天上去。不远处的山坡上，十几头奶牛正悠闲地吃着青草，身上黑白相间的花纹在浓密的绿色中格外惹眼，真真是"风吹草低见牛羊"。第一次看到草原的我被震

绿草如茵的南山牧场

撼到了。我清晰地感受到这片草原散发出的无穷无尽的生命力，那么鲜活，那么饱满，那么浓烈，让人忍不住想要融入其中，像可爱的奶牛一样从中汲取养分，补给能量。

我定定地站了一会儿，好让心情平复一些。正往前走着，发现有当地人在售卖鲜牛奶和酸奶。"这绝对是天然的绿色食品。"同伴赶忙上前，想尝尝鲜。怕牛奶味道太浓，我选择了酸奶。手工制作的酸奶口感细腻，浓稠适中，比超市卖的酸奶要略酸一些，整体上味道很不错。做酸奶，是很多当地人都会的手艺，也是常见的小本营生。

南山一张亮眼的名片就与牛奶有关，这里有我国南方最大的现代化山地牧场——南山牧场。南山牧场筹建于 20 世纪 50 年代，建成于 70 年代，由时任国务院副总理的王震指示创立。红军长征时王震路过此地，曾言："等全国解放了，一定要在这里办一个大牧场。"南山牧场不仅有得天独厚的资源，更有先进创新的管理。三十年前，南山牧场就按照"公司 + 农户 + 基地"的模式，在国有牧场中率先打破了"大锅饭"，全面推行"家庭牧场制"。1981年以来，牧场一直稳步营利。矗立山头的"中国第一牧场"石碑，清晰地印刻着南山牧场的成绩与荣光。

南山的发展与草原息息相关，但如果你以为南山就是一个浪漫的草原国度，那你就错了。如果说草原是南山女性化的柔美一面，那以老山界为代表的崇山峻岭就是南山男性化的雄壮之姿。

中宣部前部长、我党重要作家陆定一先生曾写下散文《老山界》，讲述长征时红一方面军艰难翻越老山界的历程。天黑行军，连夜翻山，战士们饿着肚子，抬着伤员，点着火把，半夜只能在一尺来宽的山路上休息，但他们还是战胜了饥饿、寒冷、高山、陡坡，战胜了敌人。这需要何等坚强的意志啊！

陆定一在文中写道："将来要在这里立个纪念碑，写上某年某月某日，红军北上抗日，路过此处。"后来老山界确实立了碑，题了字，红军当年走过的路也取名为"红军路"。若是在夜晚将这路走上一遭，相信你一定感受很深刻。

《老山界》文字质朴，亦无技巧，却真真最打动人，尤其是结尾那句："老山界是我们长征中所过的第一座难走的山。但是我们走过了金沙江、大渡河、雪山、草地以后，才觉得老山界的困难，比起这些地方来，还是小得很。"读到这儿，感觉内心最柔软的地方一下子被戳中了。我们平凡而琐碎的生活不正是这样吗？随着年龄增长，阅历渐丰，内心的容量也愈加富有弹性，曾经感觉迈不过去的坎和无法战胜的困难，待走过后回望，都只剩淡淡一笑。这笑容里有曾经的挣扎、痛苦，努力、坚持，更多的是成长的欣慰与快乐。虽然无法亲身体会红军当年的艰苦，但我们也曾经历着同样的心路历程，这已足够幸运。

南山还有太多值得说道的：云雾千变万化、散落着发电风车的青塘坳，登南山之巅、观日出美景的大丫口，被中央军委表彰、拍摄同名纪实电影的"高山红哨"……

有机会，请到南山来看一看。

云台山：青山与黑茶

◎余音

【云台山档案】位于湖南省益阳市安化县马路镇。属雪峰山脉北段，海拔998.17米。全国21个优良茶叶品种之———云台山大叶茶的原产地。

这座山的名字，普普通通。若放在人群中，大约像是"雪琴""素芬"这样的人名，极易重名。这座山的样貌，并不出挑。它有的景致，是大部分南方秀丽的山峰都有的：云海，飞瀑，花与树，星空与晚霞。夏季避暑，冬季赏雪，秋季看层林尽染，春季看山花烂漫，一座山与自然的所有关联，它都有，但又都没什么特色，便因此显得平淡起来。这座山的历史，平平无奇。除了山巅那个可以从县志中查出来历的真武道观，没有太多值得说道的古迹。岳麓的厚重，衡山的香火，雪峰的悲歌，这些浓墨重彩的历史印记都与它无关。它的怀抱中，虽然生活着200多户人家，但这些子孙中，尚没有一个能够名垂青史。

它叫云台。据说在这里，一年365天，有200多天能够看到云海气象。我猜测，这大约就是它得名的原因。这样的一座山，正如每一个面目普通的你我一样，淹没在湖南的群山之中。但我若再说出另一个名字，你就能立刻察觉到它的不普通。倘若将湖南的群山置于舞台之上，那个名字便如一道聚光灯，"唰"一下照亮整座云台山，让它的面貌凸显出来。

这道聚光灯，叫安化黑茶。安化置县将近一千年，历来有"先有茶后有

云台山的冰碛岩，成就了安化黑茶　陈敏捷 摄

县"之说。明代嘉靖年间《安化县志》记载，安化茶树"山崖水畔，不种自生"。按产地区分，安化黑茶分为道地茶和外路茶两种。道地茶就是安化县境内所产的本地茶，其中最负盛名的产茶地之一，便在云台山。

　　云台山与安化黑茶，是相互成就的。云台山优良的水土，孕育出别具风味的安化黑茶，而名声大噪的安化黑茶，又加深了人们对云台山的印象。好茶需要好水土。云台山属于亚热带季风气候，常年云雾缭绕，湿度大、降水多，再加上该区域山险谷深，林木茂密，负氧离子高，形成了适宜茶叶生长的环境。单单是这些，倒也不出奇，若有机会站在云台山顶，你便会发现云台山产好茶的秘密：一层层苍翠之中，藏着一块块灰白的石头，远远望去，绿白相映，十分好看。

　　这便是云台山上的冰碛岩。冰碛岩是世界上的稀有石种之一，约六七亿年前，地球上先是发生全球性的"冰盖气候"，把地球冻成了"冰球"。冰期结束后，"热室气候"紧接着席卷而来，"冰球"变"热球"。这一冷一热，考验着地球上无数生物的适应性，也造就出一种特殊的岩石——冰碛岩。诞生于极端的地球环境下，这种岩石坚硬又脆弱，内里常常夹杂着一些砂岩、小生物化石。它们散落在安化的土地上，一年、两年，与其他岩石一样，任千万年的光阴流水般从身上冲刷而过。

陆羽《茶经》有云："上者生烂石，中者生砾壤，下者生黄土。"可能又过了很多年，一只鸟，或者是别的动物，衔来一颗种子，恰巧落在了冰碛岩的缝隙中。绿色的种子从石头缝中颤巍巍探出了头。经阳光雨露滋养，从岩石中汲取养分，它渐渐长出壮硕的叶片，这与它家族中的大多数面貌不同——在"茶"这个家族中，很少有这么"大块头"的家伙。

这样的"大块头"，懵懵懂懂野生了又不知道多少年，方被一双双巧手采下，晾晒、揉捻、发酵、烘干。正如一抔黄土，经千锤百炼后脱胎换骨成为瓷器，那一枚枚生于自然之中的树叶，经制茶老手加工，沉淀成一块块茶砖。这一块块茶砖，从益阳出发，远销西北甚至国外，最后在一杯杯净水中舒展开来，回归最初自然的模样。

喝着它们的人，是否从一杯清茶中看到了千里之外的云台山？这个我们不得而知，但整座云台山，无论从哪个角度去看，都能看到茶的影子。所谓山中有茶，茶中有山，位于半山腰的"云上茶园"，本身就是山中的一道风景。

从山巅俯瞰茶园，你一定会为之震撼：接天的碧绿随风起伏，阳光均匀跳跃在每片绿叶之上，给它们镀上了最好看的色彩。若是有幸在雪天观景，还会看到一片莹白之下冒出的点点青绿。就这样，经自然风霜雨雪，经人工千锤百炼，再远行千里万里……小小一片茶叶，竟然会度过这样传奇的一生。

整座云台山，围绕"茶"字做足了文章。如今的云台山，还多了一个"网红打卡"的好去处——飞机茶餐厅。一架波音 737 飞机，经改装后成为游客们的绝佳休憩地。登上飞机，体验模拟驾驶飞机，再喝上一杯云台大叶茶，这样的休闲方式，也算是应了云台山那句广告语："山下看洞，山腰品茶，山上'做神仙'。"

兔子山: 填补关于历史的想象

◎余音

【**兔子山档案**】位于湖南省益阳市赫山区三里桥铁铺岭东北端，海拔约 45 米。2013 年发现 1.3 万余枚简牍，年代从战国、秦、汉一直到三国吴。兔子山遗址也因此成为湖南乃至全国 2013 年度的重大考古发现。

公元前 209 年，秦朝末年，一个极其普通的日子，阳城（今河南登封东南）的地方官派了两人押送九百名"壮丁"去渔阳（今北京密云县西南）防守。行至途中，恰逢大雨，道路不通。眼看着最后期限一天天临近（那个时候，迟到可是要杀头的），两名在"壮丁"中颇有威望的小伙子，一个叫陈胜，一个叫吴广，一商量，揭竿而起，后建立张楚政权。

这个"张楚"政权仅仅存在了一年。若和之后的农民起义相比，宛如流星飞逝，但它的存在在历史长河中却有着不容忽视的意义——它是中国历史上第一次农民起义。早在中学语文课本里，我们便背诵过"大楚兴，陈胜王"的歌谣，但关于陈胜、吴广起义后建立的张楚政权，除了《史记》中的记载，几乎没有找到任何实物佐证。隔着两千多年的岁月，人们对于这个昙花一现的政权，大部分只能靠想象了。

直到 2013 年，益阳铁铺岭东北端，一座叫兔子山的"小土包"里，才发现了关于张楚政权存在的实物。在兔子山的一口古井中，发掘出一个六角形瓿，上清晰刻有"张楚之岁"四个字。小小一只酒器，宛若从历史这件堆叠着无数图案

兔子山遗址入口处的"简牍墙" 卢七星 摄

的宏大衣袍上跑出的线头，顺着它往上捋，才能还原出这件衣袍最初的模样。

而兔子山带给大家的惊喜，远不止这些。通过考古发掘，专家推测兔子山遗址是楚、秦、两汉、三国吴各朝益阳县衙署所在地，这里出土的大量简牍，是益阳一地的档案，内容几乎包罗了当时政治、经济、社会生活的方方面面。除了出土1.3万余枚简牍，兔子山遗址还发现了大量陶瓷器、漆木器、铜镜、铁器、木制生产工具。

文字与实物叠加在一起，既填补了益阳远古历史的空白，又为研究各朝政治、经济、司法制度，乃至官吏、百姓的日常生活打开了一扇窗。从这些历史碎片里，我们还原出几千年前丰富的生活场景。

有的体现出法律制度的完备。比如一枚长49厘米、宽6.5厘米的简牍，上书隶书100余字，记录了一个名叫"勋"的官员因贪污受罚的事。西汉时期，益阳县每年都要向刘姓长沙国上缴钱粮，勋在一次缴纳钱粮的途中，"挪用公款"，贪污了250钱。被发现后，勋不仅退还了全部赃款，还坐了三年牢。可见汉朝的"反腐倡廉"制度十分严谨。

有的体现出个人情感的柔软。在一口古井中，发现了多枚"问起居"的木牍。"问起居"是一种书信的形式，木牍上，"身体有无恙""再拜""磕头"等词句频频出现。结合另一些记载兵役的简牍，一幅画卷缓缓在我们眼前展开：服役的丈夫，一步三回首地告别妻儿与年迈的双亲，在千里之外，就着微弱的烛光、星光，郑重写下一行行对亲人的挂念……这样的简牍在江苏出土过，可见汉代不仅实现了政治经济上的大一统，在文化上也有了充分的发展。

　　有的体现出楚地民俗的神秘。出土的文物中，有一个小巧的木偶人。木偶人通体漆黑，只有面目用红漆描画，在木偶人的心脏部位，还有一个圆形小孔。据考证，这种木偶人用于实施巫蛊之术，它代表着被诅咒人，施法者会用针去扎木偶的心脏，发泄心中的情绪。汉代巫蛊之术盛行，再加上楚地文化中，"巫"元素一直占据重要位置，所以在兔子山发现这个小木偶人，倒也不足为奇。只是不知道，小小一只木偶背后，又隐藏着怎样一段爱恨情仇。

　　还有的体现出工匠技艺的高超。一块长 1.6 米、宽 63 厘米、厚 20 厘米的回字纹空心砖，骄傲地向世人展露着优美的身姿。这种砖，纹饰优美、制作精良，是一种建筑构件，之前只在陕西咸阳出土过，南方十分罕见。根据同一位置出土的简牍，可以初步判定空心砖的生产年代为秦汉相交时期。这种空心砖不仅能更均匀地承载重量，而且能够节省建筑材料，保持建筑本身的通透性。不得不赞叹古人的智慧和高超的技艺！可以推测，这种空心砖是益阳县衙的建筑材料。目光抚摸过空心砖精雕细琢的花纹，一栋气势恢宏的古建筑，在一砖一瓦的搭建中，便有了清晰的模样。

　　因为有了这些重大的考古发现，毫不起眼的兔子山突然高大起来。不过这样的兔子山，也经历了一波三折的命运考验。

　　早在 20 世纪 80 年代，便有证据推测兔子山所在的铁铺岭是数千年前的益阳古县城。沉睡的兔子山，直到 2013 年进行房地产开发时才得到了抢救性发掘和保护。后来，因为种种原因，这里又成为一片荒地，一时间杂草丛生，蛇鼠出没，光环还没退却，就再次陷入沉寂。时隔五年，2018 年 4 月，兔子山遗址考古现场保护与环境整治工程正式启动，才有了它如今修葺一新的模样：出土过重要文物的古井，被人们用玻璃罩保护起来，每一个重要的文物出土地都有了介绍石碑，供后人了解几千年前的历史。

　　在起起落落的时光中，兔子山始终静立在那里，不悲不喜。一阵风吹过，山头发出呜呜的声音，仿佛在诉说着千年的沧桑与荣光。

碧云峰：钟灵毓秀是此山

◎宾丝丝

【碧云峰档案】位于湖南省益阳市赫山区沧水铺镇，海拔502米，是衡岳七十二峰之一。全山外貌形似九江匡庐，故自古有"小庐山"之称。

起伏绵延的衡岳山脉在益阳沧水铺过境。在这里，有一座远近闻名的山峰——碧云峰。

碧云峰，古称熊湘山，又称清修山、青秀山。翻开《益阳县志》便可知道，碧云峰原是青秀山的最高峰。后来人们因碧云峰为青秀山最高峰，便让碧云峰成了青秀山的代名词。在碧云峰山坡上发现了角砾岩，由此推断出这里曾是一座火山，时间可追溯到7亿多年前。作为衡岳山脉七十二峰之一，碧云峰海拔502米，是益阳境内最高点。碧云峰山势雄伟、青松林立，药草繁茂、银瀑飞泻。宋朝名相李纲在任湖广宣抚史时，慕名前来游览，被其打动，提笔写下一首诗："盘纡石磴白云间，风落岩花满路斑。峰岭横斜自重掩，个中真是小庐山。"这是李纲对碧云峰由衷的赞叹，也是碧云峰秀美风景的真实写照。由此，碧云峰便有了"小庐山"的美誉。

每年夏秋两季，无数游客来此观光，只为一饱眼福。狮子口、杏花坪、蛙鼓石、衫抛顶、马蹄印石、四坪八景、九峰十坳等二十多处景点引得游客流连忘返。和游览其他名山一样，山顶是最佳观赏之地。俯瞰脚下群山、山间云雾，好景尽收眼底，一种开阔豁达、宁静舒爽之感油然而生。

碧云峰顶一览众山

如果说山的巍峨赋予了碧云峰刚强与力量，那么水的灵动则让碧云峰有了温柔与细腻的一面。从宝林冲村上山，沿着石阶拾级而上，一湾碧水便映入眼帘。这湖名为月形湖，湖水清澈，底部水草清晰可见。据当地人说，月形湖周围的地形似一个聚宝盆，喝了这儿的湖水能走财运。这样的传说怕是能吸引不少人专程前往。继续往前走，便能见到一座极其简易的桥，在桥边尝点清澈的溪水再赶路，惬意极了。

一座名山，除了要有别致的自然风光，还要有深厚的人文底蕴。西汉史学家司马迁在《史记》里这样记载：轩辕"披山通道，未尝宁居。东至于海，登丸山，及岱宗。西至于空桐，登鸡头。南至于江，登熊、湘"。有学者认为，这里的"熊、湘"是益阳县的熊湘山，即碧云峰。碧云峰是黄帝南巡的最后一站，在这里，黄帝完成了编乐、封禅、结盟等一系列壮举。此外，相传大禹在洞庭湖治理洪水期间，为察看水势，也来过碧云峰。人们感念他的恩情，特在碧云峰上建了一座禹王台。这些历史记载和传说都为碧云峰增添了不少人文底蕴。

碧云峰顶的雷音寺、山腰的清修寺、山谷的宿水禅林和山麓的虎溪桥都是游客必到之处，它们与佛家、道家文化有着密不可分的联系。晋代道士葛洪曾到碧云峰炼丹，在此写成名著《抱朴子》。佛家慧远大师来此地参悟净土法门，并在碧云峰上创建远公道场，让此地成为了汉传佛教的策源之地。雷音、清修、禅林、虎溪……这些具有浓厚佛家、道家文化色彩的名称，和那些前来此地修炼传教的人，一起构成了这座名山的鲜明特色。

碧云峰不仅留下了黄帝和大禹的身影，佛家、道家文化的印记，还有无数文人墨客的足迹。"诗仙"李白曾云游到此，留下了千古绝唱《菩萨蛮》："平林漠漠烟如织，寒山一带伤心碧。暝色入高楼，有人楼上愁。玉阶空伫立，宿鸟归飞急。何处是归程？长亭连短亭。"碧云峰装下了李白的忧愁。宋代陈岩还专门为碧云峰作了一首小诗，诗名即为《碧云峰》："瘦藤引我上崚嶒，苍壁如梯石作层。袖得碧云无用处，却将分赠住山僧。"南宋文人张栻也慕名而来，办起了"南轩讲塾"。一时间，附近的学子纷纷来此求学。一代名儒朱熹也曾受邀来此讲学，如今游客还能在此地寻到朱熹与张栻讲学的遗址。几百年间，碧云峰里读书声不断，走出了很多优秀的人才。清代诗人夏受棋在登上雷音寺之后，面对满目美景写下了一首颇具禅味的诗："随缘来净土，半日且勾留。多竹地无暑，空山天早秋。云烟浮瑞霭，人物共清幽。自笑尘中客，翩然世外游。"诗人将美景与心境融合，借景抒情，给后人留下一幅生动的图景。

碧云峰，一座见证了炎黄文化发源的山峰，旖旎的自然风光与深厚的人文底蕴相得益彰。巍峨挺拔的山峦，苍翠古朴的景致，清冽宜人的溪涧，有着独特魅力的碧云峰正敞开宽广的怀抱，期待着四海宾朋的到来。

芙蓉山：千米之上的茶山

◎宾丝丝

【芙蓉山档案】位于湖南省益阳市安化县，由七十二座山峰构成，平均海拔 1083 米，与蒙顶山、武夷山并称中国三大茶文化名山。

"日暮苍山远，天寒白屋贫。柴门闻犬吠，风雪夜归人。"这是一千多年前唐代诗人刘长卿的经典诗作，而他雪夜投宿的茅屋就在益阳安化境内的芙蓉山上。

芙蓉山，古称"青阳山"或"无射山"，是雪峰山（古称梅山）东部支脉，全山由七十二座大大小小的山峰构成，平均海拔 1083 米。七十二座山峰以海拔最高的锡杖山（1428 米）为中心向四面散开，其他山峰簇拥着锡杖山，整体宛如一朵盛开的芙蓉，故得名芙蓉山。芙蓉山是与蒙顶山、武夷山齐名的中国茶文化名山，是以安化茶叶闻名的茶山。

芙蓉山与伟大领袖毛主席有过交集。1917 年，青年时期的毛泽东在长沙读书，利用暑假和同学萧子升游学，曾经过芙蓉山，心有所感，创作了一首七律："高处登临放眼量，山清水秀好风光。云雾生辉迎夕照，芙蓉吐艳浴朝阳。洞庭浩渺回天际，黄鹤雄踞镇汉江。若得仙霞常作伴，人间苦乐浑然忘。"透过这首朗朗上口的诗作，我们仿佛看到了芙蓉山秀丽的美景，和风华正茂的毛泽东满怀壮志、意气风发的模样。

既然是茶山，那自然不得不提茶。芙蓉山有怎样与众不同的地理、气候、生态环境，为什么能成为茶山呢？带着疑问查了资料得知，芙蓉山位于世界公认的优质茶树生长纬度带内，森林茂密，云雾缭绕，冰碛岩广泛分布。冰碛岩是世界最稀有的石种之一，也被称作"长寿石""吉祥石"。茶圣陆羽在《茶经》中谈到茶树的生长土壤时说："上者生烂石，中者生砾壤，下者生黄土。""烂石"便是遍布芙蓉山的冰碛岩。安化是全世界冰碛岩最集中的地区，冰碛岩的数量、厚度、质量均为"世界之最"，地处安化的芙蓉山拥有天然的种植茶树的好环境。冰碛岩中的锌、硒等微量元素非常丰富，所以在此处生

芙蓉山森林茂密，溪水潺潺

长的茶叶所含的矿物质更丰富，营养成分更充足，品质更佳。而这些微量元素恰好是人体所需要的，这样的茶叶自然被人称道。

芙蓉山的贡茶历史超过千年，享有不少美誉。唐代，芙蓉山产的"芙蓉仙茶"为皇家贡品。明代，明太祖朱元璋钦点芙蓉山芽茶 22 斤进贡朝廷。清代，有历史记载："旋令安化岁输贡茶，于芙蓉峰采摘谷雨茶，制成头贡细茶，年纳一百六十斤。"1825 年，陶澍向道光帝奉送芙蓉山黑茶，道光帝喝了大为喜欢，赐名"天尖茶"，并将之列为清代皇帝专用茶。

安化黑茶是中国黑茶的始祖，现已发展为中国国家地理标志产品，获得过"中国最具带动力和最具传播力的茶叶区域公用品牌"的美誉。黑茶理论之父彭先泽在《安化黑茶》一书中写道："以芙蓉山所产者品质为佳。"

　　将安化茶推向外界的功臣之一是清代名臣陶澍。他本身就是安化人，在北京翰林院为官时，为将安化茶推向全国做出了贡献。他专门为安化茶创作了诗句："芙蓉插霞标，香炉渺云阙。""芙蓉山顶多女伴，采得仙茶带露香。""斯由地气殊，匪借人工巧。""旋闻蟹眼鸣，中有云腴碧。我家茱萸江，乡物旧所积。虽无甘露兄，犹足清两腋。"平时也经常以安化茶待友，介绍家乡特色，让芙蓉山和芙蓉仙茶为更多人知晓。陶澍去世前，把自己的儿子陶桃托付给晚清名臣左宗棠。为抚养陶桃，左宗棠赴安化生活了八年，对安化的茶叶也产生了感情。后来他推动茶政改革，促进了安化茶的发展。

　　南宋抗金名将张浚、理学家张栻（号南轩）曾先后来到芙蓉山，潜心研究六经理学，开湖湘文化之源流，被后世尊为湖湘文宗。张栻建造的南轩亭至今仍保留在芙蓉山。

　　明末兵部尚书尹三聘，因吴三桂之祸，在芙蓉峰之蚂蟥山的白云庵剃度为僧，从此与仙茶为伴。芙蓉山的茶、芙蓉山的景，陪他走完人生最后一程。

　　值得一提的是，芙蓉山还有地位极高的芙蓉寺。古寺位于碧岩溪边，环境极好，庄严肃穆，高僧云集，香火不断。当地政府还特意修了一条长长的水泥路通往寺庙，为香客提供便利。

　　芙蓉山既有好茶也有古寺，曾吸引日本的空海大师和荣西大师前来品茶修道，他们还把禅和茶带回日本。日本禅茶文化也有中国文化的影子。

　　芙蓉山孕育了千年禅茶文化，为安化这座小县城创造了深厚的人文底蕴。

　　近年来，安化政府举办了安化黑茶推介会、黑茶文化节等活动，以促进茶文化交流，将好茶介绍给更多人。

　　如果让我给出一个去芙蓉山的理由，那一定是茶。在这里，自然与人文、力量与柔情、朴拙与精致、奔放与婉约完美融合，山林石缝中都藏满了中国茶文化的历史和传说。

浮邱山：湖南道教的发源地

◎宾丝丝

【浮邱山档案】位于湖南省益阳市桃江县城西南 12 公里处，主峰海拔 752.4 米，方圆 58 平方公里，共有四十八座山峰。是中国道教名山，湖南道教发源地。

来之前，我脑海中想象的浮邱山是古朴幽静、幽远神奇的，浮邱山的人也是仙风道骨。毕竟，这里可是中国道教名山。

那真正的浮邱山是不是这样的呢？

道教是中国本土宗教，后发展为世界五大宗教之一，可见其重要的文化地位。浮邱山有何独特之处，为何能成为我国的道教名山？据史料记载，早在春秋战国时期，就有道士在此修道炼丹。随后很多人前往浮邱山传经布道，其中以南方的道教领袖葛洪为代表人物。传说仙人浮邱子在此修炼并得道升天，因此得名浮邱山，并被誉为"湘中第一道场"——还真是应了那句"山不在高，有仙则名"。至今人们提起道教，也往往会想起浮邱山。

浮邱山位于桃花江盆地西侧，主峰海拔 752.4 米，方圆 58 平方公里，由四十八座秀丽山峰组成。山顶有一座声名远播的千年古刹浮邱寺，为湘中唯一一座道佛两教并存的古寺，依山而建，颇有气势，隐藏于多座秀丽的山峰之间，风景宜人。建筑颇具历史感，弥漫着檀香烟火与袅袅禅音，是修行静心的好去处。踏步入内，千年古刹自给人一种庄严肃穆的感觉，游人不自觉就会放慢脚步，轻言轻语，唯恐惊扰了寺庙中的修行之人。

　　浮邱寺建于南北朝刘宋年间，又名凌霄宫，由道士潘子良创建。潘子良即上文提到的仙人浮邱子。寺内共有四殿：玉皇殿供奉道教玉皇大帝，福寿殿供奉道教无量天尊和南岳圣帝，祖师殿供奉道教真武祖师，大雄宝殿供奉佛教西方三圣。寺右侧有一口古井，取名"浮邱井"。井深数丈，直径约一米，还建有古井亭。喝过井水的人都知道，它比自来水口感好，清冽甘甜。山中有寺，寺中有井、有亭，生活其中，自然怡然自得。有诗句这样描述寺中惬意的生活："山中忙碌有生涯，采罢山椒又采茶。此外别无玄妙事，春风一夜长灵芽。"

　　浮邱山以道教闻名，道士自不会少。他们不光修炼自身、传道布教，还以实际行动传承道义，历史上就曾有三千多身怀绝技的道士配合农民起义军反击清兵入侵。

　　浮邱山上，有一些独特的古迹。《益阳县志》记载："浮邱胜迹，山后有风洞，洞上有石屋镇压。"风洞高1.8米，据传可直通洞庭湖，但尚未得到验证。石屋高2.33米，呈方形，屋壁刻有《八仙过海》《丹凤朝阳》等壁画，相传道教真武祖师受玉皇大帝之命，驾此石屋自北方而来，收服了洞庭湖兴风作浪的孽龙。《益阳县志》中还有记载："浮邱石屋在九里浮邱山巅，传为浮邱子炼丹之处，有丹灶齿石诸迹。"后人由此推断此地为浮邱子等仙人炼丹之处。

此外，浮邱山上还有火云洞、龙眼洞、三仙亭、齿石、千年古树、摩崖石刻等景观。火云洞在石屋下约 300 米处，洞口常有热气冒出，十分奇特。如果正逢花季，还可观赏桐树花与野杜鹃，煞是好看。龙眼洞内有瀑布、泉水和深潭，风景迷人。三仙亭是竹林深处的一座石亭。齿石是浮邱山所独有的石头，上面有明显的牙齿印，传说是浮邱子修炼时将煮过的石头当作口粮留下的。山上有银杏、桂花树、猫儿刺树等古树 118 棵，均有 300 年以上历史，其中两棵银杏有 2400 年历史，相传为道教真武祖师亲手种植。两棵桂花树历经 500 年，堪称浮邱山的瑰宝。摩崖石刻为浮邱山的镇山之石，上面的石刻字高达 6.1 米，宽 5.5 米。

浮邱山庙会也是浮邱山独特的人文景观。旧时，每年农历三月初三，众多道教弟子都会齐聚浮邱山朝拜真武祖师。如今随着浮邱山景区名气的提升和景区交通设施的完善，前来参加庙会的人数逐年增加，这其中早就不止道教弟子，也有很多普通民众。这里的庙会已成为桃江的一张名片。

道教文化是中国传统文化的组成部分，也是华夏文明的重要源头之一。近年来，中央多次提出要大力弘扬中国传统文化，实现中华民族伟大复兴。作为中国传统文化典型代表的道教文化，又将迎来灿烂的春天。浮邱山作为湖南道教的发源地，拥有丰富的道教历史遗址和民俗文化景观，承担着重要的使命。

虎形山：一花一世界

◎梅兰

　　【**虎形山档案**】位于湖南省邵阳市隆回县西北部，由万贯冲梯田、大托石瀑、崇木凼古树林、旺溪瀑布群、花瑶古寨等几大景区组成。已入选"新潇湘八景"。

　　距邵阳市隆回县城 110 公里，平均海拔 1320 米，全年平均气温 11℃的虎形山内，有一个幽深险峻的大峡谷，神秘莫测，险象环生，悬挂着气势磅礴的瀑布。它是一片安宁、遥远的净土，有着南方罕见的高原自然风光。几乎被我国民族史料遗忘了的瑶族分支——花瑶，至今仍生存在这片崇山峻岭之中，忠实地传承着先祖最为古朴纯真的生活。

　　花瑶与瑶族其他分支不同的是，他们不知道瑶家鼻祖"盘王"，也不过"盘王节"，但他们每年都过自己的传统节日：农历五月十五至十七的"讨念拜"，农历七月初二至初四、初八至初十的两次"讨僚皈"。花瑶的这两大节日统称"赶苗"，实则是为了纪念发生于元、明、清三代的三次与中央政府的战争。

　　瑶族的称谓，可以上溯至古时候的"九黎""三苗""荆蛮"，唐太宗认为"四夷可使如一家"，从此开始有"莫徭"（免征徭役的意思）的称呼。漫长历史中，花瑶人在虎形山深处过着"莫徭"的自由生活。据东汉应劭《风俗通义》记载，他们"织绩木皮，染以草实，好五色衣服"。

　　花瑶之所以叫花瑶，就是因为女性族人穿得异常之"花"，她们把动物、

虎形山崇木凼，绿树掩映中的花瑶古寨　卢七星 摄

花卉和祖先都"穿"在身上。1997 年版的《邵阳市志》这样描述隆回虎形山的花瑶："花瑶女子发结辫盘于头，用丈余长的红、黄等亮色毛线编织成的结发带系扎，层层缠绕，成大圆盘，直径宽达尺余，外覆青白色交织的方格布为头巾，并系以缨须、银铃等饰品，五彩缤纷，耀人眼目。花瑶女子普着素色衣、刺花裙，脚系绑腿带，身缚花腰带。……袖口与衣下摆均刺绣彩色花边或以花布绲边……圆筒裙最讲究花色，裙以粗纱白布为料，前幅以细股彩色毛线或彩线挑刺成菱形、三角形、梯形、矩形等几何图案，裙中、后幅以素色纱线挑刺花、鸟、走兽图纹，裙脚亦以花布绲边……"

花瑶有自己的语言，却没有自己的文字，挑花就是花瑶女子记事的方式。虽然早有沈从文赞誉其为"世界一流的挑花"，隆回花瑶的挑花却一直寂寂无闻。直到 2001 年，在花瑶讨僚皈节日期间举办首届瑶族佳丽服饰风采大赛，才引起了国内外对花瑶服饰的关注。2006 年，花瑶挑花被收入国家非物质文化遗产名录。这大山深处美艳绝伦的"花"，才渐入人们的视野。

在虎形山花瑶聚居区，挑花技艺最好的姑娘是年轻小伙争相追逐的对象。所有花瑶女子在少女时期就被要求学习挑花这门手艺。湖南商务职业技术学院副教授禹明华在相关研究中指出，花瑶服饰的功用，已经远远超出了遮羞、御寒的范围。挑花的存在不仅是一种生活形态，呈现着一个民族对生活美的艺术追求，更是一个民族历史记忆的物化符号，记录着花瑶历史上的重大事件和重要历史人物，也承载着花瑶自身文明的保存与传承。

花瑶挑花中有一种被使用得最多的花纹，音"干杯约"，汉语叫"花路岩"，是生长在岩石上的一种菌体的图案。据说每逢年成好，这种菌体的图案就会特别明显，花瑶女儿就将这种寓意丰收吉祥的图案作为挑花的基本纹样。

这种神秘的"花路岩"出自虎形山乡铜钱坪村。据传在康熙年间，花瑶奉姓一支迁徙于此。这里古木参天，绿树成荫，山间岩壁纵横，溪流直泻，花瑶先祖就居住在岩壁下的岩洞里。有一天，风和日丽，休憩的花瑶人忽见岩壁上有两个美丽的姑娘在刺绣。待走近细看，姑娘却消失得无影无踪，只留下了满壁的岩石花，色彩鲜艳，绚丽夺目。于是，花瑶女子纷纷将岩石花的图案刺绣在自己的衣裙上，花瑶民俗文化中最具特色的挑花艺术由此产生。

在悲情的举族大迁徙中，花瑶服饰犹如一面旗帜，把花瑶人紧紧地团结在一起。它增强了花瑶人的凝聚力，使其部族生存繁衍至今。花瑶女子在家庭事务中居于主导地位，有谚为证："男闲女不闲，男子在家带小孩，女子出门去耕田。"后来，某个朝代统治者强迫花瑶人改变服饰，男子都投降了，改了服饰，但女子拒不投降，付出了血的代价。虎形山乡文化站收藏的《雪峰瑶族诏文》手抄本，记述了这个悲情故事："汉降瑶不降，男降女不降，生降死不降。"

世代延续的审美像山川溪流一样亘古，这才是先祖留下的最丰厚的遗产。花瑶女子心灵手巧，一针一线地记录着虎形山深处的生活。若说技术，挑花就是十字绣的针法，比苗绣、湘绣、苏绣都要简单太多，但绣品都要依照画稿，挑花却不用。花瑶女子从来都是心里想什么，手上就绣出来了。她们可以任由心里的世界肆意生长，再将这个世界绣到布上。一花一世界，生活由繁至简的美好真理她们从来无师自通。

会龙山：见证佛教入湘史

◎常立军

【会龙山档案】位于湖南省益阳市西部会龙路，资水南岸。东依螺丝顶，西靠凤形山，四周峰峦簇拥，似群龙聚会江边，故名会龙山。现辟为会龙公园。

益阳市区，有会龙山。说是市区，其实已经是城区与郊区的接合部位。资水就在它前方流过。虽然算不上是大山大水，却也自有一份独立而悠然的美。

会龙山上多寺庙。栖霞寺、福源寺、广法寺、白鹿寺等都在山上。一座小山聚拢了四座寺庙，堪称奇观。这里历史上就是益阳人祭拜神灵的地方。佛教进入湖南之后，益阳因为地利的缘故，寺院发展进入黄金时代。益阳境内寺之最古者，可上溯至东晋。唐初佛教风行，益阳已拥丛林数座。翻开历史文献，据清光绪《湖南通志》载，县中广法、龙牙、白鹿、东林、西峰诸寺，经诵绵延，香火鼎盛，寺宇规模蔚为壮观。会龙山见证了佛教入湘的久远历史。

会龙山寺庙聚集的现象，符合寺庙对于地理方位的选择——一般都会选择一个区域的高点作为寺庙的修建地。站在会龙山上，恰恰可以俯瞰益阳市区。信仰建筑，往往会制造一种视觉上的仰视感，而寺庙，又受到东方隐文化的影响，多隐藏在山间，更增添了神秘的气息。我们循着会龙山上小径，寻访那些历史上的名寺。白鹿寺就在路边，是最容易到达的一座。白鹿寺创建于唐元和年间，相传裴休曾在此讲经说法。裴休是唐代湖南地区佛教发展中的重要人物，湖南相当多的寺院都与他有关。白鹿寺的得名，据说与裴休在此讲经说法，有白鹿衔花聆听有关。山下有潭，名白鹿潭。原寺内有白鹿雕塑和大古钟一座，传为金银钗钏之类铸成。古钟重600公斤，声音洪亮悠远。现仅存小型佛殿一栋，左右各有禅房数间。白鹿寺尤其令人称奇叫绝的是，寺内那口1000公斤重的古铜钟，声极洪远，堪称古城钟王。夜晚，和尚上香的钟声，响彻古城十里麻石街，悠扬的钟声，震撼心灵，净化灵魂。因此，人们把"白鹿晚钟"，列为益阳的十景之一。

会龙山的另一侧，有广法寺。广法寺建于唐贞观年间，是益阳最古老的寺庙。佛教进入益阳的时代，也由此开启。广法寺经历了多次地址变迁。它最初位于资江北岸的益阳古城，后迁移至城区头堡。广法寺最终选址会龙山，应与会龙山当时已成为益阳城区的佛教中心有关。虽然在地理上多次迁移，广法寺的名称却始终未变。"广法"之意，即为"广弘佛法"。广法寺与湖南佛教史上著名的人物裴休有关——唐宣宗大中初年，时任荆南节度使的裴休扩建广法寺。在湖南，与裴休有关的寺庙数量巨大，崇信佛教的裴休，致力于在自己的辖区内修建寺庙，弘扬佛法。

广法寺在清至民国时期曾经达到鼎盛：清代曾在此设有僧纲司，民国时佛学院也在该寺设置。鼎盛过后，广法寺进入一个低迷的发展期：1929年被改做校舍，其后历经磨难。如今重建的广法寺为绿顶白墙，配色与大多数寺庙不同。在资水右岸会龙山的葱茏掩映中，独有一份清雅气质。

爬到山顶，所见寺庙是栖霞寺。栖霞寺原名宝泉寺，是建于东晋孝武帝时期的一座古刹。栖霞寺有一个著名的传说，与明初著名的"靖难之役"有关。据说明代建文帝朱允炆，在被皇叔朱棣赶下台后，削发为僧，逃出南京，避难于吴、湘、滇、黔之间，曾隐居在宝泉寺内，度过了一段艰难的岁月。栖霞寺门上的对联，隐寓着这段历史：晋朝古刹，沧海桑田存胜境；明代浮云，青山绿水隐名僧。"黄龙"栖住青龙山，故后人把宝泉寺更名为栖霞寺，"会龙栖霞"也是益阳古十景之一。栖霞寺似乎总与历史脱不开干系。寺下，有一处古树掩映的古墓群，其中有一冢为遇缘和尚之墓。据考证，遇缘和尚系太平天国英王陈玉成之子陈三元。英王战死之后，陈三元与其母逃难来到益阳，分别在栖霞寺出家为僧、尼，圆寂于会龙公园。

会龙山还是一个传统美食发源地，这个美食就是"腐乳"。腐乳的发源

年代久远的栖霞寺门楼

与会龙山的寺庙有关。腐乳在湖南被称作"猫余"。据益阳地方志记载：唐朝时，益阳白鹿寺的和尚做了一些豆腐，因有事情外出几日，回来后豆腐长霉了。出家人有节约的本能，不舍得丢掉，拌了一点调料试着吃，不承想味道还不错，便产生了今天的猫余。猫余味道鲜美，营养丰富，在明代加了湖南人喜爱的辣椒，便成了湖南人家居不可缺少的开胃菜。后来慢慢地向全国传开了，现在全国各地都有豆腐乳。益阳猫余独领风骚，其制作配方独特，一直保持着古朴的味道。中华人民共和国成立初期，猫余的制作方法由益阳栖霞寺住持智辉和尚传给当代云门宗高僧佛源禅师，益阳猫余的技艺因此一直流传下来。

会龙山中，有一座纪念碑，纪念的是益阳籍的著名作家周立波。小时候我们经常读的小说《暴风骤雨》与《山乡巨变》都是他的作品。其中《暴风骤雨》还获得了斯大林文学奖。会龙山不大，但循着那些久远的寺庙，却可以获知极为广阔的历史信息。这样的山，无疑是极为珍贵的。

四方山：山中，一个失落的世界

◎常立军

【四方山档案】位于湖南省益阳市赫山区东部丘陵地带，山中有一座如今已荒废的秘密基地，它记录了一段不为人知的历史，见证了一个曾经动荡的大时代。

湖南益阳与省会长沙之间，是一片连绵的丘陵。

这里是标准的江南丘陵地貌，地势不高，道路蜿蜒曲折。很少有人会在意这里有一个叫四方山的小丘岗，毕竟在湖南，它们是最为常见的地形。就在这样的山中，曾经有一个秘密基地，如今已成废墟。沿着山路走进废墟，依稀可见当年的景象。巨大的防空洞、颇有规模的房屋，甚至那些用来美化环境的园林，依然都在。只是藤蔓植物已经爬满了房屋，有些房屋甚至已经开始倒塌。基地空无一人，走在里面，难免有点惊悚的感觉。这种感觉来源于我们知道它曾经是一个热闹的地方，场景仍在人却缺失，这让人有一种巨大的失落感。是的，这是一个失落的世界。

四方山也并非完全无名。《益阳县志》里就曾有过对它的记载：县有佳境，绵延四方。四方山因四周群山环抱而得名。在大片的江南丘陵中，它算是一个地理上的"隐秘地带"。也许正是因为这点，它才被选中成为一个秘密电台基地。这个基地的代号是"691"。我们小心翼翼地深入这个秘境，让真相一点点显露出来。

20世纪的1969年到1981年，长达十二年的时间里，以四方山为中心，这

四方山深处的秘密——"马来西亚总统府"

里向全世界持续发送着神秘的电波。这些电波与远在重洋的马来西亚有关。那是一个动荡的年代。冷战中的世界，地区冲突却异常剧烈。在东南亚泰国与马来西亚丛林中，有一群坚持战斗的马来西亚共产党人——1949 年 2 月 1 日马来亚（1963 年改为马来西亚）民族解放军建立，当时的马共总书记是陈平。在经历了持久的斗争后，1960 年，马共的主力部队共约 3000 人撤至马泰边境泰方一侧的亚拉、陶公、宋卡、北大年四个府（省）的丛林中，以求休养生息。这里山多林密，重峦叠嶂，便于隐蔽，又有铁路直通马来亚、新加坡，有海港可达香港。

马来西亚民族解放军为什么会与相距遥远的湖南发生联系？ 20 世纪 60 年代末，马来西亚解放军在丛林中艰苦战斗。他们的电台被敌人摧毁，据说当时的播音员发出最后的呼叫之后，在爆炸声中，与敌人同归于尽。这是一幕壮

烈的场景。宣传是现代战争的基本手段，电台被摧毁后，马来西亚解放军面临着没有自己"喉舌"的困境，必须寻找一个更安全的地点重新建立自己的广播电台。马共请求我国提供支援。于是，"691"在中国腹地建立，成为东南亚丛林革命者的重要宣传基地。中国的湖南成为最终的选择地，至于为什么选择益阳的山区，至今仍是一个没有公开的秘密。电台于1969年1月开始了播音。当时有以日期命名秘密基地的惯例，于是这里就被称作"691"基地。从1969年1月开始，山洞深处的隐秘机房，凭借依山架设的庞大短波天线网阵，用强力的红色电波，以马来语、泰语、英语、汉语等多种语言，向全世界不断播送"马来亚革命之声"，激励着远在千里之外的东南亚丛林里的战士。

　　四方山当年是一个神秘却又热闹的地方。691基地的核心是几十位马来西亚革命党人，负责"马来亚革命之声"的编辑、播音和演奏。其中马来人是少数，大多数是华裔。此外有一批负责技术维护、生活服务的中方人员，还有一个连的解放军负责保卫工作。691基地围墙里面估计有三百来人。这三百多人要在这里工作，生活就成了问题。除了吃住，恋爱结婚也成了必须面对的问题。据当年负责基地保卫的工作人员回忆，"外宾有几个规矩，一不准出基地的大门；二不准结婚，因为这个原因，后来在煤房里吊颈吊死一个。再后来就准许结婚了，但不准生孩子，他们说不能增加中国人民的负担，因为他们的一切开支都是我们承担的。他们的生活费是三六九等，一般职工是 30 块钱一个月，干部是 60，两个总统是 90。"

地方的学校还承担起了 691 基地的初级教育问题。"691"大墙之外大约二里路的地方，有一个四方山学校。这本来是一个普通农村小学。691 基地在这里时间长了，除了出现马来西亚共产党人内部婚恋问题之外，还出现了子女教育的问题。四方山学校自然责无旁贷地要承担这一国际主义义务。

电台的播放持续了十多年，直到 1981 年为止。此后，再也没有电波从这里发出。一个时代结束了。马共的领导人陈平是华裔，福建人。最后，他代表马共与马来西亚当局和谈，放下武器，走出丛林，重返社会。不是缴枪，而是主动汇集武器公开自行销毁。坦然面对理想的崩塌，同样也需要具备一种超然的勇气。伴随着冷战的结束，这座秘密基地也就此荒废，四方山周围也恢复了平静的田园生活。废墟，是自然的胜利，也是人类之间最终的和解。

湘南山脉

王仙岭：用地名向先贤致敬

◎子野

【**王仙岭档案**】位于湖南省郴州市东郊，南连五盖山林场，距城区 5 公里。由三十六座山峰组成，主峰海拔 999.6 米。

　　王仙岭之于郴州，是一个不可或缺的存在。它是人们热爱这座城市的一个重要理由。

　　郴州是座多山的城市。群山莽莽中，王仙岭屹立于东郊，山下就是湘南学院。这里离城市很近，不需要长途奔波，便可轻松离开繁华城市，走入森林秘境，进入一个可以恢复灵性的自然空间。感受自然的气息，聆听溪流的潺潺之声，观察野生动植物，体会多样性的生命存在状态，心灵与自然间，无形中就有了一种亲密的情感连接。

　　王仙岭的得名与古老的中医药有关。中国是世界上最早利用植物治疗疾病的国家之一。"神农尝百草"，是关于这种探索方式的代表性传说。先人们用最原始的方法，积累着丰富的自然智慧与经验，以此来保障人们的健康和可持续的生活。这些先驱被人们所纪念，这种纪念经常用以他们的名字为地名的方式表达出来。王仙岭就是因此而得名。王仙岭的名字来源于唐代医生王锡。王锡是郴州本地人，从小便跟随父亲王相采药行医。据说他在押送粮食去长沙时遇到瘟疫并采药救治当地人民，这种经历让他成为人们心中德才兼具的圣人。这种敬意，最终演化为一种对圣贤人格的崇拜和神化，进而演化出王锡"饮露成仙"的神话传说。郴州人为纪念王锡，在郴州城西南设立了露仙观、

为纪念王锡而建的王仙庙　江芬 摄

王仙庙，并将王相山改名为王仙岭。郴州人有以"神仙"入地名的传统，郴州地名中多"仙"，是信仰文化在地名中的体现。

王仙岭展现着郴州城市东部的自然肌理。对于王仙岭的地理风貌，宋代诗人阮阅曾有诗《黄相山》（王相山原名黄相山）云："东带连山接五羊，西分郴水下三湘。"王仙岭属于南岭山脉五盖山的一部分。五盖山为珠江水系与湘江水系的分水岭。山是水的源头。王仙岭富集了自然的雨水之后，在山间形成五条溪流。景区内主要的溪流有白水、王仙水、濂溪、蝴蝶溪等。这些溪流又流向了不同的河流。王仙岭东麓有东、西河，入秧溪和翠江；北麓有相水和龙湫，龙湫入郴江，相水入西河，西河流淌40公里后又汇入湘江。

植物是王仙岭最富有生命力的存在。在海拔 500 米左右地带，主要分布有人工杉木群落、人工楠竹群落，檫、樟、槠、栲类常绿与落叶阔叶混交群落，以及耐寒的杜鹃花、茅栗、山苍子、蕨等落叶灌木群落；海拔 800 米以上，则为山顶灌木丛或山顶草丛。亚热带丰沛的雨水滋润着王仙岭，使其成为一个可以"尝百草"的植物天堂。药食同源，岭上樱花盛开时，蓼科植物虎杖也正处于旺盛的生长季。虎杖也叫酸筒杆，吃起来有一种爽口的酸味，是郴州春天的常见野菜；而作为药物的虎杖，又具有良好的利湿散瘀功效。像虎杖这样有着药用价值的植物在王仙岭还有很多……正是因为有着这样的"地利"，赏花与采集野菜，成为了郴州市民生活图景中极为寻常又美好的一幕。这是对传统智慧的继承，同时也是一种亲近自然的生活方式。

王仙岭四季可游，春观花，夏戏水，秋赏叶，冬舞雪。自然中的一切时节都美好。春季沿景区入口进入相山樱花园，可观赏满园樱花盛放。再继续上行进入林区，在溪水边与光照良好的林间，可一路欣赏野花，感受春的气息。夏季气候炎热，暴雨较多。夏天来王仙岭，进门即可到水上乐园。这里是森林中的水上游乐中心，清新的空气与清澈的溪水构成了炎热夏日里的极致美好体验。沿着水系上溯，有王仙岭瀑布、蝴蝶瀑布、白凤瀑布、叠翠瀑布等一线"负离子氧吧"。秋季日照强，降水少，晴日多，是登山的最好时节。秋季来王仙岭，以赏叶为主。沿圆缘亭一线攀登，秋

寄托人们美好祝愿的圆缘亭　江芬　摄

日山景尤为优美。山间林木多已披上秋色，色彩斑斓。到山顶天鹅湖后，沿溪水下行，秋水潺潺，秋意浓烈。冬季气候微寒，少严寒，偶有雨雪。王仙岭冬季虽然降雪不多，但白雪覆盖下的青山有着与北方雪景不同的美。

有山的城市是幸福的。有王仙岭的郴州，亦是。

九疑山：为天下敬仰的舜帝之陵

◎唐韶南

【九疑山档案】位于湖南省永州市宁远县城南。属南岭山脉之萌渚岭，纵横 2000 余里，南接罗浮山，北连衡岳，峰峦叠嶂，千米以上高峰有 90 多处。

在去九疑山的路上，同行的宁远朋友知道我是第一次去九疑山拜谒舜帝，于是给我介绍了许多关于舜帝的故事和传说。其中最动人的当属"舜帝南巡"了。

远古的时候，从遥远的北方来了一位帝王，一帆明月一路风尘，南巡到了九疑山下。他体恤民情，广施教化，悉心指导先民如何狩猎，教会周遭百姓如何制茶、制陶。一时间，风调雨顺，人们安居乐业。看到百姓欣慰的面容，他情不自禁地把酒临风，欣欣然地抚琴弹唱他谱写的《南风歌》：

　　　　"南风之薰兮，

　　　　可以解吾民之愠兮。

　　　　南风之时兮，

　　　　阜吾民之财兮。"

然而，毕竟年事已高，他终因积劳成疾，不幸驾崩在九疑山。女英和娥皇两位妃子闻讯后，千里寻夫，泪洒九疑，满山青竹顷刻间泪珠斑驳，至今仍依稀可见。

这位帝王就是三皇五帝之一的舜帝。

九疑山舜帝陵

《史记·五帝本纪》有载：舜"践帝位三十九年，南巡狩，崩于苍梧之野。葬于江南九疑，是为零陵"。

怀着对舜帝的膜拜之心，暮春时节，我们虔诚地奔赴曾在梦中神游过的九疑山。

要不是同伴老张的执意要求和提醒，此次九疑山之行，我们就不会有机会去寻游玉琯岩，去感悟舜帝树了。其实，舜帝树纯属我的杜撰而已，它只不过是生长在九疑山玉琯岩上的树木罢了。然而，它的确是一种不同寻常的树木。正因如此，九疑归来，蜗居在钢筋水泥构筑的城市里，我的心境久久难以平静，总觉得有种力量如同海啸般不时地拍打着我的心岸，震撼我的心扉，这种力量便来自舜帝树。

出舜帝庙南行不过五里，便可到达玉琯岩。玉琯岩是九疑山风景区中难得的一块福地。远远望去，方圆好几平方公里中，突兀出一座不是很高的石山，俨然一块偌大的天然盆景。洞外一条涓涓溪流，宛如古代歌女扬起的一条玉带，轻悠悠地绕山而过。及至山边，岩口石壁上刻有"九疑山"几个大字，笔力苍劲，为南宋莆田人方信孺书下的大榜隶书。

我们正顺着被千年岁月轧压出来的山路前行，突然，同行的老张指着路边的一棵棵树木放声起来："玉琯岩的树就是神奇！"我循声望去，玉琯岩的山体上密密麻麻地丛生着一大片倔强无比的树木，有的简直就是将自己的虬根深深扎进了坚硬的岩石堆里，甚至穿透数层岩体。这些叫不上名字的树木，虽够不上伟岸，但大多叶层厚实，疏密有致。清风徐来，茂盛的叶片便聚集在一起，窸窸窣窣地碰撞出有灵气、有节奏的声响。这声响穿透了几千年的时空，让人在冥冥之中感受到生命的真实，感悟到生命的皈依。这一枝一叶，一定曾留下过舜帝极目八荒的目光！

九疑山的神奇和钟灵毓秀之气，伴随着毛泽东同志的"九嶷山上白云飞，帝子乘风下翠微"诗句，早已蜚声中外。或许，这里的山石树木都承继了舜帝的人格品性？！导游欧阳小姐告诉我们，舜帝很有人格魅力，他提倡仁爱敬孝，推行"父义、母慈、兄友、弟恭、子孝"的五常教育，使古代人伦道德逐渐推向全国；他主张"勤民事""苦忧人""只为苍生不为身"；他举贤任能，晚年禅位给与之有杀父之怨的鲧之子禹。后人评价：天下明德，皆自虞帝始。可见舜帝对中国传统文化、伦理道德的杰出贡献。正因如此，后人才以不同的方式景仰他、祭奠他。除宁远九疑山的舜帝庙外，全国大大小小的舜庙和即将修复的舜庙就有三十处之多，地域遍及南北十余个省区！

在一次偶然的游历中，我发现，就在与九疑山相距不远的东安舜皇山，山间岩石中也生长着许多挺拔傲群的树木。它们将根深扎在岩石之中，展示出的独特品性与九疑山玉琯岩的树木有着惊人的相似！也许，这座因为舜皇南巡狩猎而得名的山峰，几千年来因了舜帝留下的目光而德化，而一脉相承？！

"爱永州就是爱自己"：这是最近出现在永州街头的一句广告语。永州因舜帝而德化，永州人因舜帝而自豪！

九疑山也好，舜帝树也罢，他们都是舜的化身，是楚文化历史夹缝中的一块版图、一个符记，一个悠远的政治寓言，一个为官为政的范本。

西山：它曾淹没在历史的尘烟里

◎蒋芳仪

【西山档案】位于湖南省永州古城西郊，也即愚溪北岸柳子庙背后的珍珠岭。海拔187米，遍地砂岩裸露，没有高大树木遮挡，正面相对的是潇水东岸的东山。

天下叫西山的山，比比皆是。北京西山、桂平西山、太湖西山、太原西山、鄂州西山、南充西山、苏州西山等，每一座都有故事，有底蕴，不容小觑。在所有西山之中，位于永州的这座西山低调神秘，甚至长久隐藏于历史的面纱里，让人找不到它的真面目。

永州西山能够名扬天下，当然与那个叫柳宗元的人有关。公元805年，他参与永贞革新失败，先被贬邵州刺史，赴任途中又被贬永州司马，就此在永州待了十年。这十年他屡遭不幸，母亲病故，职场贵人被处死，故交纷纷回避他，官场上不断被排挤和诽谤……"自余为僇人，居是州，恒惴栗"，就是他的真实写照。

如果说这个世界上还有什么能够排遣忧愁和恐惧，大概也只有山水和诗文了吧。他不断地约朋友四处漫游，"上高山，入深林，穷回溪，幽泉怪石，无远不到"。永州最高之地东山是他们的常游之地，柳宗元常常在法华寺西亭远眺，也是在那里，他望见了西山。

1300多年前的西山，应该不是什么名山大川，否则柳宗元也不至于要在东山上望见它才想起去攀爬。然而历经千辛万苦，终于登顶西山的时候，他被征服了，"然后知吾向之未始游，游于是乎始"。过去的经验被彻底颠覆了，对他来说，真正的游览是从西山开始的。那一刻，他兴致勃发，写下了传世名作《始得西山宴游记》，也是《永州八记》的开篇之作。在此之前，西山寂寂无名，入了柳宗元的诗文，它才为世人所向往。

西山到底有多美？一代代人不断循着柳宗元的足迹前去探寻。这时我们发现，西山的面目又变得模糊了，甚至连西山是山峰还是山脉都有了争论。

明代零陵才子易三接在《零陵山水志·西山纪》中说："自朝阳岩起至黄茅岭而北，长亘数里，皆西山也。"他所理解的西山，是一道山脉。

明代大旅游家徐霞客也曾来到潇水西岸，奇怪的是，当他询问西山所在之地，却没有人知道。最后他只能从柳宗元的文字里不断揣摩，断定西山"当即柳子祠后面圆峰高顶，今之护珠庵者是"。在他的概念里，西山不是山脉而是山峰。

清康熙《永州府志》和道光《永州府志》，均同时收入"山峰"和"山脉"两种说法。2001年版《零陵地区志》的"永州八记旧址"中，采用的则是"山脉"说。

20世纪80年代起，开始对西山的位置进行考证，两种观点交锋了三十年：一种认为西山是今天的娘子岭，一种则认为是愚溪北岸柳子庙背后的珍珠岭。1983年县级永州市编印《湖南省永州市地名录》和2003年永州市人民政府公布"《始得西山宴游记》遗址"为市级文物保护单位，均将西山确定为娘子岭。然而到了2005年，永州市柳宗元研究学会组织相关专家实地考察和多方论证，以柳宗元诗文为基础，参阅有关文献，对山峰的位置和地形地貌进行综合考虑，认为柳宗元笔下的西山就是今天的珍珠岭。

西山到底是怎样一座山？这样一座为柳宗元所钟爱的山，为何也会淹没在历史的尘烟里？

我曾在春日登过这两座山峰。彼时娘子岭还是官方认定的"西山"，因此我率先登上的也是娘子岭。或许是因为山过于低矮，树木又过于繁茂，与柳宗元的描述大不相同，我几乎是第一时间就将它从"西山"的备选单里划去了。而之后登上珍珠岭，立觉气象不同。珍珠岭海拔187米，是河西最高点，加上遍地砂岩裸露，没有高大树木遮挡，在山顶极目远眺，直接对上的就

西山下的柳子庙 卢七星 摄

是潇水东岸的东山，那感觉立即就来了——这一定就是真正的西山。

在西山顶上，望他山他地，只觉得万物皆小，历历在目，无所隐藏——"其高下之势，岈然洼然，若垤若穴，尺寸千里，攒蹙累积，莫得遁隐"——而感受西山本身，则青山萦回，白水缭绕，外与天边相接——"萦青缭白，外与天际，四望如一"：这便是柳宗元登上西山的感受。

曾经"春风得意马蹄疾"的天才少年，经历了再多政治黑暗、人间冷暖，甚至身体和记忆都受到很大损伤，却从未失去与生俱来的审美品位，和对山水天地的感知能力。来到永州之后，他似乎特别偏爱清奇之景，哪怕是不知名的水潭也流连赏玩，从不计较它有名无名。对于西山也是如此，他看重它的奇特，它的与众不同。来到西山，他觉得有些东西变小了，只有天地自然，才值得我们与之融为一体。

西山也无愧于他的偏爱。经历了那么多岁月烟尘，那么多人声喧哗，最后为它正名的，还是它的高度，它的风景，它的特质，它自己。

东山：耸城之中者，高山为最

◎将芳仪

【东山档案】位于湖南省永州市零陵区潇水东岸，海拔 100~160 米，是永州城区海拔最高的地方。有书法大家怀素修行地绿天庵、柳宗元常去游览的法华寺、纪念范仲淹次子范纯仁的思范堂等古建。

永州多山，各有不凡，其中有一山，它没有九疑山、舜皇山的神话来历，也没有西山、香零山的奇绝独特，但它温和平正，大气开放，自有一种包容万物的坦荡风度。

它是和城生长在一起的。古郡零陵的城池于公元前124年开始修建，其建城历史在湖南仅次于长沙，周边高山环绕，潇水穿城而过，将零陵一分为二。东岸上的古城南、东、北三面城墙都修在一条蜿蜒的山脉上。这条山脉从古城南门经东再向北逶迤连绵数里，过最高峰鹞子岭再往西，直至北城门，将一座城池半拥在怀，就这样护了两千多年。

这山，便是东山。《永州府志》记载："府城地形高下起伏，冈阜缪绕，郁然耸城之中者，高山为最。联亘于城东隅，故名东山。"

因为与城相依相生，也便有了许多人间气息。东山虽然是永州的制高点，但并未高高在上，睥睨众生，反而以一种宽和中正的态度，对待所有来访的人。这些人固然有贵客高官，也有平头百姓，又或者特异之人、戴罪之人，它都是一视同仁。

东山绿天庵是唐代书法大家怀素幼年的修行地。他想法异于常人，十岁时

庄严的法华寺

"忽发出家之意"，父母无法阻止，就这样入了空门。他又酷爱书法，彼时因为太穷买不起纸张，便只好在寺墙、衣服、器皿乃至芭蕉叶上练字，最后终于成为了一代"草圣"。据说，怀素为了练字，在绿天庵种蕉上万株，这也是永州八景之一"绿天蕉影"的来历。

可惜，怀素过世太早，并未遇见后来谪居永州的柳宗元，否则二人或许能成为至交好友，而彷徨苦闷的柳宗元，也会多一个精神寄托之地。柳宗元初贬永州时，常去的是东山法华寺。法华寺位于东山之巅，自唐代以来，一直香火兴旺，祈祷无虚日。相传其鼎盛时期，有殿堂十八座，佛教徒最多时有二百余。柳宗元在这里结交朋友，眺望远山，聆听晨暮时钟鼓之声，以东山为主题，写下了《法华寺西亭夜饮》《构法华寺西亭》，以及《永州法华寺新作西亭记》等名篇佳作。据说法华寺因为居高临下，其钟鼓声整个古城都能听见，也便有了永州八景中"山寺晚钟"。

永州地处偏僻，因此多有被贬之人。宋朝范仲淹次子范纯仁也曾谪居永州。为了纪念他，宋代张栻建了思范堂（后经兵燹被毁，清代重建）。思范堂前的水池种有荷花，夏日花朵随风微动，荷香清远，被称为"思范风荷"，也是永州八景之一。永州八景，东山独占其三，也是绝无仅有了。

或许是为了追寻前人踪迹，东山吸引了一代又一代的有心人前往。南宋宰相、抗金名将、理学家张浚及南宋诗人、政治家杨万里经常到东山游历，东山是他们谈论时事、砥砺意志的地方。

东山的底蕴，更多地表现在它对不同文化的兼容并包上。据地方史志记载，东山上旧时可谓众庙林立，各领风骚，有文庙、武庙、黄溪庙、唐公庙、火神庙、财神庙、城隍庙、法华寺等。迄今为止，还存有文庙、武庙、法华寺等古迹，向今人展示着永州千年的历史和文化。而同一山上文庙、武庙双栖，甚至是比邻而居，以及儒教、道教、佛教、基督教同存，这是任何其他山都不存在的情景，在东山它们却是和谐地共处着。东山被认为是永州文化的灵魂，是有道理的。

如今的东山，经过永州人十多年的重建和修整，已经成为国家级历史文化名城核心景区。如果想领略锦绣潇湘，感悟文化永州，东山是不二之选。东山与零陵古城和西山隔江相望，是古城零陵"山、城、水"的重要组成部分。它风景优美，远眺可见山势逶迤，嵯峨耸立；漫步其中则见古木参天，松柏掩映。这是任何人都无法忽略的自然之美。而众多的文化遗迹，则一层层加深了东山的底蕴。虽然重建后的建筑略有新意，少了些岁月的沧桑，但这并不妨碍今人的敬仰，他们仍然愿意在这里寻找前人的踪迹，感怀他们，领悟岁月。

至于东山自己，见过太多的颠覆与重建，它似乎从未有过不适应。它还是两千年一贯的态度，以一种极为世俗与通透的方式接纳人，也接纳自己，坦然面对时光的流淌。

阳明山：古奇灵秀的佛教圣地

◎蒋芳仪

【阳明山档案】位于湖南省西南部，属南岭支脉，西临潇水，东接永州，南近桂林，北望衡山，分布于多个县市区。总面积114.2平方公里，主峰望佛台海拔1624.6米。狭义的阳明山指其主峰地带，就在永州市双牌县境内东北隅。

初闻阳明山，是中学时代。一个夏日午后，数学老师对困得直点头的我开玩笑："这位同学，拜菩萨还是要去阳明山？"

大家哄堂大笑，我蓦然惊醒，四顾茫然："阳明山？哪里？"

后来才知道，阳明山在湖南永州双牌县，据说山上的菩萨特别灵，所以有"烧香拜佛就去阳明山"的说法，而我们数学老师就是双牌人，脱口而出的玩笑就带了本地色彩。

从那时起，我就对阳明山心生向往，但真正成行却是多年以后了。那是五月初，我随朋友驾车从永州冷水滩区出发，经七十多公里，才到达阳明山。彼时阳明山景区尚未经过充分开发，公共交通并不发达，大巴车仅到山下，最方便的还是自驾游。

车尚未到阳明山牌坊，便有几个农妇冲了过来，朝我们挥舞手中的香束。我正在惊讶，朋友停了车，摇下车窗买了一堆香烛。果然哪里都一样，庙里的香贵，便买香上山。俗世的人虽有一颗向佛之心，但也会从自己的实际出发，没有人觉得这样有什么不妥。过了牌坊之后，我们一路向上。越往上，雾

云雾掩映中的阳明山，一片苍茫

气越重，很快云雾翻滚，车子就像在云海中穿行，终于与之融为一体。

阳明山位于湖南省西南部，属南岭支脉。广义的阳明山，其山脉绵延横亘于湘南与湘中之间，犹如一道天然翠屏，西临潇水，东接永州，南近桂林，北望衡山，分布于多个县市区，总面积114.2平方公里，主峰望佛台海拔达1624.6米。狭义的阳明山指其主峰地带，就在双牌县境内东北隅。阳明山参差多态，以"古、奇、灵、秀"闻名，其多变的形态与地壳运动有关。在自然之力下，山岭被切割，山地破碎，沟谷纵横，峰峦起伏，整个地势东高西低，溪流落差大，流速急，也造就了山高水秀、林木茂密的优美风景。

"天下名山僧占多"，阳明山更是远近闻名的佛教圣地。阳明山上有万寿寺、白云寺、歇马庵、祖师庵等寺庵共27处。当然，万寿寺是其中最知名的，也是我们此行的第一个目的地。万寿寺原名阳明山寺，始建于宋，重修于明，坐落在阳明山绝顶之下南侧。

明嘉靖二十九年（1550），秀峰禅师在此坐化成佛，明藩南渭王崇其号曰"七祖"，改寺名为"万寿寺"，并亲赐"名山千古仰，活佛万家朝"联。从那时起，香火长盛不衰。据说因为七祖是肉身佛，灵验得很。

我的朋友说，她幼时不慎成了"斗鸡眼"，家里又没有钱给她治，是外婆背着她来万寿寺烧香许愿，才恢复正常的。朋友后来去了北方工作，但只要回家，都会找时间来一趟阳明山，不是为了许愿，而是为了感谢菩萨，也是为了怀念故去多年的外婆。

我听了十分动容，一个孩子的视力究竟是如何矫正过来的不是我关注的重点，我更在乎朋友说起往事时，眼眶微微湿润的动情。这个世界的良药，本就不限于中药西药，那绝望中的一丝希望，那亲人永不放弃的努力，都是让一个人有底气活得更好的原因。

进入万寿寺后，陪朋友去各殿烧香，参拜菩萨。在七祖的祖师殿，朋友停留了良久，虔诚地跪拜，低头默祷。也不知道为什么，参拜完了之后，她的眉宇开朗起来。

寺后有一眼古井，据说久雨不溢，久旱不干，水质清澈甘甜，被誉为"阳明圣泉"。朋友跟我讲小时候来这里，寺中的师父借水瓢给她喝井水的往事，令人莞尔。如今我们都习惯了用保温杯喝热水，学会了照顾自己，反而失去了那种被天地、菩萨和陌生人照顾的机会和心情。

从寺中出来，我们向万寿寺西北的山坡行进。那里有万余亩野生杜鹃，正开到极盛。人在树下走，只觉得虬枝蔓延，遮天蔽日，仿佛穿越到了一个古老的世界。因为时间体力的关系，我们没有爬上望佛台，倒是去看了大黄江源瀑布群、竹乡林海，还买了农家自酿的竹叶青酒，味道确实甘甜清冽。据说现在很多年轻人来阳明山，就为了爬山和喝酒。

离开阳明山的时候，夕阳已坠入西山，暮色四合，彤云向晚。最后遥望一眼万寿寺，心中升起一股神秘的感受。这里是佛性的世界，也是凡俗的世界，来朝拜的每个人，谁不是一边祈祷菩萨保佑，又一边认真生活着呢？

而对于我来说，学生时代的向往，到此已然圆满。

鬼崽岭：封禁700年的神秘深山

◎蒋芳仪

【鬼崽岭档案】位于湖南省永州市道县祥霖铺镇田广洞村南1公里处，是田广洞村水源地，名蛮山，又名栎山。在该地发现埋在地表层的人物石雕群像，其中有数千个露于地表。

在那场雨之前，它还是一座普通的松树岭。

那时它名蛮山，又名栎山。地处偏僻，坐标湖南永州道县祥霖铺镇田广洞村南1公里，山势巍峨，岭上古木蔽日，尤以松树为多。或许也有人觉得它阴森，因为树木过于高大繁密，即使大白天也没有日光照进来，如若身处其中，很难不胆怯——但这也并不算多么出奇，很多山都是这样，它们都很普通。

是一场大雨暴露了它的不凡。

一场不知何年何月的雨，甚至这场雨未必多么暴烈，只是因为日积月累太多场雨的冲刷，某一天，终于让它成为揭秘之手。这场雨之后，无数石像从泥土中现身。它们年代久远，神态诡异，一望就知道是有来历的。普通的松树岭再也无法掩盖自己的不凡，甚至连名字也改变了，它后来叫——鬼崽岭。

之所以叫"鬼崽岭"，自然是因为随着雨水冲刷而现身的无数石雕像，当地人称之为"鬼崽崽"。它们数量惊人，裸露在泥土之外的就有数千个，土层里甚至还有更多，据推测很可能过万。被人们发现的时候，它们有的悬在树上，有的藏于树蔸，有的埋在地下，有的躺在水中，其位置都令人

鬼崽岭上的石雕像　视觉中国 摄

不可思议。

　　它们或立或蹲，或坐或仰，大的约 1 米高，小的约 30 厘米，甚至更小。仔细观察会发现，这些石像大部分是武将与士兵的模样，但也有不少文官、孕妇的模样。值得一提的是，它们虽然形态各异，但主要为坐像"屈腿"状，而且每一个石像的脸上，都露出诡异的神色，阴气扑面而来，让人望而生畏。

　　没有人能说清楚为什么鬼崽岭会有这么多石像，它们的作用又是什么。到现在，人们能找到的史载资料，只能追溯到清朝。清光绪二十九年（1903），曾有人立碑记之，当地贡生徐咏撰写碑文道："有奇石自土中出，俱类人形，高者不满三尺，小者略有数寸，奇形万状……"

　　据考古学家的考证，鬼崽岭石像是迄今为止考古调查发现的时代最久远的人像石雕群体。这些石像并非产生于同一时期，其中史前期石像制作年代在 5000 年前，秦汉魏晋时期石像制作年代距今 2000 年至 5000 年，另有一些石像则是唐宋元明清时期制作的。其中史前期石像占了地表全部石像的 30% 左右，数量庞大，其制作年代在国内堪称最早。

　　这些石像产生的原因大致与宗庙祭祀有关，亦可能有原始宗教、民族及民俗成分，但由于其历史太久远，时间跨度较大且无文字可考，各期石像绝不能一概而论，而是各具特征，各有所用。

　　为了解谜，人们做出了各种努力，但并未有定论和共识。20世纪80年代，道县把"鬼崽岭"的石像情况呈报给上级文物部门。文物专家考察后，初步认为鬼崽岭是战国时期的民间祭祀场所，遂被冠名为"战国社坛"或"奇异文化"。2001年，永州市委、市政府邀请省社科界20余名专家前往考察，但没有对其性质达成共识。2002年，北京市社会科学院院长高起祥等专家实地考察后，认为这里是人类原始祭祀遗址。也有个别专家通过考察还认为，鬼崽岭祭祀与祭舜有关。

　　虽然未有定论，但鬼崽岭的重要地位在一次次考察中被确认了。2013年5月，鬼崽岭遗址被国务院核定为第七批全国重点文物保护单位，设专人看护。

　　其实在当地人心里，鬼崽岭早就是一块神圣禁地了。他们轻易不敢靠近鬼崽岭，只有在正午阳气最盛的时候才敢进山。在村人的传说里，鬼崽既是阴兵，又是神明，每到节日，他们就会带着香烛过来供奉祭祀。甚至有人说，如果对石像心中有敬意，就会得到保佑，生活平安喜乐，反之，则会家宅不宁。如果有人敢偷偷将石像带走，更是会遭到报应。这些传说虽然经不起科学论证，但也正因为有这些传说，这些珍贵的石像才得以保全，在得到国家重点保护之前的漫长岁月里，未曾有过多的损失。

　　传说也未必全是无稽之谈。鬼崽岭多年来风调雨顺，的确是一块风水宝地。岭下的池塘，被称为"鬼崽井"，据说能灌溉田广洞周边近2000亩田地，大雨不溢，大旱不涸，水质永远都是那么清澈，还涌出一串串如珍珠般的气泡。想必久远的祖先也是有眼光，才会选中这里来完成他们想要完成的大事。

　　如今，通往鬼崽岭又修了新路，前去探访变得容易了许多。但这里并不是大热的旅游地，毕竟没有人敢轻易涉足禁地。鬼崽岭的石像们，如今安然地躺在天地之间，虽然无语，但它们的存在本身就是意义。

韭菜岭：徒步爱好者的圣地

◎蒋芳仪

【韭菜岭档案】位于湖南省永州市道县西部月岩林场，与广西交界，海拔 2009.3 米。都庞岭的主峰，号称"湖南的 K2"（K2 即喀喇昆仑山脉的主峰、世界第二高的乔戈里峰）。

　　如果仅仅看名字，韭菜岭给人的观感仿佛偏僻乡野一座小山丘，就像那些叫"狗蛋""铁柱"和"翠花"的人一样，容易被人轻视。事实上，这座山并非无名之辈，它位于湖南省永州市道县西部月岩林场，与广西交界处，海拔 2009.3 米，是中国南方巍峨的五岭之一都庞岭的主峰。其因环境原始，攀登难度大，在登山爱好者的圈子里，可以说是赫赫有名。

　　2009 年 11 月 10 日，中国国家地理杂志社发布了"寻找十大'非著名山峰'"启事。根据其对"非著名山峰"定义——海拔 1000~5000 米，具备该种地貌的典型特征，或具有独特的生物资源，或具有多样的民族风情及深厚的文化底蕴，以及拥有良好的生态环境和较好的可进入性，众多专家、网友和读者曾向杂志社推荐了 400 座山，最终选出的不过 10 座，而韭菜岭位列第一，可见其地位。

　　不过，登山爱好者更喜欢称它为"湖南的 K2"。这个称呼可是非同小可，"K"代表的是喀喇昆仑山脉，"K2"指的是其被科考队考察过的第二座山峰，即乔戈里峰，这是国际登山界的通称。在塔吉克语里，"乔戈里"的意思是"高大雄伟"。乔戈里峰海拔 8611 米，仅次于珠穆朗玛峰，高度排名世界第二，是国际登山界公认的 8000 米以上攀登难度最大的山峰。在登山爱

韭菜岭月牙岩

好者的眼里，韭菜岭在中高峰里的地位堪比乔戈里峰，是吸引着他们前往的圣地。

山野村夫或溪边浣纱女之所以能够名垂天下，靠的不是家室背景，他们或者才华横溢，或者国色天香，全因自身光华太盛，暗夜难掩。韭菜岭之所以能得到户外爱好者如此认可，当然也是因为其自身资源好。它远离都市，高耸入云，是一方幽深的天然秘境，境中既有原始森林，也有辽阔草原，既有峡谷绝壁，也有瀑布溪流，是天然的徒步圣地。一般来说，户外爱好者穿越韭菜岭需要两天时间，虽然有多条路线可以选择，但无论选择哪条路线，强度都非常大，因为路况十分复杂，一路涵盖泥径、溪涧、草甸、薄山脊、断崖等，再加上时常有蛇虫出没，可以说得上是危机四伏。登顶之后，陡坡、乱石、密林、湿滑路面又给归途设下重重障碍。一般人很难接受这样的考验。因此，穿越韭菜岭，也被人戏称为"湖南驴友的徒步毕业课"，吸引着一批批爱好者前往。

其实，除了徒步资源，韭菜岭还有优美的自然风光和独特的人文景观，让人流连忘返。因为海拔高，韭菜岭常年白云缭绕，称得上是"云中的山峰"，加上完整保存的垂直海拔植物带，处处美景，且千姿百态。山涧溪水纵横，瀑布高悬，大大小小的水潭分布在山中，清澈见底。此外，山岭上野韭如茵，让造访者深感韭菜岭"名副其实"。

韭菜岭的西麓，有一块宽阔盆地，四周原始密林环绕，这里就是数百年来瑶族几度寻根，向往回归的圣地——千家峒。据《千家峒源流记》记载，千家峒是瑶族先民繁衍生息、安居乐业的聚居地之一，与世隔绝。宋、元之际，官府发现这个地方好，派官差入峒征收粮饷。瑶民热情款待，官差久留不归。官府误认为官差被杀，于是派兵围剿，逼得峒内瑶民纷纷出逃，背井离乡，流散到我国南方各地大山中去。时间默默流淌，残酷的历史已然消失，这里已成为风景胜地，外来的探访者在依稀可见的石墙边，脑补着当年发生的故事，不由得唏嘘惆怅。

亦有人是为了寻访革命前辈的踪迹，而不辞辛苦跋山涉水，开启"红色之旅"，当地甚至还举办过"走红军走过的路"等大型徒步活动。一千多名专业和非专业选手参加，踏着红军战士的足迹，一起穿越韭菜岭。

1934 年，红军长征时就经过了道县和都庞岭，著名的湘江战役的决策地、集结地都集中在道县。红军在韭菜岭和国民党打过仗，现在，我们在海拔1528 米的三峰山还能看到刻有"中国工农红军万岁"大字的石壁。他们可以说是韭菜岭最早的徒步者，只不过他们的徒步不是一种爱好，而是一种战斗。

遥想当年，红军徒步走过的艰难之路太多，韭菜岭不过是其中短短的一段。不知道那个时候的他们是否能想到，后人将循着他们的足迹，重温长征路上的艰苦，缅怀他们的付出。如果他们知道现在我们的所思所想，知道我们已经过上平安幸福的生活，会是一种什么样的心情？一定，是不后悔自己走过的路，并深感欣慰吧。

现在想来，所谓穿越韭菜岭是"湖南驴友的徒步毕业课"，可能并不仅仅指徒步运动本身，更在于这一路上所见的风景，所感受到的文化底蕴，以及先辈的壮志与胸怀。

莽山：山高崖险，石怪峰奇

◎蒋芳仪

【莽山档案】位于湖南省郴州市宜章县南部，南岭山脉北麓，湘粤两省交界处。地形复杂，境内 1000 米以上的山峰有 150 多座。最高峰猛坑石海拔 1902 米，人称"天南第一峰"。

人与山的相遇，是需要运气的。虽然山一直在那里，但在不同时间不同心情前往，所看到的山就是不同的面貌。人所见的山，往往只是山的一时、山的一角而已。

有人说，与莽山的相遇尤其需要运气，他们甚至还将这运气分了好几个等级："初运碰到晴，中运碰到云，大运碰到雪中云，盛运才能一次看到雪、雾凇、云海和日出。"有人便曾在冰霜期间的清晨登上莽山，撞过盛运。彼时漫山遍野都是白雪，朝阳却破云而出，群峰若玉，万树镏金，是一辈子都难以忘却的壮丽景色。

即使褪去冰雪云阳的装点，莽山的风景也是没得说，任何时候前来拜访都不会令人失望。它位于湖南省郴州市宜章县的南部，南岭山脉北麓，湘粤两省交界处，藏于群山之间，仿佛养在深闺的少女，未出阁时默默无闻，一旦露出她的真面目，便惊艳四座。不过，将莽山比喻成少女并不十分贴切，因为山高崖险、石怪峰奇，才是人们对莽山的整体印象。

所谓"山高"，是因为莽山境内高峰林立，仅 1000 米以上的山峰就有150 多座，最高峰猛坑石海拔更是高达 1902 米，人称"天南第一峰"。站在

莽山峰林，突现一道彩虹　卢七星摄

猛坑石主峰上，"北望衡阳，南见韶关"，千山万壑，尽收眼底。

　　"崖险"则是指莽山山体悬崖峭壁众多，石峰千仞，峨崖万丈，沟壑幽深，惊险异常。最典型的崖子石垂直高差 300 米，仰观俯视都让人心惊，号称"中南第一险"。而天幕山则是一道巨大的绝险石屏，高 200 余米，宽约400 米，仿佛一块人工凿就的石板，从山顶垂直到山脚。

　　至于"石怪"，则是指莽山境内那无数奇形异状的岩石景观。蛤蟆石惟妙惟肖。在林海绿浪之上，一群"蛤蟆"若跃若蹲，形神备至，而且有大有小，仿佛母子相随；罗汉石栩栩如生，像苦修的罗汉，隐迹深谷，默默经受世间磨炼；将军石如伟岸的大将军，披甲执盾，守护群山。此外金鞭神柱、童子拜观音、木鱼石、八戒行山、卧龙守关刀等奇石数之不尽，峡谷河床中更是奇石遍布，千姿万态，随便指出一块来都是奇珍异宝。

　　"峰奇"当然是指山峰的险峻雄奇。莽山境内山峰垂直高差有数百米，体量巨大，气势雄伟。猛坑石自不必说，它作为第一高峰雄踞南岭，傲视南国，巍然雄浑；庄子石横空出世，拔地擎天，雄险灵奇；鬼子寨石峰峥嵘，高岩深峡，雄奇幽奥……每一座都有自己的特点，而这样的山，莽山有太多太多。

莽山绝景佳境，数不胜数。飞流千尺的鬼子寨瀑布，雄踞天关的南天门，文静端庄的"三姐妹"，巍峨雄浑的摩天岭，绿波荡漾的浪畔湖，神秘莫测的"猴王寨"，令人目不暇接，流连忘返。

莽山不仅是风景胜地，更是一座资源宝库。这里气候温和，雨量充沛，拥有极为优越的自然条件，森林植被覆盖率高，物种极为丰富，形成了复杂多层次的格局，热带、亚热带、温带甚至少数寒带的森林植物，都在这里生长得欣欣向荣。可以说，莽山拥有地球同纬度保存最完好的原始森林，堪称中国南方动植物基因库，也因此被称为"中国生态第一山"。

据统计，莽山有维管束植物 219 科、929 属、2659 种，占湖南该类植物科数的 88.3%、属数的 74.1%，拥有国家重点野生植物 21 种，其中一级有南方红豆杉等 4 种，二级有香果树、华南五针松等 17 种。莽山受第四纪冰川的影响很小，很多第三纪和更古老的植物得以保留，属于第三纪森林良好的保存地，是古老植物的"避难所"。古老植物种类丰富，白豆杉、穗花杉、长苞铁杉、华南铁杉、南方红豆杉、百日青等裸子植物大量成群地分布。全国范围内的濒危物种——大果野茉莉，湖南全省只在宜章的莽山和溶家洞有天然分布。

丰富的森林生态系统为各类动物繁衍生息提供了适宜的环境。在莽山深林中，常有猿猴、松鼠、野兔、麋鹿出没，而国家重点保护野生动物在这里也有 33 种：一级有华南虎、金钱豹、黄腹角雉等 4 种；二级有穿山甲、藏酋猴等 29 种。1990 年发现的巨型毒蛇——莽山烙铁头蛇，堪称一代"国宝"，全世界仅在莽山得以存活。

莽山的好，在于它的丰富奇妙，多姿多彩。如此想来，那些撞盛运登上高峰的人，固然是幸运的，但他们所领略的，也不过是莽山的一时一地而已。世界上有几个人，能够穷尽莽山全部的风景？了解它所有的宝藏？大部分人也就能领略一二而已。但能领略一二的人，也足够幸运了。

九龙江: 山水合奏的交响曲

◎蒋芳仪

【九龙江档案】 位于湖南省郴州市汝城县，地处南岭山脉中部和罗霄山脉南端交接处。最高峰福音峰海拔 1403 米。

《论语》有云："知者乐水，仁者乐山；知者动，仁者静；知者乐，仁者寿。"

其实，山水往往相依，喜欢山的人，又何尝不喜欢水呢？在湖南省汝城县东南部，郴州、韶关、赣州的三角地带，就有这么一处山奇水美、山环水绕的奇妙所在，它的名字叫九龙江。

它虽然与一条江同名，但并非指大江大河，当然也不是名山奇峰，它其实是山与水的合体。如果用音乐来形容，那么它就是山与水合奏的交响乐，磅礴大气，跌宕起伏，令人心驰神往，荡气回肠。九龙江自古就有"四面青山列翠屏，草木花香处处春"的美誉。2009 年 12 月，它获批为国家级森林公园。2013 年 12 月，它又被评为"中国最美森林旅游景区"，成为湖南最迷人的风景区之一。

九龙江的山用鬼斧神工来形容也不为过。福音峰是九龙江境内最高的山峰，海拔 1403 米，而最低处南大门仅 185 米（这也是汝城县海拔最低的地方）。高低海拔相对差极大，造就九龙江沟壑交错、峡谷幽深的丰富地貌。为了让游览者能够领略九龙江的奇绝，当地人在这里架起了一座玻璃桥，这也是郴州第一座玻璃桥。这座桥矗立巍峨绝壁，截断漫山云雨，长 140 米，宽 2.12

米，有并排容纳五人的壮阔。人们登上这座桥，横跨幽深峡谷，感受高山深壑的巨大落差，那种心理上的强烈冲击是难以言喻的，很多平时坚强沉稳的男人到了这里，都难免脚下一软。

然而山高峰奇并不足以说明九龙江的特点，九龙江的山是因为水而独具特色的。九龙江森林公园境内河流小溪众多，东部主要河流为九龙江及其支流，西部主要河流为大麻溪及其支流，均属山地型河流，具有蜿蜒曲折、易涨易落的特点。围绕着水的主题，九龙江划分为九龙觅仙、九龙戏水、九龙奇岩、九龙飞瀑和热水温泉五大景区，吸引着慕名而来的游客。

瀑布是山与水共同的杰作。"两潭两滩四瀑"则概括了九龙江大大小小的瀑布景点，有飞龙瀑布、回龙瀑布、卧龙潭、跃龙滩等。它们

九龙江奔腾的溪流

依山梯次分布，由山顶到山腰，层级排列。有的一瀑三叠，有的飞流直下，千姿百态，各有奇妙。其中，回龙瀑布就像一条玉龙从二十多米高的山谷奔涌而出，借着山势，挟着水威，以一种野性而纯粹的态度，与石壁相撞。水流一波三折，龙身回转腾越，跌落在面积约三十平方米的水潭里。水花溅起，潭水清澈凉爽。而飞龙瀑布最为世人所瞩目，因为只要登上九龙江玻璃桥，游人就能悬空而立，从最不可思议的角度，来欣赏它盛大的演出。

水滋润山，山涵养水，山水合作则孕育出森林。九龙江总面积有8436.3公顷，森林覆盖率高达97.4%，森林植被类型十分丰富，植物2800多种，包

括木本植物 80 科 456 种，草本药用植物 256 种。林海茫茫中，又生养飞禽走兽。九龙江境内有野生脊椎动物 256 种，其中国家二级保护动物有 12 种，即娃娃鱼、穿山甲、苏门羚、红腹锦鸡、红腹角雉、豺、水獭、鸢、草鸮、长耳鸮、松雀鹰等。2019 年 5 月，九龙江森林公园入选第二届"中国最美森林"名单。

　　山水造就了天险。相传清朝咸丰年间，太平天国将领翼王石达开率军由江西进入汝城集龙、热水等地，经热水桃金洞进入九龙江鹿鸣洞后，来到这里。见地广人稀，易守难攻，便安营扎寨，练兵休整，从而躲避清朝的追剿。他们留下了不少遗迹，如今的"晒袍岭"据说就是他们经常晾晒衣服的地方，"走马坪"就是他们走马练兵的场地，"走马坪"中间突起的小山包则称为"点将台"。

　　山水也养人。"深山藏古寨，浓浓畲瑶茶。"九龙江是数百年来瑶族、畲族同胞的聚居地，如今，这里大概还有 300 多名瑶民分布在 11 个自然村，散居在崇山峻岭之间。他们住的是土墙屋，耕作在深谷，日出而作，日落而息，淳朴勤劳，到如今还保存着久远的风俗。他们的起居服饰、一饮一食、歌舞娱乐、婚丧嫁娶乃至信仰都成了一道独特的风景，也为九龙江的山水交响乐增添了别样的人文气息。

　　其实无论是智者还是仁者，又或者是我们这些普通人，少有不爱山不喜水的。当我们在生活中感到忧愁苦闷的时候，山与水是无需客套的朋友。九龙江山水相映，等待着我们最好的邂逅。

舜皇山：江南有十峰，而舜峰高矣

◎蒋芳仪

【舜皇山档案】位于湖南省永州市东安县大庙口镇，与邵阳市新宁县交界。四百里越城岭山脉的腹地，史载舜帝南巡曾驻跸于此。主峰海拔 1882.4 米，有"有湘南第一峰"之誉。

天下名山大川甚多，以华夏祖先为名的，却仅有一座舜皇山。

舜皇山位于四百里越城岭山脉的腹地，在永州市东安县大庙口镇与邵阳市新宁县城之间，南方入口距东安县城 30 公里，主峰海拔 1882.4 米。

以"舜皇"为名，无疑是因为四千多年前的那位贤明君主——舜帝。他在位期间任贤使能，开创了政通人和的局面，是中原地区最强大的部落联盟首领。人到晚年，他对于权力也没有太多留恋，洒脱地禅位于大禹，然后乘车巡行天下。

相传舜皇山就是舜帝南巡驻跸之地。舜帝在这里狩猎、捕鱼、耕作，福泽于民，甚至还召唤娥皇、女英一起前来。可惜，因为这里多山多路，通信又极不发达，舜帝和两位妃子终究还是错过了。娥皇、女英遍寻不着自己的夫君，忍不住落下泪来，沿路的竹子上留下她们的斑斑泪痕——这就是后来的"斑竹"。

为了纪念舜帝南巡，这里后来修建了多处舜庙（当地人又叫"大庙"），就在东安县境内，因此这里又叫大庙口镇。每年农历十一月十三日前后十多天，这里都要举行隆重的民间庙会活动，纪念舜帝，并进行物资交流。可

惜，清嘉庆六年（1801），一场特大洪水将大庙口舜庙冲毁了。

虽然传说和历史里满是泪水和遗憾，但舜皇山的好却是毋庸置疑的，否则舜帝不至于让两个妃子千里迢迢地赶来相聚。当我们走进舜皇山，不由得被舜帝的眼光所折服，这里层峦叠翠，谷幽峰险，瀑布纵横，熔岩壮丽，种种奇观难以尽述，堪称大自然和时间的天作之合。

普通人登上舜皇山峰顶，一般需要五六个小时。在顶峰东南面石壁上，不知何年代刻的"舜峰绝顶"字样，仍清晰可辨。见到这四个字，也意味着离峰顶不远了。更妙的是，四季舜峰，风景各不同。春季来，云海茫茫，千峰隐现；夏季来，万山千壑，历历在目；秋季来，松涛托日，气象万千；冬天来，满山冰封，少有人迹。无论何时拜访舜皇山，总能体会别样的情趣。

舜皇山奇观甚多。舜峰西南有舜帝狩猎时曾住过的天宁寺，古时为湘、桂两省边界的香客朝拜圣地，至今仍香火不断；舜峰东南则有"七星伴月"，即大大小小八个山包，居中者圆如满月，四周七个山包形态各异，恍若七星；舜峰东 800 米，海拔 1000 米处，有一块长约 2 米、宽 0.3 米的石块，高悬在石壁的顶部，像一座小桥，被称为"仙人桥"；"荣誉岭狩猎场"位于大庙口镇北 24 公里，封闭式，足有 1500 亩，适宜野生动物筑巢、觅食、沐浴和繁殖后代；"城墙石"位于大庙口镇北 28 公里处，是一条平均高 50 多米，宽约 30 米，长约 2 公里的硅质岩石壁，整个岩壁像一道巍峨起伏的城墙。

　　所有奇观里，舜皇岩不能不提，它的发现堪称传奇。这个瑰丽古老的溶洞位于舜皇山东麓，一座独立的石山下。这座山从远处看去并不起眼，占地不宽，周围是宽广的田野。多年来，没有人知道这里隐藏着一个巨大岩洞。1984年，是一只野兔将上山砍柴的农民引到了这里，才使得一个隐秘的地下"艺术"殿堂被发现。舜皇岩属于典型的喀斯特地貌。据地质学家考证认定，该岩的形成已有一亿多年的历史。岩洞全长700多米，总面积约12000平方米，洞内有四宫十八殿，洞中有洞，别有洞天。洞内的钟乳石，千姿百态，栩栩如生，可与桂林七星岩、芦笛岩媲美，堪称"人间仙境"。相传这里是舜帝的地下别宫，舜帝曾在这里休息，散去南巡的疲惫，因此人们将它称为"舜皇岩"。

　　舜皇山不仅是人间仙境，也是当年红军长征中翻过的"第一座难翻的大山"，还是中国工农红军红六军团躲避国民党反动派的围追堵截，向贵州挺进，直达遵义，北上抗日所经之地。老一辈无产阶级革命家陆定一同志为之写下著名的《老山界》，展示了红军长征的艰苦卓绝，赋予了革命传统教育和爱国主义教育崭新内涵。为纪念陆定一同志，舜皇山国家森林公园特意修建了"陆公亭"。

　　并不是所有被纪念的人，都那么有名，也有些无名氏，依然为后人所敬仰。东安县舜皇山国家森林公园管理局红军村，坐落在群山之中。村里有一座无名红军烈士墓。八十多年前，一名红军战士牺牲后长眠于此。从爷爷谢忠芝开始，谢臣明、谢红军祖孙三代，一直守护着这座红军墓。这种守护，不为名，不为利，只为心中的敬重。

　　舜皇山是纪念之山。在这里，我们不仅纪念一位伟大的帝王，也纪念所有为新生活奋斗的人。

苏仙岭：山不在高，有仙则名

◎蒋芳仪

【苏仙岭档案】位于湖南省郴州市。主峰海拔 526 米，自古享有"天下第十八福地""湘南胜地"的美誉。

在两千多年前，它叫牛脾山。这个名字它原以为会用一辈子，谁知道有一天，它遇见一个姑娘，命运就此改变。

那是西汉文帝年间的事了，姑娘姓潘，家在郴州东门外。她在河边洗衣时有了奇遇，就此怀孕，无处而去，便来到了牛脾山桃花洞。潘姑娘在这里生下一个男孩，名为苏耽。苏耽一出生就显得与众不同，鹤覆鹿哺。他长大后孝敬母亲，得异人授仙术，通医道，识百药，聪颖勤奋，为民治病，造福乡里，十三岁时跨鹤升仙。

苏仙得道，虽然没有让鸡犬升天，但沾了他的仙气，与他相关的一草一木都变得不凡起来，更不用说他的出生地牛脾山了。为了纪念苏仙，人们把牛脾山改名为苏仙岭，把桃花洞改名为白鹿洞，并在苏仙岭顶上建造了苏仙观。

这便是苏仙岭的由来。这座写满故事的山位于湖南省郴州城东北，独屹于郴江边，主峰海拔 526 米——这个高度在名山大川里实在不算什么，但是它自然风光秀丽，人文古迹众多，自古享有"天下第十八福地""湘南胜地"的美誉。正所谓"山不在高，有仙则名"，这句话用来形容苏仙岭最适宜不过了。

对于凡俗之人来说，苏仙的传奇在于他是一个有"福"之人。《尚书·洪范》称五福"一曰寿，二曰富，三曰康宁，四曰攸好德，五曰考终命"。苏

苏仙岭 "三绝碑"

仙出身不凡，归宿更不凡，非常符合人生五福"长寿、富贵、健康、安宁、善终"的定义。也正因为如此，苏仙岭遍布"福"字，前来游览的人们进福门，听福音，摸福字，踏福路，祈福愿，一边在桃花居、白鹿洞追溯着苏仙的踪迹，一边憧憬着在苏仙的保佑下能够拥有幸福圆满的人生。

相比得到，有些人更在乎留下些什么。南宋咸淳二年（1266），一个叫邹恭的人，在白鹿洞附近的石壁刻下了一些文字。这块摩崖石碑，高52厘米，宽46厘米，刻的文字是秦观被贬郴州所写的《踏莎行·郴州旅社》词和苏轼所作之跋，行书，乃米芾手迹。时人称"秦词""苏跋"和"芾书"为"三绝"，邹恭将"三绝"翻刻在崖壁上，这摩崖石碑就称为"三绝碑"，是苏仙岭最宝贵的文物之一。

1963年3月，时任中共中央中南局第一书记的陶铸来郴州视察。看到了三绝碑，想到秦观的命运，感其遭遇之不幸，因益知生于社会主义之有幸，乃反其意而作一阕，以资读该词者作今昔之对比，而更努力于社会主义革命与社会主义建设。陶铸之词气态高扬，与秦少游之词的幽怨哀愁大为迥异，同样也刻在石上，置于三绝碑护碑亭内。石壁无语，只是一视同仁地展示不同时代的文字，任由后人去评判。

过三绝碑后登山，行二公里左右，经两座石亭可至巅峰。从前，苏仙岭峰顶上的建筑名为苏仙观，始建于唐，重修于清。其大殿翠瓦飞檐，巍峨壮观，所供苏仙塑像，慈眉善目，颇有仙风道骨。观后有一巨石突立在崖前，相传是苏耽跨鹤飞升处，故称升仙台或跨鹤台。整个建筑有正殿三间，分上、中、下三个，两边有偏殿，东北角两小间，名为"屈将室"。

屈将室门上有楹联一副：请战有功当年临潼以兵谏，爱国无罪此日南冠作楚囚。横联：屈将室。楹联黑底绿字。抗日战争时期著名爱国将领张学良曾被幽禁在这里。1936年12月12日，他与杨虎城发动了震惊中外的"西安事变"。这一事件对于停止内战，促进国共第二次合作、实现对日作战，起到了伟大的历史转折作用。"西安事变"和平解决后，张学良将军亲自送蒋介石回南京，被蒋囚禁。从此，张学良将军开始了他的囚禁生涯。从1936年底至1946年底的十年间，张学良将军先后在中国大陆被转移了十二处囚禁场所。郴州苏仙岭是第六处。在这里，张学良将军壮志难酬，有家难归，有国难报，挥笔在墙上写下了"恨天低，大鹏有翅愁难展"几个大字。

其实，不仅将军有壮志难酬之时，仙人也有憋屈无奈之际。比如山顶的道教圣地苏仙观，就因为各种历史原因，化身为"南禅寺"，成了一座佛寺。苏仙大概想不到，自己飞升两千年后，故事还有这种转折变化。

也许在仙人的眼里，不是不能去翻云覆雨，将轨道扳回原来的位置，他只是不在意而已。这又算什么呢？在漫长的时光里，人间的数十年甚至上百年，也不过是短短一瞬。曾经将张学良软禁的蒋介石，很快就只能龟缩在台湾一隅，在余年亲自领略人生的憋屈感。

正因为明白这些道理，苏仙岭才能从容地面对岁月的洗礼。山依旧秀丽，万木依旧葱茏，不曾改变。

香零山：坠落凡间的一颗仙棋

◎蒋芳仪

【香零山档案】位于湖南省永州市古城区茆江桥潇水河。系天然石矶组成的小岛。高约 20 米，东西宽约 20 米，南北长 15 米。核心景点为观音阁。

第一次遥望香零山，是在一个深秋之日。

彼时天空阴云密布，偶尔飘落一两点小雨，扑在脸上寒意顿生。潇水河在阴云之下，无风无浪，澄澈如镜，在较远处的一线与天空相接。

香零山就那样突兀地矗立在天水之间，仿佛天外来物，与周围景物迥乎不同。说是山，它却四面环水，其实是天然石矶组成的小岛，高约 20 米，东西宽约 20 米，南北长 15 米，还不如一个三人制的足球场大。香零山虽小，山势却陡峭，仿佛八大山人笔下翻着白眼的怪鱼怪鸟，浑身上下都透露着"不合作"。

在零陵的传说里，它还真是天外来物。那是不知何年何月的一日，太上老君和南极仙翁对坐下棋，南极仙翁见自己又要输了，便趁太上老君不注意，偷了一颗棋子，顺手抛下天庭。这枚棋子坠落凡尘，好巧不巧，就落在潇水河里，化为一块石矶。或许是因为心中有不平之气，这枚棋子一改过去的圆润温和，形貌变得峥嵘起来。

棋子本无错，错的是命运给它安排的席位。因这石矶位于潇水河心，"每逢春夏水涨，误触之，木漂人溺，惨人心目，间有攀登山顶者，白浪掀天，两

潇水河心的香零山 卢七星 摄

岸坐视其冻饿而不敢救"。南极仙翁下完棋才发现自己酿成大错，悔之晚矣，只能将从瑶池采摘的几粒香草种子撒向潇水河中的石矶，作为弥补。那草长得异常茂盛，馨香四溢，能充饥，能治病，若有人不幸翻船，又爬到这石矶上来，便可以保住自己的性命。因为这些香草，这块石矶便有了自己的名字——"香零山"。

《永州府志》记载："山曰香零是生香草，零与苓古文通，故名。"而《大清一统志》湖南卷也有记载：香零山"在县东潇水中，山中所产草木，当春皆有香气"。由此可见，香草是有的，香零山之名的确也与香草有关，传说虽不可全信，但总有现实的影子。

香零山的命运，像极了人的命运。公元805年，永贞革新失败后，柳宗元被贬为邵州刺史。11月，柳宗元尚在赴任途中，又被加贬为永州司马，从此在永州待了整整十年。曾经的天才少年，20岁就进士及第，官运一直亨通，直到一日明星陨落，终于看到人生真相。

柳宗元来到永州，与香零山也曾遥遥相望。他在《登蒲州石矶望横江口潭岛深迥斜对香零山》中记录这次会面："隐忧倦永夜，凌雾临江津。猿鸣稍已疏，登石娱清沧。日出洲渚静，澄明晷无垠。浮晖翻高禽，沉景照文鳞。双江汇西奔，诡怪潜坤珍。孤山乃北峙，森爽栖灵神。泂潭或动容，岛屿疑摇振。陶埴兹择土，蒲鱼相与邻。信美非所安，羁心屡逡巡。纠结良可解，纡郁亦已伸。高歌返故室，自罔非所欣。"这首诗后来被苏轼盛赞，说"了厚此诗，远在灵运之上"。诗中虽是写山，何尝不是浇自己心中块垒？此时的柳宗元与香零山，同样处于孤绝之地，面临湍流极险，心中忧虑难安。

还好，柳宗元也有自己的香草种子。在永州生活的十年里，他在哲学、政治、历史、文学等方面进行钻研，并游历永州山水，结交当地士子和闲人，写下了一篇篇传世的诗文。柳宗元一生创作丰富，论说、寓言、传记、山水游记、诗词歌赋等均有建树，尤以山水游记最为脍炙人口，山水游记又以永州之作更胜。他的《柳河东全集》收录了540多篇诗文，其中有317篇创作于永州。仿佛是为了弥补什么，这位政治上的失意者，终究种出了自己的香草，成为了光耀千古的文学大家。

可惜，香草毕竟只是一条寄情之路，并未曾改变山和人的命运。香草不能避免舟船倾覆，柳宗元离开永州，回到长安后也并未得到重用。之后再次被贬到柳州，四年后便在那里去世，一直郁郁不得志。

还好山的一生要比人的一生久长，在漫长的岁月里，香零山等到了自己的转机。清同治癸亥年（1863），邑绅黎得盛、王德榜等人倡建观音阁于山上，招僧居内，设救生船只，雇请专人役使，涨水时，白天打钟，晚上点灯并常备衣食以周济落水者。这大大减少了香零山带来的灾难，更让孤绝的香零山有了人气。这座青瓦灰墙的观音阁，几乎占据了整座小山，不仅典雅优美，更莫名地与香零山融为一体。往日的畏惧幽怨不见了，如今这里让人感到的是身心安顿，以及油然而生的敬意。

当它的不合时宜褪去，展现在人们眼前更多的便是它的美。香零山小而险峻，春流汤汤之时，有如贴水芙蓉，与波明灭；秋高水落之时，则亭亭孤寺，不可攀跻。若雨后遇日出，烟绕山脚，往来舟楫若隐若现，如置身烟波浩渺之境，更有"香零烟雨"之称。1988年维修之后，游人络绎不绝来到这里。

香零山，这颗坠落凡间的棋子，终于找对了自己的位置。

野狗岭：湖南母亲河的发源地

◎蒋芳仪

【野狗岭档案】位于湖南省永州市蓝山县紫良瑶族乡蓝山国家森林公园内，海拔1789米。2011年6月，湖南省水利厅下文认定，发源于野狗岭的潇水应当为湘江的正源。

在两千多年的岁月里，它一直寂寂无名。

没有人知道，它怀有怎样惊人的秘密，在世人的眼里，它只是一座山而已。

它的名字看上去是如此潦草塞责，或许当年的确有成群野狗出没，于是便被人随意安上了这个难登大雅之堂的名字——野狗岭。相比之下，"海洋山"三个字，更像是能够担当重任的名字，而且也确实在两千年里，承担着"湘江源头"这样的大名。

《水经注》中说："湘水出零陵始安县阳海山（宋以后称海阳山，近代称海洋山或海洋河）……湘、漓同源，分为二水，南为漓水，北则湘川，东北流。"广西兴安县白石乡石柱村近峰岭，立有"湘江源"石碑，这也是此前人们普遍认为的湘江源头。

然而，岁月并不能掩盖它的光彩，世人终究会认识真正的它。

2006年，一个叫陈义勇的人对"湘江源头"提出了新看法：湘江正源应为潇水源头，就在永州市蓝山县。他是湖南衡东人，彼时还是北京大学历史地理研究中心的在读博士。他的观点在业内引起小范围论战，陆续有学者加入论

湘水，从这里发源

战，接着媒体也开始关注。

　　为证实这一观点而奔走的，却另有其人。2009 年，一个叫李贵日的人乘船到蘋岛，站在潇水与湘水的交汇处，久久未能离去。他切身地感觉到，蓝山县至永州蘋岛河段要明显宽于广西兴安县至永州蘋岛河段，且前者的流速也要快于后者。就在这一刻，李贵日下定决心，不管遇到多大的困难与阻力，都要为"湘江源头"正名。

　　身为蓝山县文联主席、政协委员的他，深知个人力量是不足够撑起整个调研工作的，于是他不断推动县政府去做这件事，最终得到了县长冯德校的支持。一切努力没有白费，2011 年，湖南省水利厅普查办派人来到蓝山对河段进行测量。按照国际惯例，河流源头的判定标准是"河源唯长、水量唯大、主流唯正"，水利普查办的实地考察研究结果证实了陈义勇的观点是对的，他们将这一结果上报国家有关部门。

　　2013 年 5 月，一个流传了两千多年的误会终于得以纠正。国务院水利普查办和水利部认定，湘江主源头在湖南蓝山县，确切地说，是蓝山县的野狗岭。

从此，野狗岭不再只是一座山而已了。每到五一、国庆黄金周，这里便热闹非凡，五湖四海的游客会聚于此，不惧山高路远，兴致勃勃地去探访湘江的源头。

人们才发现，这座长期默默无闻的山原来是如此奇险秀美。它海拔 1789米，即使远远望上一眼，也觉得高耸入云，气态不凡。接近它也是如此不容易，从县城出发，短短 50 公里路程，三回九转，山峰连绵，驱车一个半小时才能到达它的脚下。这时候，才会看到溪边的巨石，上面写着三个大字——"湘江源"。

这条小溪来自湘江源头，只要沿着它溯流而上，就可以看到湖南母亲河的发源地。从这里开始，沿着景区修的廊道向上攀爬，一路云雾缭绕，只听得耳边轰隆的瀑布声，只看见脚下身边的山路竹林，却看不到山顶在哪里。

这个过程固然辛苦，但是跟过去相比，还是简单了许多。曾经的野狗岭，并没有这条廊道，最初来实地调查的李贵日，都是踩着溪边的卵石上山的。数百次的调研，才整理出足够的数据，争取到各方的支持。有时候山洪暴发，山路尽毁，只能踩着烂泥上山，其中的辛苦艰难，很难为人所知。即使现在修了廊道，人们往往也要爬到筋疲力尽，才能到达廊道的尽头，看到那一道白练般的瀑布从山顶倾泻而下——这便是湘江源头之水。

这股清流从茂密的竹林中奔涌而出，从二三十米高的岩石上倾泻而下，自北向南，一路蜿蜒，涌入潇水，汇入湘江，千里奔袭入洞庭。它穿越千百年，流经千百里，路过太多人世的繁华，见证太多时间的沧桑，自然，也带走了野狗岭的寂寞。它低头看那些渺小的人族，看他们掬起清澈的溪水，像婴儿吮吸母亲的乳汁一般，贪婪地品尝它的甘甜，夸赞它的伟大。他们不辞辛苦地在它的腹地探险，想要了解它的一草一木，一水一石。

它不由得微笑了。这笑从地底升起，仿佛一阵风，穿过竹林，挥振出绿色的涟漪，一直荡漾到远方。远方是连绵起伏的青山，是如同它一般默默无言的同类。

两千多年来，它怀抱着一条母亲河的源头，尽力去孕育它、壮大它，却从未为自己发声——这是身为一座山的自信与自持。

这又有什么可说的呢？它就是它。

八面山：景似八面，情尤胜之

◎李玲

【八面山档案】位于湖南省郴州市桂东县，地处罗霄山脉中南段、南岭山脉北端。南北长 24 公里，东西宽 21 公里，主峰石牛仙海拔 2052 米。境内有八面山国家自然保护区。

"离天三尺三，人过要低头，马过要去鞍；一线猿猱路，险如蜀道难。"这是对湖南省郴州市桂东县八面山地势的真实写照。如果你来过此地，一定不会觉得这说法有夸大之嫌，反而会对古人的警示心怀感激。

实地攀登之前，对八面山印象并不深刻，只知它位于郴州，地势险峻，似乎是座界山。查阅资料方才知晓，八面山有两重含义：一指八面山山脉，不止一座山，其主峰石牛仙海拔 2052 米；另一重含义则指位于桂东县的八面山，也是我们这次郴州之行的主角。

探寻八面山，不止一条路。可以选现代化的登山之路，全程约 22 公里，有五千级台阶，沿途砌有凉亭座椅，五个小时可以打个来回。若是携老扶幼，或是时间匆忙，此路最佳。也可以选择原始小路，这是驴友钟爱的路线，从资兴仓田村三八林场起始，途经废墟和古道，最终到达山顶。这条路费时费力，甚至有些艰险，却也最能领略八面山的风光与人文。

山有许多共性，无论坐落何地，历经几时，都与人类发生着千丝万缕的联系。譬如古人登高抒怀，哀民生之多艰；今人徒步穿行，叹江山之多娇。山又有着不同的个性，譬如岳麓温婉绵润，衡山福禄厚重，乌龙传奇神秘，而八面

登顶后映入眼帘的云海

山很难一言以蔽之。在前行中慢慢探寻，才能一点点揭开它如画的景致与壮烈的故事。

恰逢春末夏初时节，上万亩云锦杜鹃盛放在山坡。朝下远远望去，微风吹拂下的花朵摇曳生姿，一朵朵、一簇簇相偎相依，高低起伏，连成一片浪花翻涌的海洋。这种原始奔放的美一下子戳中心窝，平日紧绷的神经也放松下来，随着风的节拍贪恋流连，不愿离去。

虽缤纷艳丽，煞是好看，云锦杜鹃却不是八面山最有名气的植物。令八面山闻名遐迩的，是"植物界的熊猫"银杉。这里生长着一千多株银杉，胸径大的有 2 米，树龄超过 300 年。触摸粗糙而布满褶皱的树干，可以感受到时间的痕迹。四季更替，阴晴圆缺，它们只管兀自生长，不曾改变分毫。及此，不由得让人叩问：人有此志，夫复何愁？

行至海拔 1000 多米的半山腰，眼前景致又换了天地。一路陡峭的土坡上，忽然出现一条平缓的石板路，路面较宽，石板也很整齐。这路是如何形成的，又通往何处？五分钟后，谜底揭开，石板路的另一端连着几间倒塌的石屋，孤独矗立的石门后供奉着一尊石像，庭前屋内散落着破碎的碑刻。不觉想起古人在此地留下的诗作："横云照染芙蓉壁，八面风棂漏隙光。晴影有时还缥缈，暖丝无力自悠扬。""拽得兰舆上，行行石径微。山高惊鹊起，树老杳鸦飞。"碑文早已风化，诗文却流传千古。

此处便是传说中的石牛灵仙古庙遗址。自古以来，无论多么动听的神话都透着些许荒诞，外人往往嗤之以鼻，而很多当地人却深信不疑。我们所住客栈的罗大哥说，之前村里有个妇人，生了几个孩子都是女娃，来这许愿之后，果然生了个男娃，很灵验。能给有盼求之人带去一点心灵慰藉，不也是美事一桩？

时间回溯至 1934 年，这里是赫赫有名的八面山红军哨口，井冈山革命根据地五大哨口之一。"山上溪水弯又长，八面山上放豪光，红军哨口在山腰，好比天然大城墙。八面山啊山连山，哨口做在山上山，反动白狗来进攻，有命来哩没命还。"从传唱的民歌中不难想象，这个哨口曾经发挥过多么重要的作用。

1928 年，山里有一个叫桃辽的小村子，仅有 19 户 60 多人，有 17 名青年选择加入红军。1934 年，这里诞生了红军长征后湖南的第一个苏维埃政权。同年，红军独立四团在这里阻击牵引敌人，掩护萧克、任弼时指挥红六军北上……湘南儿女挡住了敌人进攻的脚步，守护一方百姓的生命与安宁。逝者已矣，生者如斯。

离开废墟，没走多久便来到山脊上的乱石区。一侧是草坡，一侧是悬崖，形态各异的山石和裸露在外的褶皱岩层，同样令人心惊魄动。这里曾经发生过剧烈的地壳运动。时光变迁，沧海桑田，自然的力量永远强悍，它一面重塑万物形态，一面留给人们更多谜题。

再往上，要接连翻过四个山坡。人随山移，山顶的云海也渐次浮现。越往上，云海越浓，"不敢高声语，恐惊天上人"，却又想穿过重重云海，一探究竟。黄昏时分，终于登顶，心中畅快非言语能明。身入花海之欣喜，想象传说之美好，追思先烈之崇敬，围观地貌之惊奇，八面山的不同侧面一一展露。别说十里不同景，更是十里不同情！

都说八面山因"山有八面"而得名，莫如说是因"景有八面""情有八面"。有幸亲临，实甚乐哉。

宝山：穿越古今的矿山遗址

◎李玲

【宝山档案】位于湖南省郴州市桂阳县。因藏有金、银、铜、铁、铅、煤（石墨）、水晶等八种宝物，被民间冠以"八宝之地"的美称。是湖南省唯一的国家级矿山公园。

宝山，位于"千年矿都"郴州市桂阳县。目前境内已探明的矿藏达11类103种，其中铅、锌、铜、锡和石墨储量居中国前列。因矿藏丰富，桂阳自古便经济繁盛，东晋置县，隋朝设郡。千百年来，采掘冶炼开拓出悠久的矿冶文化，也铸造了山城桂阳坚毅的灵魂。

宝山有文字可考的采矿历史可追溯到汉代。2003年在郴州出土的一片简牍，上书"口一千七百四十八，采银工"，意即当时桂阳官方登记在册的采银工就有1748人。"当时的桂阳，应该与改革开放后的沿海城市一样，吸引了全国各地的人前来务工。"视界桂阳图文协会主席雷云认为，桂阳县至今有一百多种方言与这一历史事实有关。

经历了秦、汉、隋、唐、宋、元，宝山的采矿技术在明清时得到全面发展。今天的地下巷道中，仍存留有古人采矿的遗迹，一些古窿洞，方框支护、竹背篓、竹水管等采矿工具也得到较好保存。原宝山老矿长尹秀毅回忆说，他们在采矿过程中，还发现过不幸遇难的古人遗骨。从仅容一人弓背通过的狭窄巷道不难想象，古人在井下采矿时的艰辛与危险。受限于矿业开采技术和风水观念，古代宝山矿采时禁时放，明太祖朱元璋曾下令封山，明神宗时期恢复开

已经停用的宝山露天采矿场　卢七星摄

采，清嘉庆元年（1796）再次停止开采。

宝山矿采步入正轨是在中华人民共和国成立之后。自 1954 年起，国家对宝山矿区开展多次地质普查与勘探工作。1966 年，宝山铜矿获批兴建。70 年代，采矿生产规模就达到每年 66 万吨。80 年代，是宝山最风光的时候，号称"亚洲第二"的宝山选矿厂日处理量达 2500 吨，每年处理四五十万吨露采铜、钼综合原矿，年年超额完成生产任务。

几十年大规模采矿的持续进行，为桂阳县的经济发展注入了强大动能，但也渐渐挖空了这座宝藏，宝山成了"荒山"，风光不再。2003 年，资源趋于枯竭，宝山被列入全国政策性破产矿山企业名单。2006 年 5 月，正式宣告破产。这对当时的宝山人来说，无疑是巨大的噩耗。

但宝山人没有坐以待毙。为了修复宝山生态环境，实现企业转型，走可持续发展之路，桂阳政府累计投入 2 亿元，对 206 亩的山头进行绿化改造，栽种桂树、银杏、梓树等两万多株，使宝山再披绿装，原来的废旧矿坑变身为绿树成荫的旅游景区。

2007 年，湖南宝山有色金属矿业有限责任公司挂牌成立。一年后，占地面积 7.8 平方公里的湖南宝山国家矿山公园正式开建，成为湖南首个工矿旅游项目。宝山人提出"铅锌提质扩能、宝山铜项目、工矿旅游、尾矿综合回收、矿山机加工、资源扩张"的发展战略，开启了二次创业。

如今的宝山不仅是国家 4A 级旅游景区，还被设为省级科普教育基地，涵盖井下采掘流程观光、露采场观光、互动休闲娱乐等多个体验项目，将游览与科普完美结合。

轰隆隆的观光小火车穿过五光十色的时空隧道，一幅灿烂的历史画卷徐徐展开：汉代火爆采矿法，宋元支护工艺展，隋唐采矿工艺展，古代采矿工具展，古代采矿遗址……一部采矿行业的浓缩进化史，真切地呈现于眼前。不知不觉间，我们仿佛穿越了时空，触摸到那些时代的印记，所体会到的视觉冲击和心灵震撼难以言表。

在完成"触摸地心，感受地温"的井下游览之后，相信你也会对地上的庞大景观不住赞叹。这里有亚洲罕见的露采单体采空区形成的环形山，气势磅礴，雄浑沧桑；这里有世界最大的古铜币主题雕塑，"开元通宝"四个大字异常醒目，夜晚还能散发七彩的光。这里的每一个遗址、每一处景致，都是那么独特，给人难忘的新奇感受。

自开园以来，宝山景区不断完善基础设施、管理服务，先后获批湖南省工业旅游示范点、国家级矿山公园，并被列入国家"十二五"旅游基础设施规划项目和湖南省"251"重点工程建设项目。从过去"卖资源"，到今天"扬文化"，宝山的发展是我国资源型企业转型之路的一个缩影，凝结着宝山人的集体智慧和顽强意志。

与矿山同时展露新颜的，还有宝山的城区建设。勤劳朴实的宝山人，修建了休闲广场、街心公园及亭台、高标准塑胶露天球场，建造出鸟语花香的园林景观，形成集生产、生活、休闲、旅游于一体的具有独特矿山风味的生活小区。安居乐业，是宝山人最幸福的生活图景。

作为山的形象，宝山无疑是一座文化之山，它是桂阳历史文化的见证。从过去到现在，宝山的荣耀从未褪去。

云山：名副其实的楚南胜地

◎李玲

【云山档案】位于湖南省邵阳武冈市城南。雪峰山余脉，东西绵延 20 余公里，最高峰紫霄峰海拔 1372.5 米。湖南四大名山之一，国家级森林公园，被誉为"楚南胜地"。

云山是一座历史悠久的名山，也是道教第六十九福地。

云山的福地之称源自唐代杜光庭所作《洞天福地记》。杜光庭是道教非常重要的一位领袖，《洞天福地记》在道学中也产生了广泛影响。他在书中介绍了道教的 118 座仙山：十大洞天、三十六小洞天和七十二福地。"第六十九，云山，在邵州武刚县。"武刚，就是现在的武冈。

而道教在云山落地生根的历史，比这还要早得多。据《湖南通志》记载，公元前 212 年，秦始皇派卢生和侯生去东海求长生不老之药；求而未得，难以复命，二生相约隐入武冈云山，与当地谭真人一起修炼。卢、侯、谭遂成为邵阳地区最早修道的"三真"。今天在云山看到的侯仙迹、卢仙影、秦人古道等遗迹，都与"三真"有关。

云山自古便是旅游胜地。明代礼部仪制司主事潘应星入清后不仕，隐居云山，题写十景：一瀑飞涛、两华耸翠、仙桥横汉、崖前帘水、云外钟声、竹坛风扫、丹井云封、石畔遗踪、洞门余影、杏坞藏春。此后，云山名声大噪，引得不少文人墨客咏叹。

明代孟津《题武冈云山》云："溪桥环坐静无尘，细叩山僧了道因。山水游鱼将听法，入林栖鸟亦修真。丹岩灶冷云归洞，野寺烟消鹤近人。一觉唤回三味醒，九秋空阔月华新。"

1982年，云山被湖南省定为自然保护区。1992年7月，获批建设国家森林公园，占地3000多平方公里，有伴山冲、云山堂、紫霄峰、凤凰岭四大景区。伴山冲景区进口处有一座雄伟的山门，正面由原国家林业部部长徐有芳亲笔题写"云山国家森林公园"，背面是原国家领导人华国锋亲笔题写的"楚南胜境"四个铜字，彰显出厚重大气的风范。

云山风景的特点是云幻、林丰、水秀、山奇，尤以变幻莫测的云海闻名遐迩。厉以宁的《卜算子·游云山》写出了不少游客的感受："未雨半坡云，雨过漫天雾。俯视茫茫不见人，路断知何处？风送野花香，烟绕泉边树。莫谓匡庐好遣闲，请到云山住。"

常言道，佛道相依。作为道教福地的云山，也曾有过发达的佛教文化。别云峰下有块方圆一里的地方，因诸峰环列，被称为"莲花宝座"，这里是云山历代寺庙建筑的核心区域。据载，最早有寺，约创于秦。宋、明时期最盛，形

云山胜力寺大雄宝殿

成了以胜力寺为中心的寺庙建筑群，寺僧曾达 500 人。宋代曾在此建万寿宫与观音阁，元代毁于火，明嘉靖二十一年（1542），武冈知州王暄重建。明成化五年（1469），僧人志慧等人筹建胜力寺，宏大雅丽，成"一郡雄观"。

云山国家森林公园建立后，对胜力寺进行了重修。寺庙主体建筑采用砼框架，屋面采用木檩条承重，琉璃瓦屋顶。总建筑面积近 2500 平方米，其造型为"三进两院"仿古建筑。前进为弥勒殿，中进为大雄宝殿，后进为观音殿。三进大殿用回廊连接，形成两个相通相连的院落，院落内摆有宝鼎香炉，烟雾袅袅。整座建筑气势宏伟，为湘西南之最。

胜力寺的僧人圆寂后，会安葬在禅师塔林，始见于明代，延续至今。几十尊禅师塔散见于寺庵周围，这些塔的塔基、塔身、塔围均以经精细研磨的浅绿色页岩筑成。塔身采用楼阁式建筑形式，三层六面，挑檐。每层塔体皆用整块石料嵌合而成，不用任何黏合剂。塔高一般在 3 米上下，塔身直径 1 米左右。其中最具代表性的是燕居禅师塔。该塔建于清康熙年间，楼阁式石塔，高5 米，五层六面，挑檐，顶饰葫芦。须弥座下开拱筑室，内置骨灰陶缸。以燕居禅师塔为中心，还有云树禅师塔、钟运行塔以及普同塔等。

如今的云山以宗教和生态旅游为特色，与新宁的崀山、城步的南山形成旅游小循环，吸引着无数游客慕名前来。游人香客上下云山的主要通道是秦人古道，起于三里庵（今步云亭），蜿蜒曲折至胜力寺，全长 3.5 公里。相传是古时卢侯二生和谭真人在云山修炼时所辟，后人又用浅绿色的石板铺砌而成。古道傍壁依崖，蜿蜒陡峭，曲折回环，一路上都是风景。

岣嵝峰：天下真山水，岣嵝独绝伦

◎黄菲

【岣嵝峰档案】位于湖南省衡阳市区北郊，南岳七十二峰之一、国家森林公园。南靠雁城，东临湘江，西对九峰山，北揽祝融峰。总面积 2067 公顷，海拔 1106 米，森林覆盖率达 95%。

岣嵝峰自古就是中华名山，《山海经》《史记》《古今图书集成》《金石萃编》《湖南通志》《衡州府志》等史籍均有岣嵝峰的记述。

天下真山水，岣嵝独绝伦。岣嵝峰属湘南孤山地貌，耸立在丘岗之中，犹如一张巨大的围椅高置云天。白色大理石砌成岣嵝峰的山门，两侧的廊柱上镌刻着"翠峰拔古岳，云气接南天，一上名山舒眼望；玉牒奠王功，蚕裳留后德，重光胜境启来人"的楹联，描述的是岣嵝峰的秀美景色和嫘祖、大禹的功德。

岣嵝峰 1995 年升级为国家森林公园，是衡阳第一个、湖南第二个国家森林公园，由岣嵝峰、嫘祖峰、白石峰、洒海岭、大小海岭等山体构成，总面积 2067 公顷。

岣嵝峰国家森林公园保存着湖南罕见的原始次生林 1000 余亩，动植物 1000 余种。这里有名冠潇湘的青钱柳（摇钱树），有被誉为"活化石"的银杏、水杉，有"江南之最"锥栗树，有"蕨类植物之王"桫椤树，还有野猪、獐、麂、鹿、狐狸、杜鹃、画眉等众多野生动物，被生物学家誉为"湘南生物基因库"。

岣嵝峰禹王殿

林深径幽，古木参天，空气清新。山风过处，清爽异常，漫游其间，野趣盎然。岣嵝峰山水风光四季变换，尤以春夏为胜。春水盈涨季节，白石峰山谷之水汇聚成妙溪，巨大的石壁上飞珠溅玉，涛声如雷。夏日，峰下的山寺门水库烟波浩渺，美不胜收。

和景观一样迷人的，是岣嵝峰底蕴深厚的禹文化。

岣嵝峰主峰之上有禹王殿，始建于西汉武帝元朔二年（前127）。殿内有高大肃穆的禹王塑像，千百年来，香火不断，颂歌恒扬。禹王殿四周茂林修竹环抱，古木参天。湖南省最大的一棵摇钱树，学名青钱柳，就立于禹王殿旁，树龄300多年。

禹王殿建成后，人们把对大禹治水精神的崇尚倾注在复修大殿及为大禹镀金身上。据记载，唐代诗人刘禹锡、韩愈在岣嵝峰畅游吟诗，并慷慨解囊；清代彭玉麟捐款复修禹王殿，并为之撰文作序。在清道光、同治两次修复中，上至朝廷要员、名人学士，下至普通百姓，千余人自发捐银。不幸的是，1944年禹王殿被日本飞机炸毁。1994年，衡阳市重建禹王殿，较之过去更加宏伟壮观。

殿前立有禹王碑。禹王碑高7尺，宽5尺，厚1尺，碑文77字，形似蝌蚪，又似鸟篆，人莫能识。尽管它的字迹怪异玄秘，难以辨认，但是其结构工稳、章法规整，是一件珍贵的历史文物，可从中体味历史的厚重感和沧桑感。

岣嵝峰处处是关于禹的传说故事。相传禹治水于此地，山上无饮水处，口渴思饮，发感叹曰："焉无泉尔！"言毕，在禹站立处竟冒出一股山泉来。泉水四时不歇，冬暖夏凉，清澈可鉴，味甘可口，谓禹泉。

相传，黄帝一行南巡来到岣嵝峰时，看到这里山脉气势磅礴，山峰高耸入云，便认为是南岳主峰，"登之以望云气"。黄帝迎娶当地西陵氏之女嫘祖为正妃。嫘祖尤善蚕桑，和黄帝周游天下时，每至一处均亲自教授人们植桑养蚕、缫丝缝衣。嫘祖逝世，黄帝将其安葬在家乡的岣嵝峰上，今墓址犹存，名"先蚕冢"。

为纪念嫘祖，人们将与岣嵝峰连体山冈的山峰称为"嫘祖峰"，在岣嵝峰南侧为其建庙，曰"嫘祖殿"。可惜后毁于战火，仅剩遗址供人凭吊。嫘祖殿右下方有一棵具 2000 年历史的古锥栗树，五人才能合抱。树心已全空，有五根翠竹生长其中，蔚为奇观。

神农、轩辕、嫘祖、唐尧、虞舜、夏禹的传说之外，唐代的韩愈、刘禹锡，宋代的张栻、朱熹，明代的罗念庵、王夫之，清代的魏源、彭玉麟等，都在岣嵝峰留下过足迹。

明朝进士祝咏辞官归隐故里，兴建岣嵝书堂，致力于教书育人。学者湛若水、罗洪先（即罗念庵）、蔡汝楠、蒋信等均来岣嵝峰访问讲学，游山吟诗。罗洪先在岣嵝书堂落成时，从庐山精心挑选了六棵幼松作为赠礼。王夫之的《莲峰志》里记载了祝咏与罗状元的一段美谈。

到现代，这座山更是历史的见证，革命的故地。

1926 年，革命先烈戴今吾、肖觉先在岣嵝峰山脚下点燃革命烈火，在衡阳地区创立了第一个农村党支部——中共神皇山党支部，又与毛泽东的堂妹毛泽建一道办起了全县第一所区级"农民运动讲习所"，并建立了一支游击师。

天下真山水，岣嵝独绝伦。如今的岣嵝峰森林公园，每年接待游客百万人次以上。风景绝伦的岣嵝峰，越来越为更多人所共赏。这自然也是我们自黄帝、嫘祖、大禹等始的先祖和先贤们所乐见的。

回雁峰："回雁南来第一峰"

◎ 黄菲

【回雁峰档案】位于湖南省衡阳市雁峰区，南岳衡山七十二峰之首。海拔96.8米，总面积6.32公顷，为国家3A级旅游景区。潇湘八景之一的"平沙落雁"和衡州八景之首的"雁峰烟雨"均坐落于此。

"青天七十二芙蓉，回雁南来第一峰。"王勃、杜甫、钱起、刘禹锡、柳宗元、杜荀鹤、王安石、文天祥、范仲淹等都有赞誉回雁峰的诗词。在古代，回雁峰是衡州城的地理坐标，"衡之为郡，直雁峰之北"，衡州城就在回雁峰的北面。

然而这座名扬天下的回雁峰，海拔只有96.8米。

南岳衡山，层峦叠嶂，巍峨的山峰成百上千，为何首峰之誉独垂青于海拔不足百米的回雁峰？

因为一群雁。

衡阳是大雁最喜欢的过冬之地。大雁们经常聚集在回雁峰下的湘江滩涂。青山碧水，旷野平沙，芦苇丛丛，雁阵起落，构成了潇湘八景之一"平沙落雁"。

洞庭湖畔，鱼米之乡，物产丰富。衡阳以北地势低平，不仅有广阔的洞庭湖面，且沼泽港汊纵横，水库、池塘、水田密布，又极少封冻。雁是水上游禽，在这得天独厚的环境中，白天在水中有鱼虾可觅，田中有遗谷可寻，夜有湖洲芦苇可栖，或饮或啄，或嬉或栖，实在相宜。

衡阳大雁文化起源于东汉时期，张衡《西京赋》有"南翔衡阳，北栖雁门"句。南北朝时期，刘孝绰《赋得始归雁诗》有"洞庭春水绿，衡阳旅雁归"。庾信的"近学衡阳雁，秋分俱渡河"首次以衡阳雁来指代大雁。隋朝时，梁武帝赐名的"烟雨山"改名为"回雁峰"，衡阳也逐渐被称为"雁城"。

衡阳的雁文化在隋唐开始兴盛。回雁峰，成了诗人们意念中南雁群飞歇翅停留的最佳处。李白有"举头忽见衡阳雁，千声万字情何限"，杜甫

回雁峰 郭探微 摄

有"万里衡阳雁，今年又北归"；文天祥有"君为湘水燕，我作衡阳雁"，范仲淹有"塞下秋来风景异，衡阳雁去无留意"；毛主席有"衡阳雁声彻，湘滨春溜回"……这持久的歌吟，成就了作为文化意象的回雁峰。

因为一座庙。

在与衡阳城相依相伴的数千年里，回雁峰积淀了深厚的文化底蕴。其中最为重要的载体，就是山上的雁峰寺。

南朝梁天监十二年（513）梁武帝赐号的烟雨山乘云禅寺，隋代改名为"雁峰寺"，元末遭毁，明清期间得以修复。1944年衡阳保卫战，雁峰寺被夷为废墟。1946年，住持少康、监院慈云在天王殿废墟上搭建临时佛殿。"文化大革命"时佛殿被毁。1985年，重建雁峰寺。

雁峰寺虽屡经兴废，但除了改朝换代之际和大战乱时期，香火从未断绝。回雁峰的美名，与雁峰寺互为映衬。衡阳城的人间烟火，旺了佛门的香火。

因为一位高僧。

在与雁峰寺有关的历代高僧中，在民间有很大影响力的，莫过于无量寿佛。雁峰寺里的无量寿佛是一个真实的历史人物，是在湘南土生土长的唐代高僧全真和尚。全真和尚道号宗慧，十六岁出家，是中国古代有名的寿星。因为全真大师的长寿和道行高深，以及生前身后环绕着他的种种灵应事迹，信众认为他是无量寿佛的化身。据传，每年的农历二月初八，南岳的"朝寿佛日"，便是寿佛全真的生日。寿佛留有袈裟在雁峰寺，寺内设有寿佛殿，香火鼎盛，是南岳被称为"寿岳"的重要佐证。

因为一家宗派。

在回雁峰上，曾经开创了一个传承千年的佛教宗派——乘云宗。时移世易，踪迹渺茫，却是一段不应被遗忘的历史。

在湖南图书馆，珍藏着一本民国手抄孤本，这就是清代默庵法师编撰的《重修乘云宗谱》。《重修乘云宗谱》共记录乘云宗 34 世传人及弟子 540 人。时间跨度从唐朝天宝元年（742）至清末，有 1100 余年。

因为一位大家。

明末清初大思想家、哲学家王夫之出生于回雁峰下王衙坪。船山先生参加反清复明的斗争，壮志未酬，被迫隐居，著书立说三百多卷，涵盖了哲学、历史、政治、经济、文学、教育诸方面，是湖湘学派代表人物。

船山先生"为往圣继绝学，为万世开太平"，主张"知而不行，犹无知也"，"君子之道，力行而已"，力倡学以致用的务实精神。他的"公天下"，"德法兼治"，"宽以养民、严以治吏"思想，历久弥新。

湖湘士子服膺船山学说，并身体力行，关心国事，寻找救国之路。曾国藩、彭玉麟、谭嗣同、孙中山、毛泽东等一大批近现代中国的志士仁人，无不从船山学说中受到启迪，影响、改变甚至创造了历史。

湖南的许多山，海拔不高，往往人文意义大于地理意义。不过，就景观来说，回雁峰也很不俗。回雁峰景区是集锦式的古典园林，有衡阳市城标雁雕，有千年古刹雁峰寺，有衡州八景之冠"雁峰烟雨"，有潇湘八景之一"平沙落雁"……远山而不僻，近市而不嚣。回雁峰，是一座值得流连的山。

雨母山：一座以"母"入名的山

◎黄菲

【雨母山档案】位于湖南省衡阳市蒸湘区，东邻京港澳高速复线岳临高速公路，南临石牛峰，西临衡阳西南门户三塘镇，北临湘桂高铁。湘南地区兵家必争之地，1944年衡阳保卫战外围主战场之一。

雨母山原名云阜山。秦朝李斯为统一文字所著的《苍颉篇》有云："云阜山，庳而大也。"又有一说，称雨母山原名云雾山，因地形影响，易起云成雾，常有云雾缭绕而得名。

据《荆州记》（晋盛弘之著）："湘东有雨母山，山有祠坛。每祈祷无不降泽，以是名之。""湘东"即为湘东郡。这是现今所知雨母山名称由来的最早记载。据传清雍正年间，衡永郴桂道朱道台因久旱不雨，慕名来雨母山赤松子坛祈雨，"虔诚祈拜，雨泽立降"，因说"今云雾山无云雾，是雨母赐雨"，并赐送亲题"雨母山"三字金匾。

"雨母山"这个名字，有一种丰厚、深沉而辽阔的恩泽感。雨是甘霖，母更是恩慈。以"母"字入地名，全国只有雨母山和慈母山两处。

雨母山属南岳山脉，与回雁峰相望，与七里山、石牛峰互为龙蛇之势。海拔238米，与海拔515米的石牛峰构成一处方圆30平方千米的自然生态区域。山上植物资源丰富，针叶林、阔叶林交叠成趣，乔木擎天，灌木盖地。山中野生动物有野羊、野猪、白鹭、山鸡等。

山下流水淙淙，百川入湖。南面红旗湖水库330亩水平如镜，清澈见底。北面寺塘冲水库，西边九龙冲水库、过路塘水库环绕山脚，与红旗湖构成不同方位的数面镜子，倒映群山，湖光山色，美不胜收。若晴日登山远眺，晓岚缭绕，好似海市蜃楼。蒸水蜿蜒若练，湖水波光潋滟，鸢飞鱼跃。春绿茗圃，时有娓娓采茶歌声；秋红橘林，依稀可闻"橘颂"之音。

雨母山亦是历史的恩慈。这座山有着底蕴深厚的华夏远古时代的历史圣迹。

中华民族的始祖烈山氏炎帝，史传五千多年前，曾率部族定都河南陈州，为了向南方扩疆辟土，遂徙移衡湘。于是择木为耒，斫木为耜，教民耕种五谷为食，农耕文化始于此而普及华夏，被人们尊为神农。时民多疾，他又尝百草采药治病。

农耕以水为本。据《路史》记述，有一诸侯名为赤松子，"服水玉以教神农，能入火自烧"。神农行弟子礼，尊为雨师。每遇天旱，赤松子即登衡南一山上，以巨石为坛祈雨。这石遂名"赤松子坛"。巨石广二丈，高丈许，正面篆刻"赤松子坛"四字，至今清晰可见。

雨母山另一大圣迹是帝喾祠。帝喾为华夏祖先"三皇五帝"之一。《竹书纪年》记述："术器作乱，辛侯灭之。"辛侯即帝喾高辛氏，乃是黄帝轩辕氏的曾孙。雨母山自古为帝喾巡幸之地。他尚未继承帝位时，朝中术器

作乱，带兵逃至衡阳，盘踞雨母山。帝喾——辛侯受颛顼帝之命，率兵征讨，全歼叛军，并将术器斩首于雨母山上。

帝喾死后，舜帝南巡到达衡阳，为祭祀帝喾而修建帝喾祠。

帝喾祠历尽兴衰，有史记载的比较大的修葺有两次：一是明工部侍郎王诏的祈祠修葺，二是1993年当地群众集资重建毁于1944年抗日战争的帝喾祠。1993年秋复葺帝喾祠时，掘出古铜币4000余枚，均为唐宋时期的钱币。2001年，衡阳市佛教协会在帝喾祠下面投资兴建了雁雨寺，该寺院依山势而建，与帝喾祠连成一体，气势磅礴，巍巍壮观。

这座蕴藏恩慈的山，静眠着抗战英雄的英灵。

雨母山是衡阳保卫战的战场。1944年7月18日，衡阳保卫战已浴血奋战26天。攻城的日军集中近12万的兵力，企图用速决战攻破衡城，打通滇缅线，不料遇到守城的方先觉第10军仅16725人的兵力顽强抵抗。第62军奉命援衡，当前锋151师到达雨母山时，遭敌116师团阻击。双方在雨母山激战数天。我军伤亡惨重，但未肯投降。而今雨母山附近的陆家祖屋的青砖墙垛上，弹洞密布，窗棂破碎，是当年那场惨烈战争的见证。

如今这座风光蔚然深秀的雨母山，已成为衡阳后花园，有"绿肺"的美誉。人们不必再登山求雨了，然而，这座承载着神秘传说、见证着中华文明的山，它的存在，如它的名字一般，本身就是一份恩泽，一份慈柔。

石鼓山："第一胜地"的底气

◎黄菲

【石鼓山档案】位于湖南省衡阳市湘江、蒸水、耒水交汇处，海拔69米。山上的石鼓书院，已有1200余年历史，是湖湘文化的重要发源地之一。

"衡州石鼓山据烝湘之会，江流环带，最为一郡佳处。"理学大家朱熹的《衡州石鼓书院记》开篇这样赞誉石鼓山。

石鼓山位于湖南省衡阳市城北蒸、湘、耒三水合流处，海拔69米，面积约4000平方米。山形浑圆如鼓，四面凭虚，三面临水，树木葱茏，环境优美，有"湖南第一胜地"的美誉。

"石鼓山，衡之附庸也。奇崛耸拔，中高而外秀，蒸湘二水左右环之，既合，汤汤浩浩同归于洞庭。"（元黄清老《石鼓学田记》）"奇崛耸拔，中高而外秀"，窃以为是溢美之词，因为石鼓山海拔不高。不过石鼓山在湖湘文化中的地位很崇高，因为山上有一座石鼓书院。

"书院之建，创之者李宽。"唐代元和年间，巩昌（今甘肃陇西）处士李宽来到衡州，爱石鼓山拔起蒸湘二水之间，明爽秀丽，便结屋山阳，以为读书之所，名曰"求真观"，是为石鼓书院雏形。

宋代，石鼓书院发生了两件大事：一是朝廷赐额，宋太宗赐"石鼓书院"匾额，宋仁宗不但再赐匾额，还颁赐了学田；二是朱子作记，书院重修后，理学宗师朱熹受邀作《衡州石鼓书院记》。这是石鼓书院也是石鼓山历史上的高

湖湘文化发源地衡阳石鼓书院　陈敏捷　摄

光时刻。"石鼓书院记"被刻在一长 2.4 米、宽 1.8 米的巨型石书上，成为民间所说的书院"三绝"之一——"有书翻不动"。朱熹讲学时倡导以义理之学授徒，为石鼓书院历代山长所践履，对中国古代书院产生了深远的影响。

之后，书院历经元、明，至清光绪二十八年（1902）改设衡阳高等小学堂；辛亥革命之后，改为新学，并附设衡郡女子职业学校。延续千年的石鼓书院，以藏书之丰、学风之盛、成就之大，在中国教育史和书院发展史上享有崇高地位。

日寇侵华，1944 年 6 月进犯衡阳城，在石鼓山投下大量凝固汽油弹，石鼓书院被摧毁。1998 年，国家邮政要发行"古代书院"邮票，曾来石鼓山考察，发现山上只有残砖断瓦，不得不放弃。

书院的建筑可以被摧毁，但书院传承千年的人文精华不会被摧毁。我们今天看到的书院是 2006 年 6 月奠基，2007 年 9 月竣工的。仿清代格局，白墙黛瓦深色柱，庄重古朴而典雅，有山门、书舍、武侯祠、李忠节公祠、大观楼、合江亭等景观。

进入书院，首先映入眼帘的是"禹碑亭"，这是石鼓书院第二绝——"有字认不得"。碑文共 77 个字，为商周或以前的文字，无人破解。进书院山门，可见书院标志——一面高 2.8 米、直径 1.6 米的大石鼓，这是书院第三绝——"敲不响的鼓"。

石鼓书院悠久的文化历史、得天独厚的地理环境，吸引了历代名贤彦士来此游览、讲学、题咏。柳宗元、韩愈、范成大、朱熹、张载、文天祥、徐霞客、王夫之……这些在中国文化史上熠熠生辉的人物都曾与石鼓山结缘。石鼓山约 4000 平方米的山体上，从唐至清留下先贤的摩崖石刻 20 多处。最珍贵的唐代石刻"西溪"，端庄秀丽、饱满有力，堪称"镇院之宝"。

现书院一楼展厅有石鼓七贤木刻像：创始人李宽，留下咏石鼓山绝唱《题合江亭寄刺史邹君》的韩愈，重建书院的李宽后人李士真，在衡十二年与石鼓山为邻的周敦颐，理学家朱熹及其女婿黄幹，湖湘学派主要代表人物张栻。张栻曾任石鼓书院山长，朱张会讲于石鼓是宋代书院文化、湖湘文化一大盛事。

二楼有木刻复制的韩愈千古名作《题合江亭寄刺史邹君》："红亭枕湘江，蒸水会其左。瞰临眇空阔，绿净不可唾……"整首诗气势磅礴，格调隽永，深得张栻喜爱，他曾亲书刻碑。

站在合江亭上，眼前是烟波浩荡的蒸水与湘水。湘水自右，蒸水自左，俱至亭下，合为一江而东。关于石鼓山，北魏地理学家郦道元在《水经注》有记载："鼓鸣则有兵革之事。"这里是读书之地，但也曾有刀兵之声。衡阳"扼两广，锁荆吴"，历来为兵家必争之地，石鼓山居水陆要冲，易守难攻，古代诸多将相如诸葛亮、文天祥、曾国藩、彭玉麟等都曾设营屯兵于此。因曾国藩、彭玉麟曾在此操练过湘军水师，甚至有人称这里为中国海军的"摇篮"。刀光剑影俱往矣，此时在合江亭极目远眺，视野辽阔，一江碧水或细波微澜，或风高浪急，晴岚、绿树，碧浪、江风，令人心旷神怡。

行走在石鼓书院内，遥想当年学者大儒神采飞扬讲学授课的情景，不禁心神俱往。石鼓书院在教学中将儒家经典与康济时艰相结合，明道义正人心，以义理之学育人，涵养济世恤民的情怀、敢为人先的精神、求真务实的学风，传承生生不息的湖湘文脉，为湖湘大地乃至近现代中国培养了一大批济世之才。无怪有学者称，石鼓书院是湖湘文化的典型代表，阅读石鼓书院的千年历史，可以破译湖湘文化的千古密码。

这座海拔不足百米的小山，被称为"湖南第一胜地"，底气正在于此。

后 记

山是静默无言的。山的存在即是一种诉说。

湖南是多山之地，山地面积占全省面积的 51.2%，丘陵盆地占 29.3%，平原占 13.1%，水面占 6.4%，大致构成"七山一水二田土"的格局。

山构成了湖南的地理骨架。东部幕阜－罗霄山脉，西部武陵与雪峰山脉，南部南岭山脉，三面围合湖南，拢住一湖烟波浩渺的洞庭之水，造就湖南最基本的自然面貌。

山涵养了湖南的生灵世界。山脉分隔地理空间，围合盆地，改变气候，催生了万千生命，繁衍出一代代湖南人，带着"山"人的野性气质，走南闯北，敢为天下先。那些伟大的先行者，更是在精神上，达到了山的境界。

山铭记了湖南的历史文化。人们依山而居，信仰、情感也寄托于山。道观庙宇的暮鼓晨钟，密林深处的革命星火，散落山间的文化遗存……它们以各自方式，铸造并呈现着这片土地的文明流变。

《巍巍湖南》将湖南大地划分为湘东、湘北、湘西、湘中、湘南五大板块，力图梳理湖南大地上一切与山相关的档案，描绘自然风貌，溯源人文历史，呈现审美精神。我们想为沉默千年万年的山，做一次集体的诉说；也想缘着山势而上，寻觅前人的足迹，发掘湖南的精神之源。"巍巍"二字，既是指山之巍峨，更是寓意人之伟大。

"高山安可仰，徒此揖清芬。"书写山是一种冒险。在崇山峻岭之前，我们感觉到了自己的渺小，但我们还是开始了一次次的探访。在这个过程中，我们得到了很多领导、专家、同仁、师友的帮助，在此一并诚挚致谢。